21世纪经济学系列教材

新发展经济学

第二版

周天勇　主编

中国人民大学出版社

·北京·

内容简介

本书阐述了发展经济学的范畴、框架结构和理论体系，其框架结构为：经济发展和经济增长；发展的要素结构——人口、劳动力和人力资本，资本，生态、环境和资源，技术等等；发展的经济结构——农业现代化，工业化和空间结构的变动；发展的开放体系和状态；制度因素在发展中的作用；经济发展的调节：政府与市场。除了吸收西方发展经济学的成熟理论外，本书两大特点是：(1) 结合中国经济发展的实际，对一些经济发展的规律进行总结，补充发展经济的理论体系；(2) 在说明传统发展经济学托达罗人口流动模型错误、论证人口集中趋势方面，在城市及城市网络体系起源和形成的经济学原因方面，都进行了创新性的研究。发展经济学在 20 世纪 50 年代受政府主导理论的影响较深，本书考虑世界性的市场经济体制回归和改革，结合中国社会主义市场经济体制的确立，对过去的内容进行了较大规模的修改，使整个教材蕴涵着主要由市场调节资源配置的新古典经济学理念。本书侧重于基本原理、知识和发展经济学体系，教授对象定位在大学本科生层次，因此，数理模型较少，通俗易懂，易于教学。

作者介绍

周天勇，中央党校研究室副主任，经济学博士，教授，北京科技大学博士生导师。祖籍河南省南阳市镇平县，1958 年生于青海省民和县。社会兼职有：中国城市发展研究会副理事长，国家行政学院、中国社会科学院研究生院、北京科技大学、东北财经大学兼职教授；国家发展与改革委员会价格咨询专家。

1980 年从青海省民和县考入东北财经大学投资系，1984 年毕业留校，1989 年考取东北财经大学汪祥春教授博士研究生，1992 年获东北财经大学经济学博士学位。1994 年调入中央党校执教和从事研究。

研究领域为社会主义经济理论、宏观经济、经济发展和增长、劳动经济、金融风险、城市经济、农业经济等。

目 录

第一章

绪　论

发展经济学是第二次世界大战后形成的一门新兴经济学科。作为一门独立的经济学科，它首先出现在西方国家，并且成为西方经济学体系的一个重要分支，后来逐步扩展到发展中国家。进入20世纪80年代后，发展经济学理论的教学和研究开始在我国兴起，并且越来越广泛地开展起来。

第一节　发展经济学的研究对象和任务

经济学理论，每一门学科都有它特定的研究对象和研究任务。发展经济学作为经济学的一个组成部分，与其他的经济学科在研究对象和研究任务方面有所差异，有它自己的研究范围和内容，其所要解决的问题也有所不同。

一、发展经济学的研究对象

经济发展，是指一个国家或者一个地区，从欠发达状态向发达状态转变的过程。发展经济学，就是研究发展中国家经济社会结构转型过程、经济发展趋势、结构变化内在规律和发展因素各种内在关系的科学。

经济发展有三个方面：一是经济社会结构性的转变，如城乡人口结构、产业结构、就业结构、社会阶层结构、收入分配结构等等的深刻变化；二是经济社会质的方面的改善，如生活质量改善、生态环境良好、文化程度提高、人的素质提高、人力资本积累、经济增长注重效益性等等；三是国民经济量的增长和扩张，如增长速度、人均国民生产总值等指标的变化。这就决定了发展经济学与宏观经济学和微观经济学的区别在于：经济发展理论研究经济社会结构处于变动状况下一国国民经济社会长期的变化过程，而宏观经济分析和微观经济分析研究的是经济社会结构既定状况下，静态的国民经济宏观运行和微观运行问题，如通货膨胀、失业与就业、资源配置、市场结构、经济流转等等。

经济发展理论与经济增长理论的区别在于：经济发展理论研究包括增长在内的全面的经济现代化过程，特别是经济社会结构的高级化过程，而经济增长理论研究的是国民经济量的动态变动过程：主要是指一定时期内国民经济商品和劳务总量和人均量的增长，用国民生产总值（GNP）或者国民收入的总量增长和人均增长表示。经济增长理论要解决的是增长的要素和来源、稳定和速度，包括持续增长等诸问题。但是，经济增长是经济发展的基础，只有国民经济量的增长，才有国民经济社会许多方面和许多结构的进步和转换。因而，经济增长是经济发展的一个重要内容。

发展经济学研究的范围是发展中国家。发展中国家一般是指原先的殖民地、半殖民地和附属国，现在已经取得政治独立的新兴民族国家。这些国家作为一个整体，被称作“第三世界”。属于第三世界的国家和地区约有 150 多个，分布在亚洲（日本除外）、非洲（南非除外）、拉丁美洲、太平洋地区岛屿（大洋洲的澳大利亚和新西兰除外）、南欧和地中海沿岸地区，它们的土地面积占世界总面积的 2/3，人口约占世界总人口的 3/4。

发展中国家是欠发达国家群体的总称。众多的发展中国家的具体国情和民族传统有各自的特点，存在着许多差异。它们的国土面积、自然条件、生态环境、资源状况、历史传统、文化意识、经济结构、社会制度、政治体制、发展水平和对外关系等等，都是各不相同的。但是，发展中国家在社会经济方面有着许多共同的特征：劳动生产率低，技术落后；人口增长速度快，就业问题严重；资本非常缺乏，经济发展迟缓；人均收入水平低，生活质量不高；文教卫生条件差，平均寿命低；依赖于初级产品的出口，在国际经济循环中处于不利的地位；经济和社会呈现出明显的二元分割特征，等等。总之，发展中国家的共同的基本特征，是生产力水平低下，经济落后。由于发展中国家具有的共同经历、共同处境和共同特征，面临着共同的任务，即发展经济，实现工业化和现代化，发展问题已经成为当今时代的主题，它在客观上要求有一个专门的学科从事发展中国家的研究，这就是发展经济学。

二、发展经济学的任务

从实践角度讲，由于资源是稀缺的，因此经济学研究的是稀缺资源的最有效利用，以及如何使有限的资源利用所取得的福利最大化。资源配置和利用又是在时间过程中进行的，因此，经济又是时间节约的同义词。经济学，也可以说研究的是时间的最有效利用，即如何在最少的时间内完成最多的经济活动、生产最多的财富、提供最多的劳务。

发展经济学的任务是：最切合实际地分析本国或者本地区的实际情况和发展的一般规律，把握发展的趋势，指导制定科学的发展思路、发展战略和有关发展的政策，进行科学的投资决策；在长期的过程中，成本最小、时间最短、最节约稀缺资源地完成从经济不发达到经济发达的过渡，即整个社会经济结构的转型。

第一，发展经济学要研究经济发展的一般条件和特殊国情。经济发展总是在一定条件下进行的，并且必须具备一定的条件才能实现。在不同的历史时代，由于经济发展条件的不同，经济发展的内容也有所区别。在近代以前的社会中，社会经济活动基本上是围绕传统农业来进行的，当时的社会条件是满足农业生产的需要，因此，经济发展以传统的自给性农业发展为内容。近代以来，随着产业革命和工业化的兴起，人们创造了新的经济和社会条件，经济发展的内容随之发生了深刻变化，从以传统农业为中心的稳定状态转向以工业为中心的迅速增长状态，即工业化过程。当一个国家工业化完成后，经济和社会条件又出现新的变化，经济发展则是以产业结构高度化为主要内容的整个经济的现代化。

第二次世界大战后，发展中国家的经济社会条件既不同于发达国家的现在，也不同于发达国家的过去，其经济不发达状态的基本特征是二元经济结构：既有传统的农业，又有现代工业；既有简单的手工劳动，又有机械化和电气化劳动；既有传统的小农生产，又有现代社会化大生产；既有自给自足的自然经济，又有初步发育，个别地区甚至较发达的市场经济；既有奴隶制或者封建制生产方式，又有现代资本主义生产方式。从总体上讲，发展中国家正处于工业化的初中级阶段，呈现出发展转变时期的特点，许多国家和地区仍然没有摆脱贫困落后的不发达状态。在这样一种条件下，经济发展的基本内容是实现工业化、市场化、社会化和现代化。因此，要实现经济发展必须为此创造条件。

实现工业化、市场化、社会化和现代化必须具备的条件是多方面的，包括两大方面：一是资源条件，包括人力资源、资本资源和技术资源等；二是社会条件，包括经济制度、政治体制、思想文化、价值观念和对外开放等。对大多数发展中国家来说，这些条件都存在着不同程度的缺陷和短缺，构成经济发展的制约因素或者障碍。因此，发展经济学应当探索和研究如何开发、创造和充分利用经济发展的各种条件。

第二，发展经济学应当揭示经济发展的一般规律和趋势。经济发展是从经济不发达向经济发达状态的演化、交替和转化过程。这一过程的内容非常丰富、复杂，包含一系列过程，主要包括：收入增长和福利增进，产业档次提高和产业结构变动，需求质量提高和消费结构变化，经济、政治体制变化和社会结构变动，文化素质提高和价值观念转变，对外经济关系发展和扩大，等等。这一系列既是经济发展的过程，又是经济、社会条件的变化过程。经济发展以一定的经济社会条件为前提，同时经济条件又随着经济发展的变化而变化，上述变化作为客观的演进过程，都有各自的演变规律；同时，它们相互之间又有密切的联系，相互影响、相互促进、相互制约，从而构成经济发展的客观规律。正是这些规律支配着经济发展的客观进程，人们不能违背它们，更不能随意创造它们。发展中国家要实现经济发展，必须认识和掌握经济发展规律，并且要严格按照客观规律的要求制定政策和发展各项事业，否则就会受到违背经济规律的惩罚，这方面的教训屡见不鲜。因此，发展经济学作为发展中国家的理论指南，应当揭示经济社会发展的客观规律，为发展中国家选择经济发展道路、制定经济社会发展战略和各项重要政策措施提供科学依据。

第三，发展经济学还应当从发展中国家的实际出发，探索经济发展道路，制定发展战略和政策。发展经济学不仅要研究和揭示经济发展的条件和规律，而且还要从发展中国家的社会经济条件出发，考察影响经济发展的因素，总结经济发展的经验教训，探索解决经济发展的各种难题，制定适合国情的发展思路、战略和政策。

发展经济学是应发展中国家为摆脱贫穷落后状况的实际需要而逐步形成的。在发展经济学形成初期，它并不是一门正式的理论学科，而是一门应用科学。早期发展经济学家并没有提出系统的理论，而是直接参与政策的制定。著名发展经济学家克拉尔德·M·迈耶在20世纪回顾发展经济学形成的历史时说："经济思想一般是由于解决政策问题的需要而引起的，早期的发展思想也肯定如此，发展经济学诞生时并非是一门正式的理论科学，而是一门实际科学，它是就政策制定者们的需要而形成的，他们得就政府为摆脱持久贫困能做何事和应做何事提出的建议，正如许多发展理论先驱人物的文章和传记显示的那样，他们在40年代和50年代积极参与政策决定。"①

发展经济学的基本理论形成之后，发展经济学家们也并不是单纯地进行理论

① 迈耶等：《发展经济学的先驱》，3页，北京，经济科学出版社，1988。

探讨，而是分析发展中国家的现实状况，总结这些国家的经验教训，探索如何实现经济发展，参与制定经济社会发展战略和政策措施。发展经济学家们几乎在其所有理论中都十分重视发展战略和政策的研究，如工业化战略、农业发展战略、对外贸易发展战略、促进资本形成战略、人力资源发展战略、技术发展战略、利用国外资源发展战略、地区发展战略，以及税收政策、支出政策、货币政策、产业政策，等等。

总之，发展经济学作为一门应用经济科学，必须从发展中国家的具体国情出发，探索实现经济发展的道路、途径和方式，参与选择和制定发展战略，这也是发展经济学的重要任务之一。

概括地说，发展经济学是研究发展中国家从经济不发达状态向经济发达状态演化的条件和规律的科学，是发展中国家制定发展战略的基本科学依据。

第二节　发展经济学的结构体系和分析方法

发展经济学作为研究发展中国家经济发展一般规律的科学，有它特殊的结构体系和分析方法。

一、发展经济学的结构体系

发展经济学作为研究发展中国家经济发展的一门科学，应当对发展中国家经济状况以及经济发展的一般情况有一个概括的考察和分析。因此，在发展经济学的理论体系中，首先概述经济发展的一般原理，包括发展中国家的性质、结构和特点，经济发展的含义和衡量等等。

经济发展作为整个社会经济机体的发育和成长过程，是众多因素发展、变化的有机组合。因此，发展经济学应分别考察决定和影响经济发展的主要因素，包括人力资本、资本、技术和自然资源等，分析这些因素的现状、开发和利用，以及变化规律，进而为经济发展创造有利的条件。

经济发展过程包含着经济结构的演变过程。经济结构及其变动是十分复杂的，发展经济学重点分析城乡结构、产业结构和空间布局及其变动，分析其结构状态、变动规律和优先选择等，以便使经济发展协调有序。

经济发展不仅受经济系统生产力各种因素的影响，而且还要受各种制度因素的影响和制约。因此，为使经济发展战略顺利实现，必须开拓和创造良好的制度条件。发展经济学应当研究生产力的发展与制度的协调，研究如何创造良好的制度，促进经济发展。制度条件包括该经济系统以外的与经济发展有密切关系的各种因素，诸如政治体制、经济体制、文化观念等。

经济发展作为经济系统的总体演化过程，有其总体发展规律。同时，国家为使国民经济长期持续、稳定、健康、快速和协调发展，需要对经济发展进行必要的组织和宏观调控。因此，发展经济学必须进一步研究发展中国家经济发展的总体演化规律，以及如何通过宏观调控使经济顺利发展。

二、发展经济学的分析方法

发展经济学作为一门经济学，它与其他经济科学有着共同的分析方法，但是作为研究广阔时空经济的一门学科，它又有自己特殊的分析方法，因而不能将西方经济学的一般经济分析方法照搬照用。

第一，发展经济学与西方宏观和微观经济学不同的是，西方宏观和微观经济学研究的是一个时点（比如一个年度内）上，或者一个横截面上经济运行的状况，它侧重于研究一个短期内的资源配置和经济流量问题，因此所用的是静态的分析方法，而发展经济学研究的不是短期经济运行量上的平衡和经济运行结构的均衡和优化。因为从长期来看，一个动态经济系统运行状态的平衡和结构的均衡，实际意味着经济发展的停滞，所以，发展经济学要将经济结构演化和发展体演进的理论分析长期化和动态化，它要探讨的是经济系统长期的优化发展过程中各要素和结构的动态性组合、协调和演化。因此，发展经济学侧重于动态研究方法。

第二，发展经济学侧重于结构分析。经济不发达国家向经济发达转化的过程并不单单是一个投资、人力、资源等等的投入数量与经济发展总量之间关系的演进过程，经济发展更重要的是一个结构的转换过程，各种经济结构的演变决定和制约着经济发展的进程。并且，在经济系统长期的动态演化过程中，经济结构尤其是发展中国家的各种社会经济结构都处于变动之中，因此不能把它们当作既定的经济发展的条件去分析要素投入与经济增长之间的量的关系，而是要把它们当作影响经济发展的变量来考虑（它们的变动影响着投入的多少和投入的效果）。这就使得我们在发展经济学的探讨中，不能不侧重于结构分析的方法。

第三，发展经济学侧重于制度分析方法。20 世纪 80 年代末，特别是 20 世纪 90 年代以来，发展经济学越来越多地运用制度经济学的方法进行发展方面的分析。因为，多年来的研究发现，一个社会的非正式约束——价值信念、道德观念、风俗习惯、宗教信仰、意识形态等等，正式约束——宪法法律、社会制度、政策规定、契约关系等等，以及非正式约束和正式约束的实施机制，这些制度因素的变迁，对经济增长和经济发展影响较大，成为增长和结构变动的内生变量。因此，20 世纪 90 年代以来，发展经济学更加关注发展的制度成本，传统制度对发展的制约，制度创新对增长和发展的促进作用，发展的制度需求和制度供给，制度创新的路径选择等等问题。

第四，发展经济学运用非均衡、非平衡和均衡、平衡结合的分析方法，但侧重于非均衡和非平衡的方法。任何由众多因素组成的复杂机体，都要求诸因素协调，在质的方面互相适应，在量的方面保持一定的比例，从而形成一种均衡状态，在运动中应当保持这种均衡，才能有效地发挥整体功能。整个经济结构也是如此，在没有瓶颈和整个结构达到瓦尔拉斯均衡时，整个结构的投入产出达到最大化。然而，作为一个动态系统，如果在运动中始终保持均衡状态，则意味着该系统发展的停滞。根据耗散结构原理，任何一个发展着的动态系统的内部结构都是不均衡的，其演化过程也是不平衡的，正是这种不均衡和不平衡成为开放系统发展的活力。因此，对动态系统的分析，必须将均衡分析与非均衡分析结合起来。

经济发展是经济机体的发育、成长过程。在经济发展中，经济机体内部各种结构从不均衡状态向均衡状态转化，又从均衡向不均衡状态变化，周而复始，形成一个循环往复的过程。正是对均衡点的突破和出现新的不均衡，导致和形成了经济发展。因此，发展经济学主要考察经济机体的不均衡和各种经济变量的突变而形成的不均衡和不平衡，这就需要考察和寻求如何进行有利于发展的协调和综合平衡。由于众多因素或者主要因素的变化引起发展进程的突变，形成经济机体的质量变化，这就需要研究和分析经济成长的阶段性特征。

第五，发展经济学还较多地运用经验、比较和模型分析方法。发展经济学在其创立和发展过程中，曾经用过许多具体方法来研究发展中国家面临的问题，为发展经济学提供了一套分析工具，其中比较广泛使用的主要有以下分析方法。

（1）经验分析方法。选择若干发展中国家，获取有关发展的详细实际资料，通过案例研究，具体分析这些国家的社会经济条件，对其发展进程进行实证性分析，总结发展的经验，提出有关的政策建议。如国际经济增长中心的一些发展经济学家，在他们的《制度分析与发展的反思》一书中，就非洲博茨瓦纳、普图协会、利比里亚，以及夏威夷等国家、地区和民族发展的制度安排进行了案例分析，总结了它们的经验和教训。

（2）比较分析方法。在获得详尽统计资料和实证分析的基础上，进行比较研究，既包括经济发展状况的比较，又包括经济发展因素的比较。通过比较，总结经验教训，找出经济发展的规律。具体包括三种不同的比较：一是同期的不同发展中国家的社会经济条件和经济发展状况的比较；二是发展中国家和发达国家的相同发展历史阶段的比较；三是同一发展中国家不同历史时期的比较。通过比较，可以揭示经济发展的共同性的趋势，也有利于探索不同国家在不同条件下所采取的不同发展道路和发展战略。

（3）模型分析方法。通过对经济发展各因素之间的联系和各变量之间的关系，以及总体变化趋势的研究，建立起描述这些关系和趋势的相应模型，以便揭示经济发展的规律和机制。如钱纳里就曾运用宏观经济模型，构造了一个两缺口模型，论证了发展中国家利用外资与国内经济平衡及经济发展之间的数量关系。发展经济学家们设计了许多模式，这些模型包括总量模型、结构模型和单项模型。有些模型是适合于众多发展中国家的一般模型，而有些模型是只适合于特定国家的具体模型。

第三节　发展经济学的渊源和产生背景

经济发展理论虽然形成于20世纪40年代后期，但是经济发展思想却早已存在。对经济发展理论的形成具有较大影响的有以下经济发展思想。

一、古典、新古典和熊彼特的经济发展思想

古典经济学家，特别是斯密、李嘉图、穆勒等经济学家研究的重点是经济增长和经济发展问题，对发展经济学的形成有很大的影响。

斯密把经济增长视为国民财富的增长。国民财富的增长取决于两个条件：一是通过发展专业分工提高工人的劳动生产率，二是人口和资本的增加引起从事劳动人数的增加。他论证了人口增长、分工的发展、资本积累与经济增长的关系。斯密还认为，国际分工通过对外贸易可以促进各国劳动生产力的发展和经济的增长。斯密关于经济增长的不少思想被当代经济发展理论所吸取。

大卫·李嘉图（英国）是古典经济学的杰出代表和完成者，他在《政治经济学及赋税原理》（1817年出版）一书中，把国民财富的研究重点从生产转向分配。他对经济增长的观点与斯密的观点基本一致，认为经济剩余和资本积累是国民财富增长的根本原因。他主张自由贸易，认为自由贸易可以扩大市场，有利于劳动分工和生产专业化，从而促进经济增长。关于国际贸易，李嘉图提出了比较成本学说，发展了斯密的国际贸易分工论，并认为扩大对外贸易可以降低商品价格和工资，从而利润率相对提高，有利于资本积累的扩大和国民财富的增长。

约翰·穆勒（英国）对经济增长的论述对后来的发展经济学形成也有很大的影响，他在1848年出版的《政治经济学原理》中重点分析了经济增长对投入要素价格的影响，并把投入要素概括为资本、劳动、技术和自然资源。这些分析至今仍然是发展经济学研究的出发点。

从19世纪中叶到第二次世界大战结束的100年间里，西方经济理论研究的重点从经济增长和经济发展问题转向市场交换、收入分配、周期波动等短期的问题。因此，价值理论、分配理论和资源配置理论成为西方经济思潮的主流。这一时期以艾尔弗理德·马歇尔（代表作为1890年出版的《经济学原理》）为代表的新古典经济学派，集中注重研究短期的均衡问题，但对经济增长和经济发展也给予了一定的关注。首先，马歇尔注意到资本积累问题，他分析了资本积累的来源，认为储蓄率是经济发展的主要约束条件；其次，他很重视劳动的数量和质量，强调通过教育开发人力资源对经济发展的重要意义；最后，他对后来经济发展理论影响最大的是他对经济发展过程的看法，他认为，经济发展是渐进的、逐步演化的、和谐的，会使社会全体人口受益；经济发展是连续的，不中断的。这一看法对二战后新古典经济学派的经济发展理论影响很大。

约瑟夫·阿罗斯·熊彼特是当代资产阶级经济学的主要代表之一。他在1912年出版的《经济发展理论》一书中，提出了经济发展的“创新理论”。他认为，在经济生活中存在着“循环流转”的“均衡”状况，在这种状况下，没有变动，没有发展，经济发展则是对这种静态的“循环流转”的一种突破，即经济发展是“来自内部自身创造性的关于经济生活的一种变动”。这种突破或变动是生产要素和生产条件的“新组合”，包括开发新产品、采用新技术、开辟新市场、控制原材料的新供应来源、实现企业的新组织，从而形成“不断地从内部革新经济结构，即不断地破坏旧的，不断地创造新的结构”的过程，称作“产业突变”。熊彼特认为，这种突破或经济发展来自“内在的因素”，这就是企业家的“创新”，是“创新性的破坏过程”。它的间歇出现会引起经济的周期波动。因此，经济发展表现为跳跃式的激增和变动，而不是渐进的、和谐的过程。熊被特的上述观点对当代经济发展理论中变革的、非均衡的发展观具有很大的影响。

二、发展经济学产生的背景

经济发展理论的研究兴起于第二次世界大战以后。二战后世界发生了巨大变化，形成了三个世界和四个方面（东方社会主义与西方资本主义阵营和南部发展中国家与北部发达国家）纵横交错的新格局，原殖民地附属国取得政治独立后，这些国家究竟沿着什么样的道路发展，如何发展经济，不仅关系着这些国家的命运，而且对整个世界的和平和发展具有重大的影响。

第一，长期的殖民主义统治和剥削，造成了这些国家的贫困落后。因此，独立后的发展中国家的首要任务是迅速发展民族经济，改变经济上的不发达状态，这是关系到这些民族生死存亡的紧迫问题，引起了发展中国家政治家和经济学家的普遍关注。

第二，由于世界大部分人口的贫困和发展中国家的严重问题，直接影响世界市场和发达国家的经济增长，并且日益成为世界经济不稳定的根源，因此，发展中国家的经济发展成为举世瞩目的重大问题。

第三，第二次世界大战后形成了以美国为首的西方世界和以原苏联为首的东方世界相互对峙的国际政治经济格局，在两大集团的角逐中，发展中国家的倾向举足轻重，发展中国家选择什么样的发展道路，对世界经济政治有着重大影响，更引起了政治家和经济学家们的极大兴趣。这样，在各方面需要的推动下，发展中国家的经济发展问题就成为二战后经济学研究的一个宏大主题，首先在西方迅速出现了一股经济发展研究的热潮。

关于经济增长和经济发展的研究，在西方经济理论界冷落长达近100年时间后，在二战后开始兴盛起来。二战后的最初几年，部分学者结合二战后经济的重建探讨了经济发展问题。

20世纪50年代以后，随着民族独立国家的纷纷建立和发展中国家的兴起，许多人开始转向和步入经济发展领域的研究，其中有学者、教授、著名人士、政府官员和各种世界组织的专家。他们以传统的西方经济理论为框架去探讨和分析发展中国家的经济问题，成为早期的发展经济学家。

在他们的带动和培养下，又形成了第二代、第三代发展经济学家，于是西方国家的大学和研究机构中涌现出大批的发展经济学家。有关经济发展的论文、报告、专著和教科书大量发表和出版，发展经济学也成为西方大学普遍开设的重要课程。

发展经济学发源于西方，西方经济学家用西方经济理论观点，以发达国家的历史经验为蓝本去研究发展中国家的经济发展，因而在发展经济学中占统治地位的是西方理论，新古典综合派理论成为发展经济学的主流。然而，由于西方经济学家们出于不同的动机，持不同的观点，从不同的角度，用不同的方法去研究发展中国家的经济发展问题。因而他们理论的侧重点和倾向性并不一致。后来，发展中国家也出现一些有影响的经济学家，他们的理论观点具有鲜明的民族倾向。这样，就形成了发展经济学中的不同流派。

第四节　发展经济学理论的演变

第二次世界大战后，发展经济学主流学派理论有一个演变过程，大体可以分为三个阶段。这三个阶段大体和发展中国家的发展有关，根据经济发展理论对经济发展实践的指导，以及发展理论指导的结果评价，发展经济学家们不断地反思传统的发展经济学理论，研究新的发展经济理论，在每个阶段，形成了不同思想占支配地位的不同的发展经济学理论。

一、第一阶段：20世纪40年代末到60年代初

第二次世界大战结束后，一些发展中国家要求发达国家和国际组织的经济学家提供发展经济的建议。西方经济学家根据发达国家早期发展阶段的经验，结合西方经济学的某些原理，分析发展中国家经济的现状，提出发展经济的设想，取得一系列研究成果。这些成果为发展经济学的形成奠定了基础，被称之为早期的发展经济学。

早期发展经济学家认为，发展中国家经济既不同于发达国家经济，也不同于18世纪和19世纪处于发展阶段中的西方国家经济，它具有结构的特殊性。发展中国家普遍存在着以城市制造业为中心的现代经济部门和以农村的农业和手工业为主的传统经济部门。由于市场经济不发达，市场不完整，价格体系不健全，因此，市场调节和价格机制的均衡作用不能实现，造成发展中国家的结构刚性、滞后和非均衡现象，以及经济增长的利益很难普及到人民大众，形成有增长而无发展的情况。因此，他们认为，古典的经济学和凯思斯经济学不适用于发展中国家，经济学家们应当根据发展中国家经济结构的特点、发展障碍和缺少的成分，来寻求发展的对策，从而形成了经济发展的结构主义思路。

结构主义的基本思路是：发展中国家存在着经济结构的差异和不均衡，面临着大规模的经济变动和重大的结构改进。然而，由于市场不发达和结构刚性，使经济发展出现“回波效应”，即加剧结构差异和不均衡，甚至导致扩大贫富差距和利益冲突。这样，发展中国家的经济发展就不是静态的既定资源的配置问题，而是动态的可投资资源供给的增长问题。因此，早期发展经济学家一般采用结构分析方法，把经济分解为几个构成部分，围绕经济增长，提出种种发展设想。这一阶段，他们的设想比较集中于发展中国家经济中现代成分的发展，并提出有利于改进结构的政策建议。

早期发展经济学家根据结构主义思路，对于发展中国家的经济发展，着重强调以下三个方面。(1) 资本积累。西方发展经济学家认为，生产投入要素有三个方面：自然条件、劳动力和资本。对于发展中国家来说，物质资本的多寡及其形成的快慢，是影响和制约经济增长的首要因素。因此，资本积累是经济增长的关键。(2) 工业化。西方发展经济学家认为，发达国家之所以发达，是因为它们实现了工业化，二战后兴起的发展中国家为了实现经济独立和摆脱贫困，也普遍谋求工业化。从理论上说，只有实现工业化，才能促进经济增长和经济发展，才能吸收农业过剩劳动力和提高农业劳动生产率，才能减少进口和减轻外汇约束，进一步推动工业生产和提高国内生产水平。(3) 计划化。在早期的发展经济学家的理论中，几乎都从不同的角度强调实行计划化的重要性。首先，他们认为，发展中国家的市场无论在结构上还是在功能上都是不完全的。国内市场既不统一又不完整，市场机制不健全，市场信息既不灵敏又不正确，不能及时正确地反映产品的真实成本和资源的稀缺程度，由此会引起投资选择的扭曲。在这种情况下，发展中国家政府必须用计划手段进行资源配置，以弥补市场机制的不足。其次，他们认为，在发展中国家，有些重要部门由于利润低、风险大，而资本家往往感兴趣的是最大限度的短期利润，这就决定了他们的生产带有自发性和盲目性，在这种情况下，政府从国家的长远利益和经济发展的需要出发，通过制定发展计划，将有限的资金和科技人才用于重点部门和重点项目的发展上，使自然资源得到合理和有效的使用，尽可能避免资源的滥用和浪费。最后，他们还认为，二战后国家垄断资本主义迅速发展，发达国家政府对经济运行的干预不断加强，在国际经济领域中处于不利地位的发展中国家，面对激烈的国际竞争，不得不通过制定发展计划和利用计划手段，保护和扶持国内工业的发展。从发展战略上讲，发展中国家大多实行了进口替代的工业化发展道路，主要手段为：币值高估，高关税，进出口配额。

二、第二阶段：20世纪60年代到80年代后期

20世纪50年代，发展中国家经济增长比较迅速，国民生产总值年平均增长率高于发达国家，但是发展中国家的经济状况却是令人失望的。工业化虽然带来了产值和收入的增长，但是由于人口增长速度过快，因而普遍存在大规模失业；由于片面强调工业，结果农业受到损害，使经济和社会生存的基础发生动摇；经济增长的成果只使城市中的少数人受益，大部分城市贫民和农村居民的经济条件并没有得到改善，贫困、愚昧仍在继续扩大和加深。与此同时，发展中国家与发达国家之间的贫富差距进一步扩大，前者对后者在资本、技术、经营管理、市场

等方面的依赖在不断加深，在发展中国家里，实行国内工业化、进口替代政策和计划化的国家，经济日益困难；而那些注重市场调节、经济比较开放、实行出口导向政策的国家，增长速度普遍高于发展中国家的平均速度，并且带来了经济的繁荣。总之，大多数发展中国家的经济发展目标——独立自主和消除贫困并没有实现。于是，人们对早期经济发展理论产生了怀疑。

进入20世纪60年代以来，经济发展理论出现了一系列重大转变，形成了新的趋向。第一，关于发展的目标。鉴于许多发展中国家出现“有增长而无发展”的情况，发展经济学家对经济发展做了修正和补充，从过分强调国民生产总值的增长转而重视收入分配、减少绝对贫困、满足人类基本需要、保障就业等问题。第二，关于计划与市场。20世纪60年代以后，发展经济学家对经济计划进行了重新评价，指出计划工作中存在的问题，认为应当重视市场的作用。他们建议，市场调节是基础，政府应当培育和利用市场——价格机制，通过价格变动执行政策，从而促进生产的发展和经济的进步。第三，关于农业问题。20世纪60年代以后的发展经济学家开始重视农业的发展，认为农业的作用要重新认识，工业和农业是相互依存的，在政策上应当支持这种相互作用，要发挥农业的作用，必须给农民提供经济机会，通过各种政策鼓励农业生产、降低投入价格、提高农业生产率和农民的收入水平，刺激出口作物的生产。政府还应当提供运输基础设施、科学研究和推广服务，促进农业的发展。第四，关于对外贸易问题。1964年，在第一届联合国贸易和发展会议上广泛讨论了国际商品协定和出口鼓励措施：包括改革外汇体制，汇率由市场调节；调低关税；缩小进出口配额的管理范围；建立自由加工和贸易区，包括技术开发区和保税区等等。围绕贸易和发展会议的建议，许多发展经济学家进行了理论探索，他们认为，出口和增长有密切的因果关系。出口增长有利于提高生产率、降低成本、提高就业水平、提高人民生活水平。总之，推行外向的出口鼓励战略，能够实现经济增长的良性循环，加速实现从传统经济向现代经济的过渡。他们还把一些国家和地区的经济成就归功于新古典主义国际经济理论在实践中得到的贯彻。第五，人力资本投资与经济发展的关系问题。舒尔茨批评了把资本和自然条件看做是经济发展的主要动力的观点，并且不同意马尔萨斯的发展悲观论。他提出人的投资，如健康、营养、基础教育、专业教育、技能培训、迁移等等方面的投资将形成人力资本，特别是教育方面的投资将形成高质量的人力资本，推动经济发展最重要的动力是人力资本。高素质的劳动者和企业家，可以通过技术进步、兴办和很好地经营管理企业、提高技能、发明创造，创造更多的国民财富，并形成更多的就业机会。第六，研究方法的新趋向。20世纪60年代以后的发展经济学家不再追求宏大的一般的理论了，而是倾向于做范围相当有限的分析。这一阶段的发展经济学更多地采用经验分析的方法，注重发展中国家的具体经验。他们在进行宏观分析的同时，更注重微观分析，建立了社会项目评估的理论框架，发展了成本—效益分析方法。一些发展经济学家侧重探讨发展中国家的不同类型，力图探索各种类型的发展模式。还有一些发展经济学家则更多地探讨发展中国家市场的供给和需求弹性，生产要素的替代以及部门经济的发展对策。总之，发展经济学研究逐渐更加接近对发展中国家的具体分析。

三、第三阶段：20 世纪 80 年代后期至今

20 世纪 80 年代，发展经济学家开始注重用制度分析的方法和技术及人力资本的内生的经济增长去研究经济发展理论和发展中国家的实际发展问题；更加重视文化、体制、法制和立宪在经济发展中的作用；更加注重发展的可持续问题。发展经济学家们认为，解决发展中国家经济发展缓慢和经济效率低下的重要措施是按照能使经济最有效发展的模式进行新的制度设计，以较小的经济和社会代价，并以较短的时间进行企业制度、政府与企业关系制度、分配制度和政府经济管理制度等方面的安排和改革。

他们认为，发展中国家普遍面临着两大难题：一是实际国民生产总值的增长率难以维持稳定的速度，二是生产过程难以用低投入高产出的方式来实现。前者涉及经济增长的支撑问题，后者是生产经营效率问题，而这两个难题都与制度结构有关。制度经济学形成于 19 世纪末 20 世纪初，是西方经济学的一个流派。制度学派与历史学派有许多类同之处，他们都把过程的变化和结构的变化当成是制度变动和社会经济发展的一个重要的原因。

到 20 世纪 90 年代，发展经济学发展了舒尔茨的人力资本投资理论，提出了“内生经济增长”理论和“内生劳动分工”理论，强调科学技术对经济发展的巨大推动作用，更加重视人力资本投资、科技进步方面问题的解决，以内生的动力推动经济发展。

在 20 世纪 80 年代，发展经济学研究了经济发展的可持续问题，提出上一代人的发展不以损害和过度利用下一代人的发展条件为代价，实现人口、资源、生态、环境和经济发展的相互协调，对可持续发展的理论进行了系统的讨论。

东亚经济发展模式曾经是发展经济学家们推崇的模式：即高储蓄、高投入、高负债、高增长，出口导向，学习和模仿技术，政府干预经济。但是，高负债形成的高风险，导致了 20 世纪 90 年代东南亚诸国的金融风暴；出口导向在世界性产品过剩中发生困难；学习和模仿技术没有自己经济新的成长点，国民经济缺乏

整体竞争力；政府干预经济则形成了决策失误和权力腐败，加大了经济发展的成本。因此，经济学家们对 20 世纪 60 年代到 80 年代推崇的东亚经济发展模式进行了深入的反思。

综上所述，经济发展理论演进的三个阶段在基本思路、问题论证和政策建议等方面都有显著的差别。概括地说，第一阶段发展经济学研究，比较注重发展中国家的社会、经济、文化特点，形成了结构主义的基本思路。第二阶段发展经济学研究，在许多问题的分析中，重新采用新古典主义的观点，更多地使用新古典主义分析方法，并扩大了新古典经济学的运用，这种情况的出现，称为“新古典主义的复兴”。第三阶段发展经济学研究，更多地考虑经济发展的深层次的人的因素、文化、体制等背景，将人力资本和制度因素视为影响经济发展的两个重要变量，从重新设计制度和进行制度改革、积累知识及技能人手寻求推动经济发展的动力，探讨了经济发展的可持续问题。在 20 世纪之末发展经济学的一个重要贡献就是对东南亚经济发展模式进行了深入的反思。

思考题

1. 发展经济学是一门研究什么内容的科学？
2. 经济发展包括哪三个方面的内容？
3. 经济发展理论与经济增长理论有什么区别？
4. 发展经济学的任务是什么？
5. 斯密在经济发展理论方面有些什么观点？

第二章

经济发展与经济增长

经济发展与经济增长是有区别的，但是经济的全面发展依赖于国民财富的增长，也依赖于生产能力的成长。发展中国家的经济结构是变动着的，经济增长要素投入—产出的模型有时解释不了其经济增长的速度和效率；同时，发展有着广泛而又深刻的含义，不能用人均 GDP 增长来以偏概全。另一方面，经济增长又是经济发展的基础，经济增长是发展经济学要研究的一个重要内容。因此，这一章讨论经济发展和经济增长问题。

第一节　经济发展及其度量

经济发展也有一个哲学上的价值判断偏好。你是愿意经济发展得快一些，而损害一些宁静的自然风光，还是要保护生态环境，让经济发展的速度放慢一些？你是发展速度快一些，但分配不公平，还是要分配公平一些？探讨国民经济究竟是怎样发展的，首先要分析经济发展的含义。经济发展的内涵是什么，过去在发展经济学领域中进行过长期的争论，随着发展中国家经济发展的实践，人们对发展的认识也越来越深刻。

一、经济发展的含义

经济发展，通常是指一个国家或地区按人口平均的实际福利增长过程，它不仅是财富和经济机体的量的增加和扩张，而且还意味着其质的方面的变化，即经济结构、社会结构的创新，社会生活质量和投入产出效益的提高。简而言之，经济发展就是在经济增长的基础上，一个国家或地区经济结构和社会结构持续高级化的创新过程或变化过程。

关于发展的含义，有一个演变过程。西方经济理论曾经认为经济发展就是经济增长，即国民生产总值的增加，因而经济发展和经济增长经常被交替使用。20世纪70年代以后，在经济理论中开始严格区分这两个概念。1980年出版的《新大英百科全书》将经济发展和经济增长分列为两个辞条，经济发展是相对于不发达经济而言，而经济增长则主要用于发达经济的分析。这是因为实践中，20世纪五六十年代，许多发展中国家，虽然经济增长速度较高，但是由于人口增长过快，失业率较高，发展的成果被少数人享受，生态环境遭到破坏，实际上社会和技术没有得到普遍的进步，人民的生活质量没有得到改善，甚至有所下降，结果是有增长而无发展，或者是没有发展的经济增长。20世纪60年代以后，越来越多的发展经济学家对一些传统的发展理论或观点提出了质疑。经过讨论，经济发展概念被赋予新的内容，即不仅仅是指经济量的增长，还包括社会经济结构的转换和人民生活水平提高及质量改善。经济增长和经济发展在经济学上被分为两个含义不同的概念。

美国经济学家、新古典发展经济学派的代表人物迈耶教授认为，能够得到广泛赞同的经济发展的定义是：在处于“贫困线”以下的居民人数不增加、收入分配不变得更不平均的条件下，一个国家按人口平均的实际收入在一个长时期（至少是20～30年）增长的过程。根据这个定义，如果人均收入低于或等于（即未超过）通货膨胀率的增长速度，如果经济总量的增长速度未能超过（即低于或等于）人口的增长速度，则经济并无发展。此外，发展是长时期的经济增长过程，近期的收入的增加只不过是发展过程的开端，具有决定意义的是人均实际收入的长期的持续的增加，并且这种增加应是由若干种力量以相互联系和互为因果方式作用的必然结果。

同迈耶的定义相比较，美国另一经济学家金德尔伯格认为，经济发展的含义应当从发展目标和反映发展的尺度等方面进行描述。他认为经济发展的目标是多重的，既包括物质福利的改进，也包括经济结构及其机能的变化，由此所决定反映经济发展的尺度也必须是多样化的，其中包括：总产出的增加、收入分配的合理、就业状况的改善、人口素质的提高、文化与技术的进步，以及社会政治生活、经济与政治决策结构的相应变化等等。具体要求是，根据民众的贫困和与此相关联的文盲、疾病和过早死亡等状况得到改变。改变投入与产出的构成，包括生产的基础结构由农业转向工业活动，增加产出的数量并提高产出的质量及效益；保证充分就业的实现，使所有劳动适龄人口均有平等的就业机会，而不是只限于少数具有某种特权的人；为广大民众更多地参与经济和其他方面的决策或决定创造有利的条件，扩大经济、社会与政治决策或决定的基础等等，从而使民众能够更有效地提高和增进其自身的福利。

按照发展经济学理论，综合各家之言，较为系统、全面而确切的经济发展含义，至少应包括以下几个方面：(1) 按人口平均的国民生产总值（或国民收入）和居民人均实际收入，在一个长时期内持续而稳定地增长。(2) 居民生活环境，包括社会公共福利设施、自然生态环境、社会政治环境等不断得到改善，人们有相当程度的安全感。(3) 生产要素，包括人力资本、社会资金、物力资本及自然资源等，其数量不断增加，足以满足生产投入的客观需要，从而保证社会总产出长期、持续、稳定的增长。(4) 经济结构，包括生产的组织制度结构，生产关系结构，国民经济的产业、产品结构，技术结构，空间布局结构等发生重大的转变，形成持续的高级化变化过程。(5) 社会结构不断完善，收入分配不断趋向公平与合理，居民间的收入及实际生活水平差距日益缩小，社会不再产生新的贫富阶级。(6) 社会事业、环境和生态与经济的增长相适应，在“经济—社会—自然环境”之间建立起一个良性的循环系统及运行机制。(7) 文化发展、观念习俗与经济发展相协调，不适合或不利于经济发展的传统陋习、陈旧观念能够得以及时、彻底的废除和更新，新的文化、新的价值观念能够迅速地成长、发育起来。(8) 经济运行及其调控的机制趋于完善和健全，经济系统、社会系统和与经济发展相关联的自然生态系统的自我控制、自我调节、自我平衡及自我发展能力以及相互间的反应能力、变化适应能力不断增强等等。

二、经济发展与经济增长的联系和区别

从概念的内涵上看，经济增长是一个相对纯粹的经济学概念，侧重反映和体现财富与产出量的增加以及由此所引发的有关经济方面的发展问题，而经济发展除此之外，还特别关心社会一般关系的发展变化，涉及到非经济方面的诸多问题。

从学科角度看，经济发展所关心的是一个国家或地区从落后状态向发达状态过渡的经济演变过程，而经济增长则侧重于研究和反映某种成熟状态的经济进步的动态化问题。因此，目前人们通常把研究发展中国家经济动态过程的理论和方法称之为发展经济学。因为这些国家的经济正处于落后态转向发达态的过渡阶段，而把研究发达国家经济动态化问题的理论和方法则称之为增长经济学或经济

增长理论。因为这些国家的经济已进入成熟状态，发展中国家正面临的经济形态的转变过程在这类国家已经完成。

但是，另一方面，经济发展与经济增长的关系又是极为紧密的。经济增长是经济发展的基本动力，是经济发展的必要的、首要的物质条件，没有增长，发展将成为无源之水。反之，没有发展，长期的持续增长也将是不可能的。一般认为，只要有发展，便必然有增长，所谓有发展而无增长是不大可能的，即使出现也只是暂时的、短期的和局部的，而不可能是长期的、持续的和全面的。因此，经济发展和广义的发展经济学就包含了经济增长和增长经济学的问题与内容，而且在当代经济学体系中，增长理论也常常被看作是发展理论的重要组成部分，即使某些专门以发达国家经济结构为背景而形成的增长理论，也常常被用于阐释发展中国家的经济发展问题。

三、经济发展的度量

度量经济发展是一个极其复杂的问题，从理论上说，对经济发展的度量必须符合经济发展的涵义及其基本的目标，这就要求既要反映发展的数量方面，也要体现其质的方面的改善；既要反映经济方面的增长，也要体现非经济的社会方面的进步。同时度量的标准与指标应简单易行，符合科学原则。显然，在实践中要完全做到上述各点，至少在目前还有相当的难度和差距。

目前，经济学家们一般用人均国民生产总值（或人均国民收入）来作为衡量经济发展水平的尺度。这一指标考虑到了人口增加和国民产出水平的相互关系，可以在一定程度上反映一国或一地区实际的经济发展水平和生活消费水平。但是，单纯使用这一指标来作为经济发展的衡量标准或尺度也存在不少问题。第一，人均国民生产总值（或人均国民收入）未能清楚地显示出产品和劳务的类型与构成，以及使用它们所能带来的实际福利究竟有多大；第二，人均国民生产总值（或人均国民收入）未能清楚地显示收入是如何分配的，收入的增加是普遍现象，还是只限于少数人口有所提高；第三，人均国民生产总值（或人均国民收入）的高低，并不一定能够真实地反映出一个国家或地区所拥有的总体上的实力，因为一国或地区的人口有多有少；第四，人均国民生产总值（或人均国民收入）的多少，虽然可以较好地反映一国或一地区实际的经济发展水平和生活发展水平，但并不能全面地反映社会生活的诸多问题，如根除贫困、扫除文盲、减少疾病、延长寿命、增加社会安全感、消除污染等等，而这些恰恰又是与衡量发展水平直接相关的问题。

为解决上述问题，现在有越来越多的人主张或赞成用若干个具体指标所组成的综合指标体系来衡量和评价经济发展的水平和质量。这个指标体系除了人均收入指标以外，一般还应当包括反映一国或一地区经济实力的国民总产出指标，反映社会发展水平、人民生活提高程度以及自然生态、环境状况等方面的具体指标。

联合国社会发展所提出的综合指标体系包括16项具体指标。即：

(1) 期望寿命；(2) 两万人以上地区人口占总人口的比重；(3) 人均每天消费的动物蛋白质；(4) 中、小学生入学比例；(5) 职业教育入学比例；(6) 人均住房面积；(7) 每千人读报人数；(8) 煤气、电、自来水普及率；(9) 农业劳动生产率；(10) 农业劳动力比重；(11) 人均年耗电量；(12) 人均年耗钢量；(13) 人均年能源消费；(14) 制造业占国内生产总值的比重；(15) 人均对外贸易额；(16) 工薪收入者占社会就业人数的比重。

中国科学院何传启研究员主持的现代化研究课题组提出了发展中国家第一次现代化进程的10个衡量指标。即：

(1) 人均GDP；(2) 农业增加值比重（逆指标）；(3) 服务业增加值比重；(4) 农业劳动力比重（逆指标）；(5) 城市人口比例；(6) 每千人口中的医生人数；(7) 婴儿死亡率（逆指标）；(8) 预期寿命；(9) 成人识字率；(10) 在校大学生占20～24岁人口的比例。何传启认为，上述指标分别达到6 300美元、15%以下、45%以上、30%以下、50%以上、1人以上、30‰以下、70岁以上、80%以上、15%以上，就可以视为完成了工业化，即实现了第一次现代化。

世界上一些国际组织和研究机构，中国一些政府机构、研究院所提出了许多关于发展的衡量指标体系，各有特点。特别是近年来一些文献对发展的衡量增加了生态环境方面的指标，比如城市人均绿地、国土森林覆盖率、城市空气洁净程度、垃圾无害化处理率、人均水资源量、适度的人口增长率等。这说明发展研究对发展的可持续问题愈来愈加关注。

第二节　经济增长

人们在研究整个经济发展的时候，首先要考虑的是国民财富的产出，即能生产并年增加多少国民财富，基于这些源源不断增长的财富，人们才有可能谈到自己生活质量的提高，消费结构的高级化，教育文化水平的提高，营养水平的改善，分配的公平化等等。因此，研究经济增长是发展经济学绕不开的一个问题。

一、经济增长概念

经济增长，是指后期的国民经济产出量在规模上比前期增加，以价值衡量，就是后期的国民生产总值 GNP，或者国民收入从数量上比前期增加。美国经济学家库兹涅茨给经济增长下了一个经典型的定义："一个国家的经济增长，可以定义为给居民提供种类繁多的经济产品的能力长期上升。"新的增加数量与原有的产出规模相比，就是增长率，或者增长速度，即：

GNP 增长率＝[（后期的 GNP－前期的 GNP）÷前期的 GNP]×100％

如果考虑人口的增加和价格的变动（即通货膨胀）因素，经济增长就是人均实际 GNP 的增加，因此，经济增长也就是人均实际 GNP 的增长。即：

人均 GNP 增长率＝GNP 总量增长率－人口增长率

经济增长和经济发展是有区别的，经济增长只是指财富在量的方面的增长，而经济发展不仅仅是指财富在规模方面的增长，还包括社会经济结构的高级化、公民生活水平的提高、文化水平的提高、分配的公平化、充分就业、人均寿命的延长等等。

二、经济增长模型

经济学家们根据自己的研究，建立了许多关于经济增长的模型，归类起来大体有以下几种。

（一）哈罗德—多玛模型

英国经济学家哈罗德以凯恩斯经济理论为基础，于 1939 年发表了《论动态理论》一文，试图将凯恩斯经济理论长期化、动态化，以讨论长期经济增长问题。此后，他又于 1948 年发表了《动态经济学导论》一书，提出了他的经济增长模型。40 年代中期，美国经济学家多玛进行了类似的研究，提出了另一个经济增长模型。由于他们二人所提出的经济增长模型含义相同，因而一般将他们的模型合称为哈罗德—多玛经济增长模型。

1. 哈罗德—多玛模型的假设

哈罗德—多玛模型比较简单，要以一个简单的模型分析像经济增长这样复杂的经济现象，就必须对现实加以抽象，做一些能够使问题简单化的假设。因此，模型包括这样一些假定：（1）假定全社会所生产的产品只有一种。这种产品既可以用于个人消费，也可以作为投资所需的生产资料，继续投入生产。（2）假定只有两种生产要素，劳动是除资本以外惟一的另一生产要素，并且两种生产要素之间不能相互替代，两种要素只有一种可行的配合比例。（3）假定规模收益不变。

即不管生产规模大小，单位产品所需成本不变，如果劳动和资本同时增加一倍，产出也相应地增加一倍。(4) 假定技术不变，即不存在技术进步。(5) 由于规模收益不变，技术不变，并且劳动和资本两种生产要素的配合比例不变，因此在任何时候，生产单位产出所需要的劳动力数量和资本数量是不变的。(6) 假定边际储蓄倾向不变，因而边际储蓄倾向等于平均储蓄倾向或储蓄占国民产出的比率，因此平均储蓄倾向或储蓄占国民产出的比率是不变的。

2. 哈罗德和多玛的模型

(1) 哈罗德模型的基本公式。

哈罗德从凯恩斯的储蓄—投资分析出发，将有关的经济因素抽象为三个变量：

a. 储蓄率，即储蓄量占国民产出的比重，为储蓄量/国民产出。

b. 资本系数或资本产出率，即资本/国民产出之比；也可以是投资/新增产出。

c. 有保证的国民产出增长率，即在储蓄率和资本产出系数既定的条件下，能够使投资等于储蓄的经济增长率。

由上述三个变量的定义，可得出三个变量之间的关系：

经济增长率＝储蓄率÷(资本÷产量)

由于要保证经济实现均衡，必须使投资＝储蓄。

(2) 多玛模型的基本公式。

多玛在建立他的经济增长模型时，引入了投资效率或资本生产率概念，并用新增国民产出/投资表示，即投资生产率，因此，单位投资能增加的产出为：

增量国民产出＝投资效率×投资

经济增长率＝增量国民产出÷前期国民产出

＝投资效率×投资÷前期国民产出

一般情况下，储蓄率等于投资率，即投资占 GNP 的比率；资本生产率可以看成是投资效果，为资本/产量的倒数。这样，哈罗德和多玛的经济增长理论，实际是一样的，哈罗德—多玛增长学说是重视资本分析的理论。哈罗德—多玛的经济增长理论从政策含义上讲，认为国家可以通过计划集中资金加快经济增长的速度，发展的计划，即计划经济有利于发展经济，因此为发展的计划化和资本积累提供了理论依据。哈罗德—多玛模式，从要素推动方式上讲，可以说是资本主要推动型的增长方式。

(二) 新古典经济增长模型

1956 年美国经济学家索洛和英国经济学家斯旺，分别提出了类似的经济增长模型。后来，英国经济学家米德又对索洛和斯旺提出的经济增长模型作了系统的表述。由于他们提出的经济增长模型不只是依据凯恩斯投资与储蓄的理论，还包括了凯恩斯以前古典经济学的成分，因而称之为新古典经济增长模型。

1. 新古典经济增长模型的基本假设

按照哈罗德—多玛经济增长模型，充分就业的均衡增长是很难实现的。索洛等人则认为这种困难在很大程度上是由于哈罗德—多玛模型的基本假设造成的，因此他们提出了不同的假设。

新古典模型包含这样的假设：(1) 假设有资本和劳动两种生产要素，且这两种要素是可以相互替代的，资本和劳动的配合比例是可变的。即一定量的资本可以与不同数量的劳动相配合，同样，一定量的劳动可以与不同数量的资本相配合。因而与哈罗德—多玛关于资本与产出之比（资本系数）不变的假定不同，在新古典经济增长模型中，资本与产出之比也是可变的。资本与劳动之比升高，资本与产出之比下降；反之，资本与劳动之比下降，则资本与产出之比上升。(2) 假定经济处于完全竞争的条件之下。由于存在完全竞争，而且资本和劳动两种要素可以相互替代，工资和利润率将分别与劳动和资本的边际生产率相等，因此资本和劳动两种生产要素都可以得到充分利用，不存在劳动和资本的闲置问题，储蓄将全部转化为投资，生产能力（可能的产量）的增长率与实际产出的增长率将保持一致。哈罗德—多玛模型中关于实际增长率，有保证的增长率和自然增长率的划分不再具有任何意义，在市场机制作用下，经济将自动地实现充分就业的均衡增长，此时，经济增长将决定于要素供给的增加和技术的进步。这两项假设体现了新古典经济增长模型与哈罗德—多玛经济增长模型之间的区别。

2. 新古典经济增长模型的基本公式

在新古典经济增长模型的基本公式中，除了上述两个假设之外，还假设不存在技术进步，规模报酬不变。在这种条件下，经济增长的原因可以归结为资本的增长和劳动力的增长。

模型中有资本，有资本的增量，资本增量/资本为资本的增长率；有劳动量，有劳动的增量，劳动增量/劳动为劳动的增长率；有国民产出，有国民产出增量，国民产出增量/国民产出为国民产出的增长率。用 a 表示资本的收入占国民产出的权数，用 b 表示劳动的收入占国民产出的权数。由于在完全竞争条件下，资本和劳动的收入等于各自的边际生产率，因此，a、b 反映了资本和劳动对产出增长的相对贡献的比例或权数。这样可写出新古典经济增长模型的基本公式：

经济增长率＝(资本对总产量的贡献率×资本的增长率)
＋(劳动对总产量的贡献率×劳动的增长率)

上述的模式与哈罗德—多玛模式的不同之处是，资本与产量的比率是变动的，即投资效果是可以变动的；资本和劳动的比率是可以变动的，由它们的供求和价格决定；市场机制对劳动和资本的配置，即比率起调节作用。索洛等人的经济增长模式说明，经济增长并不主要是资本推动的，资本和劳动共同推动国民经济增长；资本和劳动要素的配置比例，由市场来调节，而不应该由计划来调节，经济增长的要素投入比例，应当由市场来确定。

（三）技术进步经济增长模型

在假定资本和劳动力对产量增长相对贡献的权数 a 和 b 不变时，经济增长决定于下列因素：（1）资本增长率；（2）劳动力增长率；（3）技术进步。在资本增长率和劳动力增长率既定的条件下，技术进步越快，则经济增长越快，由此可见，技术进步对经济增长有着重要的作用。索洛在他的增长模式中考虑技术进步，得出如下经济增长模式：

经济增长率＝(资本的总产量贡献率×资本增长率)
＋(劳动的总产量贡献率×劳动增长率)
＋技术进步增长率

索洛等人就技术进步对经济增长的作用进行了深入的研究，他们首先计算出某一时间内资本增加量和劳动增加量对产量增加的贡献，然后将生产要素投入增加所引起的增长率从实际的经济增长率中减去，剩下的余值就是技术进步对经济增长所做出的贡献。索洛根据美国 1909—1949 年的统计资料进行了具体的计算，结果是，这一时期平均年增长率为 2.9%，其中 0.32%是由于资本增加引起的，1.09%是由于劳动增加引起的，另外的 1.49%则是由技术进步引起的。技术进步对经济增长的推动作用大于资本和劳动加起来对经济增长的推动作用。此外，索洛还计算出，在同一时期内，人均产量的年平均增长率 1.81%，而其中 1.49%的增长率归功于技术进步。

这就证明了技术进步在经济增长中的作用是十分重要的，资本要素在经济增长的早期十分重要，随着经济增长的时间推移，在经济增长的中后期，技术进步的作用越来越重要。

（四）全要素经济增长模型

前面的各种经济增长模型中，以及在本节前半部分的分析中，都指出了若干经济增长的因素，然而前面的各种经济增长模型中，都是在假定某些因素不变的条件下分析少数几个变量之间的关系，现代经济学家则对经济增长的因素进行了更全面、更系统的分析。

现代西方经济学家通常将经济增长的因素分为两大类：（1）生产要素的投入量；（2）全部要素生产率或广义的技术进步。生产要素包括土地（包括各种自然资源）、劳动和资本，由于在现代发达国家，土地（包括各种自然资源）基本上是一个已知的固定量，在考虑要素投入量时，通常只考虑劳动投入量与资本投入量。

对劳动投入量和资本投入量还可以不同的分类法进一步细分为若干个因素，例如可将劳动投入量进一步细分为就业人数、工时、就业劳动力的质量及构成等因素。显然劳动投入量首先决定于就业人数的多少，就业人数越多，劳动的投入量就越大。在其他条件不变的情况下，就业人数增长较快时，国民产出也会有较快的增长。但是，不能简单地将就业统计中的就业人数等同于劳动投入量，劳动投入量还受工作日的长短和就业劳动力的质量及构成的影响。如果全部就业者平均每个工作日工作时间从 8 小时缩短到 6 小时，则劳动投入量就减少了。因此，工作时间的变化是影响劳动投入量的一个重要因素，但是劳动投入量并不是随工作时间的缩短而等比例地减少。因为工作时间缩短后，工人的疲劳程度减弱了，单位工时的劳动强度可以增强，从而可以部分地抵消工作时间缩短的影响。因此，在工作时间缩短时劳动投入量降低的比率小于工作时间缩短的比率。

劳动力质量及构成的变化同样会影响实际的劳动投入量。劳动者受教育的年限、技术等级、体力等的不同，产生了劳动者之间在质量上的差别，高质量的劳动力具有较高的生产率，高质量的劳动力相当于几倍的低质量劳动力。如果在全部就业劳动力中，高质量的劳动力比重提高了，则相当于全部劳动投入量的增加，因此要对劳动投入量进行量的分析时还要考虑劳动力构成的变化。

对资本投入量也可以进一步细分，例如可分为存货（包括原材料存货、在制品、成品、零部件存货等等）、非住宅性建筑和设备投入量等。

全部要素生产率是产出与全部生产要素投入量之比。通常使用的劳动生产率、资本的生产率等概念，只是表示产出与某一特定生产要素投入量（如劳动量或资本量）之比，只能叫做“部分生产率”。“部分生产率”只能衡量一段时间内，某一特定的投入量的节约，不能全面地反映生产效率的变化，而全部要素生产率则可全面反映生产效率的变化。由于全部要素生产率的变化体现了技术进步的作用，因而许多西方经济学家在分析经济增长因素时常常用技术进步替换全部要素生产率这一概念。

全部要素生产率同样可以进一步细分为若干具体因素，如可分为资源的重新配置、规模经济、知识进展等。资源的重新配置是指各种经济资源从效率较低的部门或企业流入效率较高的部门或企业。在这种资源转移过程中，经济总体的效率会有所提高，从而社会的全部要素生产率就会提高。例如：农业剩余劳动力向效率较高的非农业部门转移，一方面可提高农业人口的平均农产品产量，另一方面，由于非农部门人均创造的国民产出高于农业，因而劳动力从农业转移到非农业可使全部国民产出增加。规模经济是指由于生产规模的扩大，产量的增加，降低了成本，提高了效益。知识进展是综合性的，包括技术知识、管理知识的进展和由于采用新的知识而产生的资本设备的更有效的设计，包括国内新创造的知识和从国外引进的知识。现代经济学家普遍认为知识进展是全部要素生产率长期持续提高的一个最重要的因素。

现代西方经济学家并未满足于指出经济增长的各种因素，他们还进一步从量上分析了各种因素对经济增长的贡献或各种因素对经济增长所起到的相对作用的大小。在估计各种因素对经济增长贡献大小时，西方经济学家所采用的具体方法不尽相同，但总的思路是一致的，即将经济增长看作是各种增长因素的函数，并将经济增长率分配到各个因素上去。即：

$$\begin{aligned}\text{经济增长}=&a\times A\text{ 因素增长率}+b\times B\text{ 因素增长率}\\&+\cdots+m\times M\text{ 因素增长率}\end{aligned}$$

但是，一般先计算总投入量各因素的增长率及其贡献，再计算全部要素生产率对经济增长的贡献及其在各因素上的分配。

总结上述各种理论，早期经济增长方式的研究，强调计划调节的资本推动经济增长；到 20 世纪 60 年代末至 20 世纪 70 年代末期，经济增长方式的研究，强调市场调节的资本和劳动共同推动经济增长；20 世纪 70 年代末至 20 世纪 80 年代，经济增长方式研究开始重视技术进步对经济增长的推动；而 20 世纪 80 年代中期至 20 世纪 90 年代以来，增长方式研究，除了考虑技术进步，还考虑教育、知识进展、经营管理、资源再配置、规模经济等因素对经济增长的推动。

第三节　经济增长趋势与其极限的争论

对于增长的争论主要表现在这样几个方面，一是随着要素投入边际收益的递减，经济增长会不会停止，二是有没有最优增长，三是经济增长有没有极限。研究增长和发展的经济学家们就此进行了激烈的争论，形成了不同的观点，我们先来看经济增长的趋势。

一、土地与劳动的边际收益递减

在经济学刚刚诞生之际，经济学家们考虑的生产要素只有两个：土地与劳动。如威廉·配第曾说："土地是财富之母，劳动是财富之父。"既然产出决定于土地和劳动这两个要素，则经济增长的原因就在于投入使用的土地与劳动的不断增加。亚当·斯密和马尔萨斯都曾设想过一个土地私有权不变和资本积累尚未发生以前的"原始状态"。在那个时候，资本不具有重要性，土地是自由取用的，劳动是考虑的惟一因素。只要劳动投入量增长，土地的使用量也会相应增长，从而产出量会同比率地增长。然而，人类所居住的这个星球的土地是有限的，一旦处女地被开垦完，新增加的劳动者就只能涌入现有的已开垦的土地。从此，土地就变成了稀缺的生产要素。

在土地成为稀缺的生产要素之后，随着人口的增长，劳动投入量的增加，产出仍会增长。但当新的劳动者加在固定数量的土地之上时，每一个劳动者便只能有较少的土地与之发生作用，从而收益递减规律就会发生作用。

随着单位土地面积上劳动投入量的增加，在边际收益递减规律的作用下，生产率将不断下降。在边际收益递减规律的作用下，产出增长速度也将越来越慢，最后进入一个静止状态。由于土地是有限的，随着劳动投入量的增长，产出虽然也会增长，但是在边际收益递减规律的作用下，新增单位劳动投入量所能增加的产出越来越少，最后趋于0。在劳动投入量增长速度不变的条件下，产出的增长速度会不断下降，最后趋于0，产出达到最大极限，经济进入一个静止状态。

二、劳动与资本的边际收益递减

在上述分析中假定只有土地与劳动两种生产要素，其中土地是固定不变的，劳动是经济增长的惟一因素。这种增长模式更接近于工业化以前的情况，而不适用于现代经济增长过程。在工业化的过程中，土地对经济增长的制约作用不断缩小，资本的增加对经济增长的作用越来越大，资本投入量的增长成了经济增长的一个重要原因。

显然，增加劳动与资本的投入量可以使产出水平提高。但是，由于人口增长慢于资本的增长，在经济增长的过程中，资本与劳动的比例将不断提高，即发生资本深化。在不存在技术进步的情况下，随着资本深化，收益递减规律就会发生作用，新增单位资本投入所能增加的产出将越来越少，资本与产出之比将不断上升，资本收益率将不断下降。

在不存在技术进步的条件下，如果劳动力数量是不变的，则资本收益率最终将下降到这样的水平，在这一水平上，人们将不愿进行任何储蓄和投资，从而资本投入量亦将不再增加，经济增长将停止下来，进入一种静止状态。如果劳动投入随着人口的自然增长而增加，资本也只能与劳动同比例增加，此时虽然经济的总产出会有所增加，但人均产出不会增加，人们的生活水平也无从提高。

三、技术进步的作用

古典经济学家对经济增长因素的分析往往导致悲观的结论：在边际收益递减规律的作用下，经济增长最终将达到一个极限而停止下来，现代西方经济学家指出，古典经济学家之所以得出了这种悲观的结论，就在于他们忽略了技术进步的作用。技术进步对经济增长具有强大的推动作用，技术进步提高了劳动生产率和资本收益率，至于技术进步能否抵消收益递减规律的作用，则取决于技术进步与资本深化的相对速度。

如果资本深化速度较快，而技术进步较慢，在这种情况下，虽然存在技术进步，从而减弱了收益递减规律的作用，但不足以完全抵消收益递减的趋势。从而在长期中，随着资本积累、资本深化，资本收益率仍会趋于下降，经济增长速度也会逐渐放慢。

如果资本深化速度与技术进步的速度相当，在这种情况下，技术进步的作用恰好抵消了收益递减规律的作用。从而在资本积累、资本深化的过程中，资本收益率会保持不变，经济增长速度亦不会放慢。

如果资本深化的速度较慢，技术进步较快，在这种情况下，技术进步的作用足以抵消收益递减规律的作用而有余，因而在长期中，虽然资本与劳动的比例仍然在提高，资本收益率却会有所上升，经济增长速度也会有加快的趋势。

从历史和现实经济增长过程来看，资本与劳动之比存在着提高的趋势，即确实存在资本深化的趋势。但资本与产量之比或资本收益率却基本上没有变化。这说明，在过去的经济增长过程中，技术进步的作用完全抵消了在资本深化过程中收益递减规律的作用。被古典经济学家所忽略的技术进步极大地推动了经济增长。直至目前，人类社会的经济增长速度并没有像古典经济学家所预言的那样逐渐放慢并趋于停顿。甚至与古典经济学家们的预言相反：现代国家的经济增长速度通常快于古典经济学家所生活的时代。

四、经济增长的有极限和无极限

自很早以前，人类就其发展的前途问题从经济、社会、生态、环境诸方面进行了多方面的讨论，宗教中世界末日的说教，就属于人类前景悲观论。从经济上系统讨论人类前景的是马尔萨斯的《人口论》，他认为世界人口按照几何级数增长，而粮食则以算数级数增长，人口无节制的增长将给世界带来灾难性的后果。而另一派观点则认为，人类的前景是光明的，属于人类前景的乐观论。从经济上对人类前景光明进行系统研究论证的，首推美国经济学家舒尔茨，他在人力资本投资理论中认为，随着人的知识和能力的提高，技术的进步，人们可以发现新的材料和能源，完全可以解决生态和环境问题，战胜自然对于人类的束缚，因而随着人力资本的积累和人力资本价值的提高，经济发展是不会有限制的。

具有世界影响的学术团体罗马俱乐部 1972 年发表了题为《增长的极限》的研究报告。此项研究的内容是，世界人口呈指数性增长，每增加 10 亿人口所需要的时间越来越短；而土地、矿物原料、矿物能源等等是不能再生的，森林、淡水等再生资源也是有限的；工业化和城市化带来的污染呈指数性增长。如果任其发展下去，人类将陷入资源枯竭、生态破坏和环境被严重污染的困境之中。因此，按各种因素，即人口、资源、生态、环境协调和持续发展的模型，他们提出的增长模式为：(1) 工厂资本和人口在规模上不变，出生率等于死亡率，资本的投资率等于折旧率。(2) 所有投入和产出的比率，包括出生和死亡，投资和折旧保持最小。(3) 资本和人口的水平以及两者的比例安排得与社会价值一致，随着技术进步创造新的选择自由，它们可以加以修正，慢慢地加以调整。

经济增长乐观派与上述观点相反，他们认为经济增长是没有极限的。美国经济学家朱利安·林肯·西蒙教授写了《最后的资源》一书，他在书中的论证理由是：短缺和价格机制总是技术进步的动力，而技术进步可以不断地创造出新的原料和能源；自然资源是无限的，能源也是永不枯竭的，特别是核能是取之不尽的廉价能源；经济发展是解决污染的最好途径。归根结底，世界前途光明的根本点在于人们知识的飞跃，人力资本质量的提高和数量的增加，某一种资源短缺引起的价格上升，促使人们寻找这种短缺资源的替代物，周而复始，不断地扩大人们可用资源的数量和品种，因而，经济增长是没有极限的。

从各国制定的发展战略和实施的经济政策看，既不能依据于乐观派的学说，也不能完全依照悲观派的观点。而是既推进知识进展、技术进步，增加人力资本，扩大人类的生存空间，又控制人口增长，合理利用资源，保护生态环境，使人口、资源、生态环境、经济社会协调发展。

思考题

1. 简述经济增长与经济发展的区别与联系。

2. 简述西方经济增长理论模型。

3. 有的经济学家认为，经济增长是有极限的，有的则认为是无极限的，你同意哪一种观点，理由是什么？

第三章

人口与发展中国家的就业和增长

经济发展归根到底是人的活动，是人及生存环境的发展，人是社会生产力诸因素中具有决定性意义的因素。人为社会生产、流通、服务和管理等经济活动提供劳动，进行科学技术的发明和各种创新活动，维系和推动着经济活动的运行和发展，没有人的劳动，便不会有经济活动，不会有经济的发展，而人又是经济发展中需要就业的劳动者，人又是产品和服务的消费者，又是生态、环境和资源的消费者，人口的增长与经济的发展之间有一个需要协调的关系。因此；人既是经济发展的动力，又是经济的制约因素。

第一节　人口增长类型、地区分布和流动

在每一个社会发展阶段，人口都有自己的增长类型，并和经济的发展是分不开的。人口怎样增长，整个地球到底能容纳多少人口，即人口容量有多大，一定程度上取决于经济发展的程度。

一、人口变动趋势与人口增长的转型

人口的再生产与经济发展互为条件，互为因果。在发展经济学中，研究人口再生产的变动趋向和人口增长的形态具有十分重要的理论与实践意义，它是制定

人口政策和其他经济政策的必要依据之一。

人口再生产，是指新一代人口出生成长，老一代人口逐渐衰老、死亡这样一个生生不息的自然过程。构成人口再生产范畴的三个基本概念或问题是：人口的出生率、死亡率和自然增长率。人口增长的形态或人口再生产类型便是由这三者之间的相互关系来予以确定并做出判断的。依据人口出生率、人口死亡率和人口自然增长率的不同，如果对人口转型的全过程即由传统人口增长形态向现代人口增长形态的转变过程进行分析和细划，则这一过程可细分成以下五个变化阶段。

（一）人口增长的高位静止阶段

发生在近代社会以前。其特点是高出生率、高死亡率，出生率与死亡率在一个较长时期内基本平衡，人口总量缓慢增加，自然增长率很低，甚至基本上处于零增长的发展态势。从某一较长时期看，由于天灾、人祸所造成的突发性的高死亡率，则人口总量增加不多，或没有增加。

（二）人口增长的初期发展阶段

发生于工业化初期阶段。其特点为继续保持很高的出生率，后期阶段出生率可能出现某种程度的极微弱的下降，但死亡率急剧降低，因而导致人口自然增长率的上升态势，人口总量增加迅速，这一阶段死亡率下降的根本原因是由于经济发展水平提高，人均收入增加，生活条件开始得到有效地改善；医疗保健技术迅速进步，人类抵御自然灾害和与疾病抗争的能力大大加强，因常见病、多发病和营养不良导致死亡的人数大大减少；继续维持高出生率的原因是因为工业化初期人们的生育观念并没有随生活和劳动方式的改变而立即发生根本性的变化，生育的价值观转变具有明显的滞后性，此外在广大乡村地区，传统的生产方式、生活方式仍占统治地位，避孕技术依然落后并难于推行。

（三）人口增长的中期过渡阶段

发生于工业化和城市化的繁荣兴旺时期。其特点是出生率由高向低转化，并呈下降态势；死亡率继续下降，并快于出生率的下降速率；人口自然增长率由开始的上升态势到中期达到最大值之后开始转向相对缓慢的继续上升，这一时期人口出生率的转变是由于人们的生育观念受到生活和劳作方式的影响以及子女抚育成本上升（包括机会成本）的制约而发生转变；避孕技术的发展推广；紧张的工业社会生活和妇女参加劳动使妇女的受孕率下降，而死亡率的继续下降则是因为人均收入进一步提高，生活水平、医疗卫生条件大为改善，保健技术及营养状况进一步发展和根本改观等等。

（四）人口增长的后期下降阶段

发生于工业化的中期阶段之后与后期之前，人口增长的第二次转型接近完成。其特点是人口出生率迅速下降，并快于死亡率的下降速度；死亡率继续保持下降态势，但开始变得相对缓慢；人口自然增长率急剧下降，这一期间人口出生率迅速下降的最重要原因是大部分人口由于转入城市生活而使生育观念发生急剧的变化；工业生产对劳动力的追加需求由数量开始转向质量方面；避孕技术得到进一步的发展并开始普及和全面推广。死亡率继续下降但相对缓慢的原因是因为一方面人们的生活条件和营养状况得到进一步的改善，医疗保健技术进一步提高；但另一方面，在现有的科技水平及其进步速度之下，生命的持续极限难以有新的突破，常见病、多发病的威胁已受到控制，而对一些疑难病症则仍难于治愈，并且由于工业化所引起的环境污染及生态失衡也造成对人类健康的损害，而这个问题在此时依然是一个有待于解决的问题。

（五）人口增长的低位静止阶段

出现于工业化和城市化过程的后期阶段，人口增长的第二次转型已经完成。其特点是人口出生率和人口死亡率均保持在一个很低的水平上，并大致平衡；人口自然增长较低，甚至出现人口的零增长。此时，有计划地生育已成为社会的一种自觉行为，避孕技术多样化、普遍化、高效化；人们的生活条件、营养状况、医疗保健条件及技术达到空前的水平；对一些疑难病症开始找到治愈的办法；环境污染及生态失衡得到有效的治理，但生命的持续时间仍然受到非自然生理因素的制约，疾病依然是生命极限的最主要制约因素，发达国家的人口增长从20世纪初开始，到20世纪60年代之后则完全进入了这一阶段。

二、人口的地区分布

人口的地区分布亦称之为人口的空间分布，系指一定时期或者时点上的全部人口在不同地区间的比例关系。人口的空间分布及其动态分布是反映经济发展水平和经济空间分布的一个重要指标，对于生产力布局具有重要的意义。

反映和测度人口空间分布的一个重要指标是人口密度。人口密度是指一定时期（或时点）、一定地理范围内（行政区域、经济区域、自然地理区域等）的人口总量与其土地面积的数量对比关系，即一定时期（或时点）单位土地面积上的人口数量，用以说明一个国家或地区的人口分布的集密程度。通常以每平方公里的人口数量表示。土地面积包括全部陆地面积和陆地水域面积，不包括领海面积。

人口密度与经济发展的相互关系是：一方面人口密度的提高将促进经济的发展。因为经济活动归根到底是一种人的活动。这里的人首先是一种社会人，不是单个的自然人。最低限度的人口数量及其密度总是经济活动赖以存在和发展的必要前提。随着人口密度的提高，劳动力的供给增加，社会的劳动分工有了可能；对资源的压力增大，各种创新活动和进一步开发利用自然资源成为必要；市场容量扩大，交换更加频繁，等等。所有这些都会推动经济的增长与发展。另一方面，经济发展也会促进人口密度的提高。因为，随着经济的发展，生产力水平提高，单位土地面积在一定时间内所生产的能够供人们生活消费的物质产品增加，土地的人口容量增大；而生活水平的提高和生活条件的改善，则导致人口出生率的上升和死亡率的下降，人口密度的提高于是成为现实。

但是，并不是在任何条件下人口密度与经济发展都是相互促进并成正比的。在一定条件下，人口密度过大会对经济发展产生阻碍作用。同样，当人口密度达到一定程度和经济发展水平提高到一定程度，经济发展对人口密度提高的促进作用也会趋于缓和而不那么明显和突出。这是因为，第一，随着经济发展水平的提高，人们对生活质量的追求日趋重要，人均生活标准提高，单位时间内所要求消费的生活资料增加，按新生活标准计算的土地人口容量增长率将明显地低于单位面积土地的经济增长率；第二，制约人口密度的因素除了经济上的原因外，还受到其他非经济因素的作用，如生态环境、民族文化等等；第三，当人口密度过大时，资源的压力不合理地增大，社会将由此产生各种内部摩擦，从而使人口密度与经济发展之间的矛盾趋于复杂化。

从历史角度看，人口密度总的趋势是随着经济的发展而迅速增加的，并且在一定程度上可以以人口密度的大小来近似地反映经济发展的历史分期与阶段。1983年法国学者瓦列塞尔就曾经做过这样的尝试，并明确地认为：

经济发展的渔猎时期，人口密度大致为每平方公里0.02～0.03人；

畜牧业时期，每平方公里0.5～27人；

耕作业（即农业）时期，每平方公里40人左右；

现代工业社会，每平方公里达到160人以上。

瓦列塞尔的这种历史分期当然不能说是很科学的，但在某种程度上还是揭示了人口密度与经济发展阶段的某种联系，并且大致反映了历史发展的事实。从这点看，它并不是毫无意义的。

反映人口空间分布的另一重要指标是人口地区分布的数量对比关系。在一定时期内，一个国家或一个较大的地区范围内的人口分布往往是很不平衡的，有的地区人口密度很大，人口众多，而另外一些地区的人口密度则较低，人口稀少。导致人口地区分布不平衡的主要因素是：（1）经济发展水平上的差异。一般是经济越发达的地区，人口密度越大，而经济落后地区则人口密度较小。（2）自然条件方面的差异，如地理位置、地形地貌、生态环境等等。例如，平原地带，自然交通条件便利的地区，土地肥沃和环境优美、气候适宜的地区，人口密度也往往较高。(3) 社会政治方面的原因。如战争与和平、民族、文化等等。长时期的和平环境，开明的政治统治，人口密度将会增大；而战争频繁、政治黑暗的地区，则人口密度往往较低。

人口分布的地区不平衡，其经济学意义在于：在一定历史阶段和经济与社会条件下，人口分布向某些地区的集中，会形成人口分布的某种经济上的聚集效应，从而有利于该地区经济的发展，进而也就意味着整个国民经济的有效发展。但是当人口地区分布过于不平衡时，也会阻碍经济的有效发展。这时，人口过于密集地区和过于稀少的地区，其经济发展都会受到阻碍。

三、经济发展与人口流动

在经济发展的历史长河中，人口总是伴随着经济的发展而在地理空间上作不间断的频繁的流动或移动，即人口迁移。人口的空间移动包括三个层次：(1) 国际间的移动，即常住人口从一个国家移居另一个国家；(2) 国内地区间的移动，即常住人口从一个地区移居另一个地区；(3) 城乡之间的移动，即常住人口从乡村移居城市。进入近代社会之后，上述三种形态的人口移动现象是同时并存的。其一般趋势是人口从发展中国家不断地向发达国家流动，从落后地区向发达地区、贫困地区向富裕地区流动，由乡村流向城市。

人口的空间移动作为一种复杂的社会经济现象，由诸多因素引起，是众多因素共同作用的结果，并导致复杂的社会经济后果。在众多因素及人口空间移动所形成的后果中，既包括经济方面的，也包括自然生态、社会政治方面的，其中最为重要和最为直接的则是经济方面的。因此，研究人口的空间移动及其动态变化趋势与规律，不仅对于分析人口的地理分布具有十分重要的意义，而且对于分析一个国家或地区的经济发展状态也同样具有重要作用。

就引起人口空间移动的因素而言，一般认为有以下几个方面：(1) 收入水平和由此所决定的生活条件、生活水平的显著差异。由低收入、低生活水平的国家或地区向高收入、高生活水准的国家或地区移动。(2) 就业。由就业困难地区向较易得到就业机会与岗位的地区或国家迁移。(3) 自然环境和生态、气候条件方面的差异。由自然环境、生态、气候较差的地区向环境优美、气候宜人的地区迁移。(4) 社会环境方面的差异。由社会动荡不安、政治黑暗、社会发展水平较低和文明程度不高的地区向社会安定、政治开明、社会发育良好和文明程度较高的地区迁移。现代社会的人口空间移动，从国际间的移动到一国内部的地区间迁移、城乡迁移，基本上都是由上述四方面因素所引起的，但具有决定性意义的则是（1)、(2）两方面因素。

就一国内部的人口空间迁移而言，经济发达地区和城市不仅预期收入较之落后地区和乡村要高，而且这些地区由于经济发展水平较高，提供的就业岗位较多，因此，人口也向着这一类地区迁移和集聚。

人口的空间迁移，其直接结果是引起各地区或国家人口数量、构成和劳动力分布状况的巨大变化，进而必然对经济发展过程产生深刻的影响。其经济学意义为：

(1）人口流动是劳动力资源和人力资本配置和再配置的一种方式。劳动力和人力资本作为经济发展的要素，要在地区之间、城乡之间最优配置。收入差距和就业机会是调节利用率低地区的劳动力和人力资本向利用率高地区流动的机制，而人口流动则是实现劳动力和人力资本最优配置的最基本方式。是限制人口流动，在农村和落后地区分散投资，吸收劳动力就业，还是鼓励人口流动，将有限的资金投到城市，投到效益好的地区，吸收劳动力较充分就业？这是两种发展观。从经济学分析看，收入差距，就业机会差异，人口流动，最后使劳动力和人力资本资源利用的效率尽可能最大化，是市场经济最重要的机制和内容。

(2）人口流动是缩小城乡之间、地区之间发展差距，特别是缩小居民之间收入差距的重要途径。过去，人们总是想通过加大对农村和落后地区投资的方式缩小差距，忽视人口流动，甚至限制人口流动。其实解决城乡和地区间发展不平衡问题除了投资发展乡村和落后地区外，最重要的办法是农村剩余劳动力向城市转移，不发达地区的人口向较发达地区迁移。一是迁移到城市和发达地区的这部分劳动力和人力资本得以充分利用，其收入水平提高；二是迁移劳动力抑制了城市和发达地区工资过快增长，使其经济保持低工资成本竞争力；三是乡村和不发达地区过剩劳动力转移后劳动生产率提高，土地逐步规模化经营。因此，人口流动，是城乡、发达地区和不发达地区都获利益的社会经济过程，应当鼓励、保护和规范，而不应限制。阻碍人口流动的结果，必定是使城乡、地区、居民之间的发展和收入差距越来越大。

(3）人口的空间迁移所引起的相关地区或国家的人口数量和劳动力供给的增加或减少，对促进或延缓本地区或本国的经济发展将产生重要影响。对于移入地区来说，由于人口及劳动力的增加，将使该区的资源得到更加充分的开发和利用，如果该地区的人口与劳动力相对不足，则这种移入对经济发展是有利的；如果是人口与劳动力相对过剩的地区，则这种移入将可能对经济发展产生不利的影响。对于移出地区来说，如果其人口与劳动力过多，则这种移出对经济的发展是有利的；相反，则会产生有害的影响。

（4）人口的空间移动，引起移入地区或国家人口总体的民族构成、文化传统构成、价值观念构成等诸多方面的变化。这种变化对经济的发展往往会产生积极的作用。人口总体的这种交融和融合，犹如遗传学中的远缘杂交必然产生更为优良的子代。从典型的事例看，美国作为一个后起的经济迅速发展的国家，与美国国民来源的广泛性不无关系，正是这种广泛性使美国能够兼容并蓄，吸取不同民族、不同国家、不同肤色和不同地域的人类文化精华，从而使其经济得以迅速地发展。

（5）人口的空间移动，必然引起信息、知识、人才、科技等的移动和传播。伴随人口移动的这种信息、人才、知识、科技的移动和传播，对于移入地区或国家来说，其意义是无可估量的。例如，美国著名的科技人员中有相当部分就是来自发展中国家和其他发达国家，真正属于美国土生土长的只是其中的一小部分。可以说美国若没有大量的来自于其他国家、地区和民族的移民，便不会有今天这样的美国。

总之，人口的空间移动与经济发展互为因果，有着一种极为微妙而又令人深省的关系，这一点也可以从中国经济发展的历史长河中得到有力的佐证和说明。中国古代经济重心与人口的地理分布有过几次显著的变迁，经济重心或人口地理分布的这种变迁往往都是同时发展、相互作用和相互依存的。

第二节　经济发展中的失业

几十年来，折磨着发展中国家经济的一个顽症就是人力资源的大规模闲置。由于这个顽症的严重性和重要性，发展经济学家一般把就业问题作为经济发展的中心论题之一来研究。发展中国家劳动力的巨大增长是由它们人口的高出生率和低死亡率造成的。低死亡率使得人均寿命延长，这就扩大了现有劳动力规模。而高出生率扩大了未来的劳动力队伍。20 世纪 50 年代的高出生率必然导致 20 世纪 70 年代的劳动力高增长率，而 20 世纪 70 年代的高出生率必然引起其 20 世纪 90 年代劳动力的迅猛增长。由于发展中国家人口出生率在近期很难降得很多，因此，劳动力增长将持续很长一段时间。

发展中国家劳动力的大规模增加已经远远超过了经济所创造就业机会的能力，从而引起了人力资源的大量闲置。就业不足这个概念指一个劳动者实际工作的时间少于他能够并愿意工作的时间。因为这些人形式上在工作，所以把他们包括在就业之中；但实际上他们并未完全工作，因此他们应该算作失业。这样，把他们从就业栏中减去，加到失业栏中，失业率就大大地上升了。发展中国家的失业率出现持续上升的趋势；就业和失业都在增加，但失业增加快于就业的增加；就业不足现象特别严重。

一、失业的范围

在发达国家中，失业一般是指劳动者完全处于闲置状态，这种失业常被称为公开的失业，但是，除了公开的失业外，发展中国家中还存在着大量的非公开的失业，就业不足就是一种非公开失业的形式。发展经济学家认为，发展中国家失业的严重性不仅表现为公开失业率很高，而且还表现为非公开失业规模很大。

把公开失业和非公开失业加在一起统称为劳动不得其用。如果把公开的失业叫做狭义的失业，那么可以把劳动不得其用叫做广义的失业。有些西方发展经济学家对发展中国家广义的失业所包括范围和计量方法做了细致的考察，在这方面，有两种研究值得注意。

一种研究是由克里希纳做出的。他把公开失业定义为零工时零收入，而对非公开失业提出了四种计量标准，即时间标准、收入标准、意愿标准和生产率标准。如果根据时间标准，劳动者在一年中劳动的天数或时数低于被定义为充分就业的天数或时数；或者如果根据收入标准，劳动者在一年中获得的收入低于某种必要的最低额；或者如果根据意愿标准，劳动者愿意工作的时间大于他目前工作的时间；或者如果根据生产率标准，劳动者从目前就业中撤出来而不减少产出。总之，如果符合这四条标准中的任何一条，那么，这个劳动者就可以被归于非公开失业范畴。

另一个研究是由爱德华兹做出的。他对劳动不得其用即广义的失业做了具体的划分：

(1) 公开的失业。这种失业包括自愿失业和非自愿失业。自愿失业是指能够胜任某项工作的人拒绝考虑这种工作而暂时处在闲置状态。非自愿失业者是指积极寻找工作但又无工可做的人。

(2) 就业不足。这类失业者是指那些实际工作的时间少于他们能够并愿意工作的时间的劳动者。例如，一个劳动者一天能够并愿意工作八小时，但由于工作机会的缺乏，实际上只工作六小时。

(3) 形式上在工作而实际上不得其用。这类失业包括：第一，伪装的就业不足，是指这样一些人，他们看起来全天在农场、工厂和政府部门工作，但实际上他们提供的服务只要更少的时间就能完成。第二，隐蔽失业，是指有些人因无工可做而选择非就业的活动。有些人受过一定教育后本来想参加工作，但因就业机会缺乏而被迫继续上学。有些妇女本来愿意参加社会和经济活动，但因传统风俗习惯和道德因素，她们找不到工作机会而不得不围着灶台转，结果，教育和家务就成了“最后的雇主”。第三，过早的退休。这种现象在政府部门十分明显，并且在不少国家有上升的趋势，尽管寿命在延长但退休年龄逐渐下降。这主要是为更多的年轻人创造就业和提升的机会。

（4）健康受损。这是指在正常情况下本来可以作全日工作的劳动者，但因营养不良和卫生保健差而四肢乏力，以至于不能作全日工作。

（5）无生产性。本来是有生产性的劳动者，但因补充性的物质资源不充分，生产率极低，生产出来的成果甚至还不能补偿他们的生活必需品。

以上五种失业形式中后四种可以全部归于非公开失业的范畴。与克里希纳相比，爱德华兹对非公开失业的分析更为具体，更为全面。

从以上两种对发展中国家失业标准的研究中，可以看到，发展中国家的失业范围要广泛得多，实际失业比统计表上反映的数字要严重得多。

二、伪装失业

非公开失业中最重要的失业形式是伪装失业。所谓伪装失业是指劳动边际生产率等于或接近于零时的就业，也就是说，如果从总就业中撤出一部分劳动者而不会使总产量减少，那么，被撤出来的劳动者就是伪装失业。

发展经济学家认为，伪装失业在发展中国家城市部门和农村部门存在，但以农村部门最为普遍。农村既是剩余劳动的发源地，同时也是剩余劳动的吸收器。在发展中国家的农村是否存在着伪装失业或剩余劳动，在发展经济学家中间曾引起了长期的争论。以刘易斯为代表的古典学派或结构学派坚持认为农村存在着无限丰富的剩余劳动，把他们转移到城市工业部门中去不会使农业总产量减少，因为这些剩余劳动的边际生产率实际上很小，几乎接近于零。但是与此相反，以舒尔茨为代表的新古典学派则否定农村有伪装失业存在，认为在现有生产条件下从农村撤出劳动力，农业总产量就会减少。

现在，大多数西方发展经济学家倾向于认为，农村的伪装失业是存在的，它反映在实际田间劳动时间低于农民所能够劳动的时间，即就业不足。这是因为，农村高出生率带来高劳动力增长率。而农村的土地和资本都有限，劳动吸收能力低，因此，只好三个人活五个人干，三个人饭五个人吃。

不过，至今还有人对伪装失业提出疑问。他们认为，伪装失业被夸大了，因为农业中被作为“伪装失业”的很大一部分是季节性失业。如果增加土地复种程度，一熟作物改种二熟或三熟作物，这种季节性失业就会大大减少。

三、公开的失业

在发展中国家，如果说伪装失业并不限于农村，那么，公开的失业就只能在城市里发生。城市当然也有大量的非公开失业存在，但相比之下，城市的公开失业更为严重。几十年来，为了急于摆脱贫穷，发展中国家在工业化即现代化信条的支配下，大力推进现代工业部门的发展。结果，现代化并未实现，而城市化过程却在迅速地发展着。

发展中国家的城市人口占全世界城市人口的比例在 1951 年是 38%，到 1975 年上升到 50%以上，而到 20 世纪末已达到 60%。发展中国家的一些大城市 1960—1980 年间年平均人口增长率高达 7%以上，与此相对照，发达国家的一些大城市人口增长率每年不到 1%。就国内城乡人口比较，绝大多数发展中国家城市人口增长快于总人口增长，尽管城市人口自然增长率大大地低于农村人口自然增长率。

发展中国家城市规模日益扩大带来一个十分严重的问题，就是较高的并且持续上升的城市公开失业。在一些特大城市，失业率远远超过了 10%，有的还高达 20%，比发达国家大城市失业率一般要高出 1 倍。当然，发达国家在经济衰退时期城市失业率也很高，有时甚至达到两位数，但是，与发展中国家相比，一个明显的差别是，发达国家的城市高失业率是周期性的，到经济繁荣时期，失业率就会下降得较低。而发展中国家的城市高失业率是持续性的，即使在经济迅速增长时期也在不断上升。因此，解决发展中国家的失业问题远比发达国家困难得多。

毫无疑问，与发达国家一样。发展中国家的城市失业也是由城市地区劳动市场供求不平衡造成的，劳动供给超过了劳动需求，一部分劳动者就必然找不到工作而处于闲置状态。然而，值得注意的是，发展中国家城市的劳动供给与劳动需求的引致原因与发达国家是完全不同的。

首先从供给方面看，发展中国家城市劳动力的增长不外乎来自于两个渠道，一是城市人口自然增长，二是乡村流入城市的人口增长。已经指出，发展中国家城市人口出生率较低，人口自然增长率比较低，因此，城市人口的迅速增长主要来自农村的迁移者。

20 世纪 30 年代至 60 年代初，贫穷的国家还没有公开失业的官方统计。失业主要表现为土地上的就业不足或伪装失业。近几十年来，随着工业化和城市化的发展，这些伪装失业者为了改善自身的贫困环境大规模地背井离乡，来到城市地区寻找新的工作机会，这就大大地增加了城市就业的压力。

有两种因素促进了农村人口向城市流动，即推力因素和拉力因素。推力因素与乡村有限的工作机会和教育、运输、通讯的发展有关。如前所述，农村的高生育率是剩余劳动的发源地，这些剩余劳动由于补充资源有限，在农村很难找到新的工作机会。因此，这些劳动者流入城市的损失或机会成本是很小的甚至是零(即边际劳动生产率很低或是零)，这就刺激了农村劳动者到城里去寻找新的就业机会。此外，教育、通讯和运输的发展使农村青少年开阔了眼界，并且较为便利地迁移到城市去，这无疑也是农村人口特别是年轻人口流入城市的一个刺激因素。

人口迁移背后的拉力因素是城市中较高的劳动报酬和优裕的生活条件。发展中国家的城市工人的收入水平一般比农村农民的收入高出 2～3 倍。这就引诱着农村剩余劳动力向城市转移，尽管城市失业率很高，迁移者有可能在一定时期找不到工作。这是农村的伪装失业转到城市公开失业的主要原因。关于这一点，托达罗作了详细地分析。

从需求方面说，城市的严重失业是由于城市工业部门创造就业机会的能力较低，西方发展经济学家对此提出了许多解释，其中有两派观点特别值得提及，一是古典学派的“要素比例固定说”，一是新古典学派的“要素价格扭曲说”。

古典学派认为，工业部门使用的是现代的资本密集型技术，这种技术的特点是刚性要素比例，不管要素价格如何变动，这种比例不会发生变化。因此，要增加劳动就业，不能靠调整要素价格，而只能依靠更大的资本投资。古典派经济学家认为就业是由投资率或资本积累率决定的，失业是由于资本投资不足。

要素比例固定说遭到新古典学派的批评。这派经济学家坚持认为，现代工业技术不是刚性的，要素比例是可以改变的。失业问题主要是要素价格扭曲的缘故。这派的中心论点是：在要素市场上，存在着一套均衡价格，这套价格反映了各种要素的真正机会成本，从而能保证所有要素达到充分就业。因此，劳动者失业是由于扭曲了要素价格，阻碍了要素的充分流动。例如，工会的压力，最低工资法，雇员的各种津贴，跨国公司的高工资政策等等，都倾向于把工人的实际工资推到市场决定的均衡工资以上。而放宽折旧范围，低利率贷款，税收减免，汇率定值过高，负有效保护率等等一系列鼓励投资的政策，却导致了资本的价格低于市场供求决定的均衡价格。

要素价格扭曲的一个重要结果就是鼓励现代工业部门使用资本密集型生产技术，因为资本相对于劳动更便宜，这样，随着投资的增加，资本比劳动以更快的比例增加，从而使得城市工业部门创造就业机会的能力不断变小。

古典学派坚持要素比例固定说实际上是把要素替代看成是完全无弹性的，即要素价格变化对要素比例毫无影响。而新古典学派坚持要素价格扭曲说是暗含假定要素替代弹性很大。这两种观点都有些趋于极端，有关要素替代弹性的经验研究表明，发展中国家制造业部门的要素替代弹性既不是零也不很大，而是在 0.5 和 1 之间。这就是说，如果工资相对于资本价格降低 10%，或者相对于工资，资本成本增加 10%，那么，就业将增加 5%到 10%。

第三节　转移剩余劳动力：从城市化到反城市化，再到城市化

美国经济学家刘易斯将一国经济分为农业部门和工业部门，认为不同的劳动边际收益率引起源源不断的劳动力从农村农业部门向城市工业部门流动，而城市工业部门从高劳动生产率和流入劳动力的低工资支付中获得巨额的超额利润，不断地扩大工业部门以吸收农业部门的剩余劳动力，直至吸收完毕。因此，劳动力最终都能获得就业。20 世纪第二次世界大战后，理想工业化理论的实践，在一些发展中国家里发生了过度损害农业而发展工业的情况，农村人口大量流入城市，城市中失业问题越来越严重，同时在农村的人口收入增长缓慢。

美国经济学家托达罗于 1970 年发表了他的农村劳动力向城市迁移决策和就业概率劳动力流动行为模型，对刘易斯的二元结构劳动力转移模型很大程度上予以了否定。

一、托达罗反城市化理论分析的政策含义及其不良后果

托达罗基本模型包含的思想是，农村劳动力向城市转移，取决于在城市里获得较高收入的概率和对相当长时间内成为失业者风险的权衡。他还认为，发展中国家二元经济结构决定了较大的城乡收入差距，而这又导致了农村人口源源不断地涌入城市，造成了城市劳动力市场严重失衡，使失业问题越来越严重。

托达罗模型的政策含义为：应当扩大农村的就业机会，以缩小城乡就业之间的不平衡；由于拓展城市少量的就业机会，可能引来大量的农村剩余劳动力供给，导致更多的人失业，因此开创城市就业机会无助于解决城市就业问题；农村居民的教育学历越高，其向城市转移的预期收入就越高，因而不加区别地发展教育事业会进一步加剧劳动力的迁移和失业；政府干预城市工资水平确定，特别是制定最低工资线，并且对城市失业人口给予最低生活补贴，导致要素供给的价格扭曲，会引致更多的剩余劳动力进入城市，使城市的失业率更高；应当重视农业和农村的发展，鼓励农村的综合开发，增加农村的就业机会，提供教育和卫生设施，发展电力、供水和交通，改善农村的生活条件等等，从而缓解农村人口向城

市的流动。

虽然中国的城市化决策和过程可能不依据于托达罗的理论模型，但中国的户籍管理、计划经济和行政管制等制度和人口流动实践与托达罗模式极为吻合：用户籍制度限制农村人口向城市转移，控制城市（特别是大中城市）发展；“文化大革命”十年中在农村中发展合作医疗事业，大搞农田水利建设，兴办“五小”工业，在农村中建立科技推广站、农机站、林业站、文化站等；动员近 2 000 万知识青年和“五七战士”去农村就业；改革开放以后的一段时间内，继续实行户籍和城市控制政策，采取离土不离乡、进厂不进城、乡村工业化的经济发展方针和政策；给贫困乡村和贫困户通电、通水、通路并建设半亩温饱田。这些政策和措施的实施，使中国城市化几十年中没有进展，甚至倒退。1960 年城市化水平为 19.7%，20 年后的 1980 年为 19.4%。改革开放以来的 20 年，城市化进程比前 30 年有所加快，但是到 2000 年，城市化水平不到 31%，每年也只提升 0.5 个百分点。目前中国城市化水平比相同发展水平国家的城市化平均水平低 20 个百分点。几十年后的现在看来，托达罗式的发展过程，城市化严重滞后，给中国经济发展带来了一系列严重问题：农村中人口越来越多，相对耕地资源减少；农业的劳动成本日益上升，多数农产品价格已经高于国际农产品市场价格；2001 年占全国总劳动力 50%的农业劳动力仅创造 15.2%的 GDP，贡献比率趋于减少，农民收入增长缓慢，甚至在下降；农田的整合程度很低，农业生产规模太小而不经济；乡村工业化带来分散和大面积的“三废”污染，并且不能集中有效地治理；乡村的乡镇企业由于基础设施、市场、交通等制约因素，外部不经济，而且达不到规模经济；日益增长和分散居住的人口给生态环境造成巨大的压力和破坏。

二、托达罗反城市化经济分析的错误

托达罗模型的缺陷在什么地方呢？周天勇 2001 年在《经济研究》第 3 期上发表了《托达罗模型的缺陷及其相反的政策含义》一文，对此进行了分析。

从经济学分析的方法看，首先应当将收入差异分析微观个人化，并引入时间长度。一个农村劳动力在外出的一年中，其能找到工作的时间可能为一个月、两个月，甚至全年。这样分析的意义在于，单个从农村流入城市的劳动力虽然在城市中不可能找到全年能出满勤的工作岗位，但是他有可能或断或续找到能工作几个月时间的岗位，这样找到工作的概率不再由托达罗所描述的因素确定①，而是

---

① 托达罗认为，$\pi=[rN/(S-N)]$，其中 r 为现代部门工作创造率，N 为现代部门总就业人数，S 为城市地区总劳动力规模。参见谭崇台主编：《发展经济学》，331 页，上海，上海人民出版社，1996。

决定于流入城市找到不同时间长度工作的劳动力与从农村流入城市的总的劳动力的比例。比如中国北京许多从农村流入城镇在饮食业务工的服务员，餐馆管其吃住外，每月支付500元以上的工资；而农村一亩地产粮食两季1 000公斤，销售收入为800元，扣除成本后，净利润最多只有300元，再加上乡村的统筹和提留，农民所剩无几。也即农民到城市只要找到工作，可能一个月的收入都要大于农村劳动力一年的净收获。

其次，农村向城市流动的劳动力，其就业有一个与之对应的行业结构。城市中每一不同行业中，乡村劳动力能得到就业的概率是不一样的，有的行业可能几乎等于0，有的行业由于城市劳动力不愿意从事而几乎为1。概率越高，在其行业中农村转移劳动力的就业对城市劳动力的就业影响就越小，农村向城市流入的劳动力就越多。因此，相当数量的农村劳动力在城镇工作，并不影响到城镇劳动力的就业。

再次，农村中的收入是一个较为复杂的变量。农村劳动力分为在家劳动力与外出劳动力，两者之间可以替补。实际的微观情况中，由于农业机械、化肥、农药、电力、收割机等等现代化生产手段在农业上应用，农村劳动力在农村实际工作时间比率是很低的，中国农村一般低于30%，有的人多地少的地区甚至低于10%。因而，农村农业劳动力的可用时间比率很低，一个家庭中的一个劳动力出外打工，可由家庭其他成员替补他的工作时间。在一定的范围内，农村劳动力外出务工，不会带来农业生产的损失，也就是说其机会成本很低或者为零，有的地区种粮亏损，摊派、提留和统筹很重，则机会成本甚至为负。

农村向城市流动的劳动力能就业的概率要比托达罗分析的值高，并且其放弃收入要比获得的收入低得多。劳动力资源从收益率低的部门向收益率高的部门转移，是一种劳动力资源优化配置的过程。它带来两个结果：收入差距虽然引起劳动力流动，但是劳动力流动平衡收入差距；由于闲置的劳动力资源得到较为充分的利用，劳动生产率提高，成为推动增长的资源再配置因素。

三、托达罗反城市化模型政策实施结果的反思

托达罗模型抑制城市、发展农村、阻缓剩余劳动力人口向城市流动政策的实践，给发展中国家的经济发展带来一系列他本人没有料到的问题。

（一）低成本软约束下的人口和劳动力过速增长

农村人口向城市流动，即城市化是一个人口增长自动得到控制的社会经济过程。控制的内在机制在于乡村和城市育养子女的成本和机会成本的差距和约束力。城市中收入虽然较高，但是成人消费费用、生育抚养子女的成本、供子女上

学的费用等等比农村要高得多；为生育和抚养子女放弃收入的机会成本也要比农村高得多；农村中由于消费水平较低，生育和抚养子女的成本也很低，特别是劳动力闲置，妇女生育孩子的机会成本极低，有的地方甚至为零；农村孩子6～7岁后就可以帮助家庭干活（如放牧、割草、砍柴、挑水，甚至种田等），可获得相应的收益，而城市子女在就业之前几乎不给家庭带来经济收益。

这种农村低生育抚养成本及机会成本的软约束，而且还有未成年子女可带来收益的刺激，导致农村多生育的动机很强，虽然有计划生育行政措施控制，但是超生、多生现象严重，并且一些乡镇政府计划生育罚款的收益动机及罚款式默认也助长了农村农民的超生。而城市中则由于子女的高消费成本和生育的高机会成本硬约束，使人口增长得到了内在的控制。越穷的乡村，生育和抚养的成本和机会成本越低，未成年子女的收益越高。这就是一些地区越穷越生、越生越穷，穷和生恶性循环的经济机理。托达罗政策的实施，只能形成越来越多的农村人口，使剩余劳动力越来越多，就业越来越困难。

（二）劳动和土地要素的比较优劣势及其吸纳劳动力的思路

一个国家人均土地资源很少，而又要选择空间分散型的发展道路，将会使本来很稀缺的土地资源使用效率更低。

劳动力和土地资源还有一个怎样配置的问题。聚集经济要将较多的劳动力和土地资源分配给城市和企业，而分散经济要将多的劳动力和土地要素分配给农业和乡村。一些学者以粮食安全为由，认为发展中国家要严格保护耕地，特别是法律法规对农业土地转移配置成城市和企业用地限制非常严格，妨碍了稀缺的土地资源在高收益和高利用率的城市和企业用地方面的配置。发展中国家的正确发展模式为：加快城市化进程，大力发展企业，特别是发展劳动密集型企业，转移农村剩余的劳动力，并将一部分耕地配置给城市和企业，在与世界经济交流中用劳动力便宜优势创造的产品和服务换取自己因土地资源稀缺而不能充分供给的产品。

为什么2001年中国各种粮食价格高于国际市场粮食价格25%～80%，甚至更高，原因就在于用稀缺的土地资源和51%的劳动力（农业劳动力达3.68亿之多）生产30%城镇人口消费的粮食。农业生产没有规模经济，农田中富余的劳动力太多，导致农业产品的活劳动成本居高不下。如果不从转移乡村中富余劳动力、提高农业劳动生产率方面寻找根本出路，即使调整农业内部产业结构，70%的农业人口用全国50%的劳动力和很稀缺的土地资源生产调整以后的农业产品，再卖给30%的城镇人口，结果仍然会是活劳动成本太大而价格居高，并且由于市场相对狭小还会发生销售困难。

可以看出，人口众多、劳动力剩余、人均土地资源稀缺的国家，如果选择分散型经济发展模式，就要将更多的劳动力和土地资源分配给农业，这就将劳动力剩余和人均土地资源稀缺劣势更加转化和放大成了国际经济交流中的比较劣势。只有放弃在农村农业中增加就业的思路，让农村剩余劳动力向城市转移，在城市中发展劳动密集型产业，才能从根本上解决发展中国家农村剩余劳动力的就业问题。

四、政策含义

本节的政策含义为：取消城乡分割的户籍制度，放宽人口流动的各种限制；城市化是政府管理下的一个市场过程，劳动力流动迁移的方向由收入和工作机会自动调节；积极发展城镇和大中小城市，讲求城镇和城市的体系格局和经济规模；放弃分散和成本很高的发展农村和扶贫的模式，其大部分资金用来支持剩余劳动力转移和乡村在地理上逐步集中；利用城市化过程中家庭成本和机会成本核算经济机制控制人口增长，并保护和恢复生态环境；修改有关法律法规，放松一些限制性条款，使土地资源能适应城市化和企业发展的需要，在城市和企业用地中顺利得到配置；加快提高劳动生产率的速度，重视和放宽政策发展第三产业和中小企业，使之转移和容纳农村剩余需要转移和工业富余需要再就业的劳动力。

第四节　发展中国家扩张就业的途径

发展中国家必须扩张自己的就业容量，以解决失业压力巨大的社会经济压力。

一、调整就业的企业规模结构

发展中国家的比较优势是什么，是资本技术，还是劳动力和市场？当然，要想超常规发展，赶上发达国家发展水平，资本积累和科技进步是至关重要的方面。但是，劳动力便宜，在一个较长的时间里，仍然是发展中国家竞争的优势，人口众多、市场容量较大，也是一些发展中国家竞争的优势。需要发展劳动力密集的中小企业，其产品凭借劳动力成本较低和人力技能密集的优势，在国际市场上竞争，将闲置的劳动力资源劣势转化为真正的比较优势。从供给与需求的关系看，如果中小企业发展缓慢，将会出现一方面生产能力和劳动力资源闲置，另一方面居民收入增长缓慢，市场需求能力有限和生产过剩的情况。解决此问题最好的办法是鼓励居民投资办中小企业，让更多的劳动者在中小企业就业，形成储蓄、投资、就业、收入和消费的良性循环。而在一个人口众多的国家里，只有就业率提高，收入水平逐年上升，才会形成市场容量，产业才能有规模化发展和升级的足够条件，也有运输成本低等就近竞争的优势。

马克思曾经在《资本论》第一卷中分析，由于资本利润率长期下降，工资长期上升，资本家必须提高资本有机构成，即让工人失业，以克服利润率下降和工资上升造成的困境，保证剩余价值的获得。但是，马克思认为，提高资本有机构成，会形成无产阶级失业大军，成为资产阶级的掘墓人；而失业人口增多，生产能力扩大，无产阶级消费能力萎缩和生产能力过剩之间形成矛盾，导致经济危机。因此，资本主义灭亡的丧钟就会敲响。但是，150 年过去了，资本主义社会没有灭亡。主要是这些从资本主义大工业中失业下来的工人到中小企业中获得了就业。英、德、日三国目前在各自的 200 人、500 人和 300 人以下的中小企业中就业的劳动力分别达到其总劳动力的 65％、71％和 81％。中小企业发展使得资本主义社会逃过一劫。

一个国家在市场化过程中，越来越多的劳动力，特别是工业化国家中，大部分劳动力在中小企业就业，是一个世界性的经济规律。从工业化的市场经济国家普遍格局看，有这样三点：一是中小企业的数量占全部企业数量的 99.5％以上；二是每千人平均企业数量为 40～60 个，如果按劳动参与率 50％计，平均一个企业就业人数为 8～13 人，也就是说中小企业绝大部分是 10 人左右的企业；三是总劳动力中的 65％～80％在中小企业中就业。

大型企业和中小型企业在一国经济发展中要有功能分工。大型工业企业，不论是国有还是非国有，其主要功能是：形成一国工业体系、体现综合技术水平、反映国家竞争力、保证产业安全等，而不能用来就业，这是一些计划经济为主和国有经济占高比重国家用最昂贵的代价换来的一个教训和真理。中小型企业的功能则主要是：大量地安排劳动力就业，谋求社会的稳定，由于就业人多而向社会提供较丰厚的社会保障资金来源，形成经济的竞争活力，相当部分科技创新来自于中小企业。中小企业容纳劳动力就业多的经济学原因在于它的资本有机构成比大型企业低得多。从所有制方面看，中小型企业国有，其体制风险太大，企业内外部关系和组织结构成本不小，国家监督管理成本太高，国家也没有资金注入如此多的中小企业之中。因此，绝大部分中小企业只能由非国有和非公有制经济兴办及管理和经营。

如果发展中国家城镇失业人口越多，需要的失业补助和最低社会保障的资金将越多；而失业人越多，所交的社会养老和失业保障费就会越少，社会保障费源基础薄弱。因此，失业人口越多，财政保障能力越差，社会将越不稳定。因此，还是要用增加就业的办法稳定社会，一是减少领失业和最低生活救济金的人数，二是增加社会保障基金的费基，这是社会稳定的良性途径。

二、增长、投资与就业

发展中国家劳动力过剩决定于劳动力供给和需求的差额。一方面劳动力是推动经济增长和发展最重要的资源，另一方面劳动力人口的就业水平又是由经济增长和发展对劳动力人口的需求所决定的，其中经济增长决定劳动力的就业机会，即劳动力需求；而经济发展决定整个国民经济对劳动力人口的需求容量。

宏观经济理论认为，一个国家的宏观经济目标有四个：在不断提高经济效益的前提下，保持高水平的经济增长；尽可能充分的就业；保持物价的稳定，或者一个较低的通货膨胀率；国际贸易和收支平衡。其中尽可能充分的就业是仅次于经济增长的宏观经济运行和政策目标。因此，经济增长和发展对劳动力的需求，实际上是一个创造就业机会和扩大劳动力人口容量的问题。

（一）经济增长速度与就业

经济增长可以从供给方面来考察，也可以从需求方面来考虑，因为从国民经济账户上讲，抽象掉通货膨胀因素，供给衡等于需求。归纳斯密和李嘉图的理论，其劳动与产出的数量关系为投入劳动力数量乘以劳动生产率。斯密和李嘉图时代是一个西方各国劳动力不足的发展时期，因此他们主要考虑的是劳动对产出的贡献。全部劳动力需求等于国民生产总值除以劳动生产率。劳动力需求的水平，从动态看主要决定于经济增长，经济增长速度快，劳动力需求量相对较大，就业水平就高，失业率就低；经济增长速度慢，劳动力需求量相对较少，就业水平就低，失业率就高。而在经济增长速度一定的情况下，劳动生产率高，劳动力需求就小，劳动生产率低，劳动力需求就大。这里必须注意的是：劳动生产率增长率影响就业需求水平的关系不能简单地理解。

（二）投资需求与就业

在凯恩斯时代，需求不足，导致生产和劳动力人口过剩，失业成为严重的社会经济问题。归纳凯恩斯理论的发端，其就业与国民经济需求的关系为就业机会等于总需求额除以容纳每一劳动力就业的平均需求额。需求的重要成因是投资，一定的投资需求购买，形成与生产相适应的就业机会，即劳动力需求。因此一般来说，劳动力需求的增长，需要投资有一定的增长。另一方面，经济增长速度决定对劳动力的需求水平，但经济增长在某种程度上是由投资增长所决定的，投入资本和劳动共同推动经济增长，因而，劳动力需求受投资增长水平的影响很大。

三、通过提高劳动生产率扩张就业容量

传统的发展经济理论曾提出，发展中国家的技术要适度进步。其担心就是技术进步太快使劳动生产率提高太快会影响就业。从前面的分析可以看出，劳动力就业转移与经济增长速度及劳动生产率之间有以下关系式：

劳动力就业机会增长率＝经济增长率－劳动生产率增长率

单纯从式子看，似乎可以证明：劳动生产率增长率越低，就业机会就越多。在劳动生产率与就业之间的关系上，有的发展经济学家和人口学家认为，提高劳动生产率，讲求就业效益，是一件好事，但是劳动效率提高以后会多余出来可观的劳动力，在我国目前劳动力人口众多的情况下，只能适当提高劳动生产率，同时兼顾就业。这种观点在一定程度上为劳动行为不规范、劳动低效率、技术进步落后和企业人浮于事提供了理论上的辩护。因此，深入研究提高劳动生产率与劳动力就业转移之间的关系不能不是学术界一个重大的理论问题。

发展中国家包括劳动力就业转移在内的整个经济社会问题的解决决定于这样几个相互关联的方面：(1) 规范劳动者的劳动行为，提高劳动效率；(2) 劳动力素质有显著的提高；(3) 生产、经营和管理技术有明显的进步；(4) 经济效益有显著的好转；(5) 在此基础上国民经济得到较快的发展。其中核心的问题就是劳动生产率的提高（如图 3—1 所示）。

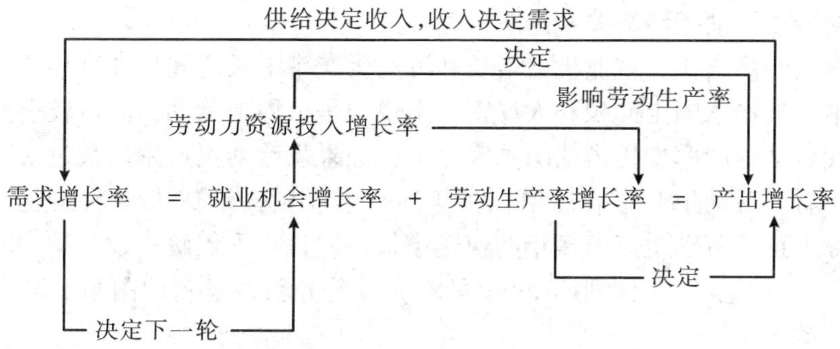

图 3—1　就业增长与劳动生产率增长的关系

这里存在着经济增长、就业增长和劳动生产率增长三者之间两种类型的循环。第一种是良性循环：第一个发展期内，投入一定的劳动力资源，劳动生产率增长较快，产出增长较为理想；用模式来表示就是：

理想的产出增长率≈一定的劳动力资源投入增长率
＋较快的劳动生产率增长率

在第二个发展期内，产出增长理想意味着政府、企业和居民收入的增长较快，收入是要支出的，这样需求能力提高，需求结构改善，整个社会经济对劳动力的需求容量也扩张较快。这样，投入劳动力资源又有一定的增长，并且劳动生产率也增长较快，使第二个发展时期的产出又得到较为理想的增长。这使第三个发展时期的需求能力增长势头又较好，就业机会会进一步增多。虽然在发展的前期可能会出现经济增长和正常的劳动生产率增长不能完全吸收现存的劳动力资源，会有一定的失业，失业率也许会很高。但是由于劳动生产率增长较快，产出水平增长较为理想，劳动力资源的过多会在以后的良性增长过程中得到逐步吸收。这时，如果劳动力资源增长有限，还会发生劳动力短缺的情况。

第二种是经济增长、就业增长和劳动生产率增长之间的恶性循环：第一个发展期内过于考虑劳动力的就业问题，一方面不考虑工业和农业资本有机构成提高的情况，以牺牲劳动生产率的增长消极地扩大就业机会，结果产出增长较慢。在第二个发展期内，由于上一期的收入增长不理想，政府、企业和居民以收入为基础的需求扩张增量不大，就业机会增长也就不快。于是有更多的富余劳动力拥挤在狭小的劳动力就业机会之中，劳动生产率增长更慢，产出水平增长速度相对也慢。这样又导致第三个发展期内就业容量增长量更小，劳动生产率增长更慢，产出水平增长也更不理想……导致经济增长、就业机会增长和劳动生产率增长之间的恶性循环。从前期看，以牺牲劳动生产率增长来满意地解决就业是一件好事，但给后期造成了动态经济关系的恶性循环。

国际上经济增长、就业机会增长和劳动生产率增长之间良性循环的典型例子就是日本。日本从国土面积和人口密度来说，是世界上劳动力人口较多的国家之一和现代劳动生产率增长最快的国家之一。如果从劳动生产率增长过快会影响就业的理论看，劳动生产率高速增长多年的日本无疑会形成大量的失业人口。但是，实际上正是劳动生产率多年的快速增长，使日本不仅解决了劳动力的就业问题，而且 20 世纪 60 年代到 80 年代间还从一个劳动力过剩的国家变成了一个劳动力短缺的国家。

因此，增加就业的根本途径在于较快地提高劳动生产率，加快经济增长的速度，而不在于降低和牺牲劳动生产率的增长和放慢经济增长的速度；以牺牲劳动生产率的增长，进而降低经济增长速度来换取暂时的就业稳定，从长期看是得不偿失的，而且会造成更严重的劳动力就业紧张问题。

四、第三产业发展与就业容量的扩张

发展中国家农业部门随着耕地减少、人口增加和农业现代化的进程，过剩的

劳动力人口会越来越多；工业部门的一部分劳动力人口也会随着工业资本有机构成的提高和一些产业的衰落而相对过剩，工业越现代化，其过剩的劳动力人口也会越多。那么，剩余的劳动力人口该转向何处呢？必然，也必须转入第三产业。第三产业是一国工业化中吸纳第一产业和第二产业过剩劳动力人口的部门，第三产业发展程度不仅标志一国经济发达的水平，而且还是平衡农业现代化和工业化带来的劳动力过剩的一个最重要的经济空间。同时，第三产业的发展也成为经济增长和发展的重要推动因素。

首先，第三产业的发展与经济体制和经济调节方式有着很密切的关系。在商品经济运行和市场机制调节中，(1) 生产的产品绝大部分不是由计划纵向调拨，而是以商品的形式横向交易，价格和市场信息调节资源的分配和生产的结构和规模，这样商品的销售和采购业务从企业中独立出来，发展成为较大规模的商品批发零售业。(2) 商品经济的不断发展，意味着经济运行和发展对市场依赖的程度加强。而市场发育的重要内容就是金融、保险、广告、商业代理、咨询、商业情报、商务公证等行业的不断扩大，进而吸纳大量的劳动力人口。(3) 消费需求是千差万别和千变万化的，农村和城市不一样，低收入者和高收入者不一样，老年人、青年人和幼年人不一样，每个人爱好兴趣不一样，每个人不同的时期也不一样，因而有的产品和服务不能批量生产，这样，小规模的企业和家庭服务业应运而起，以适应社会千差万别和千变万化的需求。而小规模企业和家庭服务业的发展也对劳动力人口形成大规模的需求。

其次，第三产业的扩张与科学技术的发展和应用也密切相关。科学研究以及技术开发和应用需要大量的科学技术人才；生产、经营和消费活动的信息化，使信息咨询量增加很快，交通通讯业务量增长，从而需要大量的劳动力人口在信息交通行业就业；生产、经营和消费的智能化、自动化，使电子计算机开发应用行业、软件生产维修行业兴起，高科技行业也对劳动力人口形成较大规模的需求；而科技的发展和应用又要求教育事业相应发展，以适应整个经济智能化的趋势。

再次，经济效率和收入水平是第三产业发展的一个重要因素。经济效率决定的收入水平与第三产业就业比重之间存在着较高的正相关关系。第三产业发展得如何，关键在于经济效率，特别是劳动生产率得到较快的提高，这使国民收入和居民收入迅速增长，从而使消费结构创新、市场容量扩张、社会需求增加，最终大规模地扩张第三产业就业机会。因为居民收入提高，劳动时间减少，闲暇时间增多。当人们的衣食住等基本生活需要得到满足后，新增的收入会更多地转移到保健、文化、娱乐、旅游、社交等等方面。前面分析了日本劳动生产率提高很快的情况，由于劳动生产率增长迅速，居民收入提高很快，消费结构中越来越大的比重支出于第三产业提供的消费。

最后，第三产业就业机会的扩张还与城市化进程密切相关。有统计资料表明，服务业发展与城市化水平之间存在着很高的正相关关系：用 1965 年 101 个国家的数据和 1980 年 123 个国家的数据计算分析，二者的相关系数分别达 0.74 和 0.80。日本、美国、法国、澳大利亚、韩国、巴西等国的产业比重变化是：第一产业下降较快，第二产业变动缓慢，第三产业上升较快。其中第三产业扩张较快的原因与其城市化过程较快和水平较高有关。城市化过程使人口相对集中，而经济和社会活动的集中使行政、医院、学校、金融、保险、房地产、商业、通讯、饮食、公共设施等等服务行业的经济效率提高，最起码使其达到平均利润率，使其有发展的利润动机和机会。而分散的人口只能使这些服务业的成本大大上升。例如在一个村庄里建小学甚至中学、医院、净水设施、邮电中心等等，其利用率要比在城镇建设低得多，成本也要高得多，其经济利润率也是很低的，无论是社会投资，还是私人投资，都是极不合算的，这实际意味着资源的极大浪费。因此，在分散的人口条件下，服务业的低利用率和低利润率制约第三产业的扩张。

第五节　人力资本与人才流动及政策

20 世纪 40 年代时，一些经济学家计算各国的经济增长时，一是不理解：除了资本和劳动力（不考虑人力资本的人力资源）投入推动经济增长以外的经济增长，即经济增长总是有个“余值”，是什么因素导致的？二是不理解：一些国家与另一些国家相比，资源、资本和劳动力投入相等，或者相差很大的情况下，一些国家经济增长的快一些，甚至有一些资源贫乏的国家出现了增长的奇迹。过去的经济理论无法令人信服地揭示和说明其增长的内在原因。

一、舒尔茨的人力资本理论

（一）人力资本的含义

舒尔茨是美国芝加哥大学的经济学教授，他对经济科学的卓越贡献是，于 20 世纪 50 年代中期发表的一系列文章中揭示了人口质量提高对经济发展推动的内在关系，指出了人力投资的重要性，并论证了人力资本对一国经济增长的推动作用。

人力资本，是指体现在劳动者身上以劳动者的数量和质量（即劳动者的技术水平、工作能力和劳动熟练程度等等）来表示的一种资本的类型。“人力资本”和传统经济学理论中的“劳动力”、“劳动”等概念有所不同。在传统的经济学理论中，劳动力往往被视为一种从事体力劳动并且是天生的能力，作为这种能力的支出——劳动，也被视为是均一的或无差别的，至多也只是区分为熟练劳动，这里所需要的知识和技能是少量的。因此，它所重视和所研究的往往局限于劳动或劳动能力的数量方面。而且也因为如此，人力资本问题在传统的经济学理论中一直未能引起应有的重视。虽然历史上也有过少数经济学家如亚当·斯密等对此已有所涉及，但却始终未能使之成为经济学的核心内容。“人力资本”说认为，人力资本作为内涵于人体本身的那种生产或工作的能力，并不是先天赋予的，不是均一的。在这里具有重要意义的是它的质量方面，而不是其数量的多或少。

人力资本也与物质资本相区别。首先，人力资本是不可能由他人继承和由本体转让出去的，而物质资本则可以由他人继承和由其所有者转让出去；其次，人力资本对生产的贡献和在经济发展中所起的作用要远比物质资本复杂得多，微妙得多；最后，人力资本的形成过程，投资的范围和内容也同物质资本迥然相异。这就涉及人力资本的投资范围与内容。

“人力资本”的提出和形成，在经济学中具有十分重要的意义。它解决了传统经济学理论所无法解释的三个谜，即：

（1）根据传统理论，资本—劳动力比率将随经济的增长而提高，但是统计资料所显示的却是这个比率的不断下降。之所以如此，其原因就是没有把人力资本因素考虑在内，因为人力资本的增长不仅比物质资本而且比收入增长快。

（2）根据传统理论，国民收入的增长与资源耗费的增长是同步进行的，但统计资料所表明的结果却是国民收入远远大于投入的土地、物资、劳动力等资源的总量。这一点也可以从人力资本因素中得到说明。因为投入与产出间的增长速度之差，一部分是由于规模收益，另一部分则是由于人力资本带来的技术进步的结果。

（3）二战后工人工资的大幅度增长，它所反映的内容在传统经济学理论中也很难得到合理的解释。当引入人力资本之后，这个问题也可以迎刃而解。因为这个增长恰恰就是来自于人力资本的投资。

（二）人力资本对经济发展的作用

人力资本对经济发展的推动和促进作用，突出地表现为以下几个方面：

（1）劳动者素质的提高引起物质资本、资金和技术投入使用效率的提高，从而使投入同样多的物质资本、资金和技术可以获得更多更大量的产出。

（2）劳动者素质的提高引导物质资本、资金和技术投入的增加，如扩大要素投入的范围，增加要素投入的种类，利用国外资源等等，从而导致其产出量的增加。这一点不难理解。如有的资源在劳动力素质较低时，不能投入生产过程并发挥其作用，而当劳动者素质提高之后则可用于生产而成为生产的要素。再如当本国的劳动者素质较低时，国外的先进技术，管理方式，生产手段就难于为该国所利用；而当本国的劳动者有消化、吸收国外资金、技术、管理方式的能力后，国外资源的引进就有可能转化成为本国的资源，并推动该国经济的发展。

（3）劳动者结构的改变和劳动力素质的普遍或部分提高，引起劳动力使用得更加合理及其使用效率的提高，从而在不增加劳动投入和不增加其他要素的情况下引起产出量的扩张。

人力资本之所以能够成为推动和促进经济发展的重要因素，一是因为劳动者知识的增加和经验的积累，将极大地提高人们对客观事物的洞察力，从而使自己的经济活动行为顺乎客观规律的要求，按客观规律办事，降低或缓和人与自然力之间的矛盾摩擦和由此所造成的损失；二是因为劳动者素质的提高引起科学的进步、新技术的发明和制度创新，从而导致要素投入状况的改变及其使用效率的提高；三是因为教育的普及和文明程度的提高，使劳动者的责任心、社会感相应提高，价值观念向着有利于经济发展的方向转化等等。

总之，发展经济学的研究表明，人力资本在经济发展中具有十分重要的作用，对于发展中国家来说，相对于物质资本而言，尤其应当对人力资本予以高度的重视。如果发展中国家人的能力不能同物质资本保持齐头并进的协调关系，如果物质资本的增加离开了人力资本的增长，那么要想取得现代化农业和现代化工业的富足是不可想象的。发展中国家所缺乏的不只是物质资本，而更为重要的是人力资本。后者是造成发展中国家经济落后和限制其经济发展的根本性因素，这一点已为二战后发展中国家经济发展的实践和事实所反复证明。

（三）人力资本理论的基本原理

1. 人力资本是靠对人的投资和受教育时放弃的收入（机会成本）形成的资本

资本分为物质资本和人力资本两种，人力资本体现在劳动者身上。人力资本实质是人力投资在劳动者身上的凝固，具体体现为人工作的智能和技能。人力资本包括量和质的两个方面。人力资本量指有知识和技能的劳动者在有用工作岗位上的数量，质是指技艺、知识、工作熟练程度、管理水平等等。人力资本的量和质在同一个人身上也是不一样的，如一个人受某种教育前后、技艺提高前后所拥有的人力资本的量和质是不一样的。凡是能形成这种人力资本的投入，甚至包括所用的时间，都是人力投资。这种投资具有生产性，它的作用的结果能使国民收入增加。

人力投资的主要来源是教育投资，并且人力资本质量的高低也取决于教育投资的数量和质量。但是人力资本投资的内容也十分广泛。包括：(1) 保健设备和服务的各种开支。(2) 在职训练。(3) 正规的初等、中等和高等教育支出。教育支出不仅要计算教育的直接投资，包括国家社会和个人在教育方面的投资，还要计算学生在上学时期所放弃的收入。这一项成本必须包括在内，不可以省略。放弃收入一般占整个教育投资的25%～40%。(4) 非厂商所组织举办的成人教育训练，特别包括农村的推广教育，也是人力投资的一项内容。农业推广的服务工作，对于传播新知识，发展和改进农民的技艺是十分重要的。(5) 用于劳动力国内流动的支出，也是一种对人力的投资。个人及家庭的迁移，可以适应工作机会的改变。劳动力的国内流动有助于解决国内劳动力的余缺和发挥专长问题。(6) 用于移民入境的支出。如果入境的是经过专业训练的人才，那就省去了培养这些人力的投资；即使入境者是普通的劳动者或者是儿童、未成年者，也省去了对这些人力的生育、抚养和从出生到入境前那段时间内的保健费用。因此，用于移民的支出是一种对移民入境国的人力资本投资。(7) 提高企业能力方面的投资。舒尔茨认为，经营者在风险中觉察和分析新情况并对其做出反应的能力，重新分配资源以适应新情况的能力，是这些国家的人力资本的重要组成部分。在经济学中，这种特殊的能力被称为企业经营者的"企业能力"。

2. 经济发展中人力投资的推动作用大于物质投资的推动作用

舒尔茨的"人力资本"理论论证和说明的就是人力投资的作用大于物质投资，并认为这是现代经济发展的最重要的特征。

(1) 对经济发展的作用，人口质量重于人口数量。舒尔茨批评古典经济学家李嘉图只重视土地之类的物的质量，看不到或者不重视提高人口质量的重大经济意义。他抨击马尔萨斯"人口数量理论"的悲观论调，指出：要发展经济，人口质量问题是比土地、人口数量更为重要的问题，是现代经济发展的核心问题。"人口质量"主要是人在后天获得的能力。它包括知识、技能、文化水平、企业能力等。获得后天能力的渠道有：父母对婴幼儿的保育、抚养、健康保健，通过初中高等教育、在职训练、成人教育及通过工作来获得经验等等。人们为了获得或者增强这种后天的能力所花的费用，所用的时间，所做的"牺牲"，都是人力投资或者人力资本。他认为，决定人类前途的并不是空间、土地和自然资源，而是人口的素质、技能和知识水平。

(2) 教育投资是人力资本投资的主要部分，也是推动经济发展的重要因素。教育投资是一种生产性投资，教育活动是使隐藏在人体内部的能力得以增长的一种生产性活动，作为一种投资，教育显然增加了无形资产的积累，它隐藏在人的体内，会在将来做出贡献。因此，把教育看成是消费活动的观点，或者把教育经费看成是福利开支的观点，都是不正确的。教育是提高人口质量的关键。各国人口的先天能力是趋于平衡的，相近的，但后天获得的能力，各国却大不一样。各国人口质量的不同，主要取决于后天的能力，这种后天能力主要是知识、技能、文化水平、企业能力等，是教育的结果。人们通过学习所获得的知识和技能，是资本的一种形式，对经济发展的推动作用要大于物质资本。

(3) 经济发展中，人力资本投资的作用大于物质资本投资的作用，应当确立二者的最佳比例，不能重视物质资本的投资而忽视人力资本的投资。当代劳动生产率迅速提高，正是人力资本量不断增加的结果。有的国家在战争中，工厂设备遭到极大的破坏（有的交通邮电、工厂、城市、发电厂等等成为废墟），而在二战后得以迅速恢复和发展，正是过去的人力资本的积累和后来重视人力投资的结果。美国二战后农业生产的增长，只有20%是物质资本投资引起的，其余80%主要来自于教育以及与教育密切相关的科学技术发明的作用，这正是人力资本投资的结果。

没有对人力的大量投资，就没有现代化的农业，也不可能有现代化的工业。因此，需要确定人力资本投资和物质资本投资的比例，怎样确定呢？用两种不同资本的收益率来确定。人力资本的收益率较高时，应当加大人力资本的投资，相对减少物质资本的投资；否则，反之。当二者投资收益相等时，就是两种资本最佳的比例。

(4) 人力资本增长的速度比一般物质资本增长的速度快得多，从长期看，教育投资比物质投资赚得更多的利润，进而持续推动经济发展。从1900—1957年的50多年间，美国实际的物质资本增加了大约4.5倍，而对劳动力进行教育和训练的投资却增加了大约8.5倍。同期，物质资本的投资所赚回的利润增加了3.5倍，而教育投资所增加的利润却达17.5倍。第二次世界大战以来，人力资源的开发，通过提高工人技术水平，加强经营管理，设计企业营销战略等因素，其推动的经济增长份额占到国民经济总增长的41%以上。

(5) 资本积累的重点应当从物质资本的积累转向人力资本的积累。物质资本的边际收益率是递减的，只有人力资本的边际收益是递增的，教育投资比物质资本收益率高的情况将持续下去。当前的情况是，发展中国家普遍对人力资本的投资重视不够。

3. 人力投资收益率的计算是舒尔茨理论的基本问题

如果不是计算全部教育过程的收益率，而是计算某一阶段教育的收益率，其具体方法是：先测定不同学历的毕业生所得收入的差，算出各教育阶段的毕业生的收入差额，这一差额与该阶段的教育费之间的比率，即是该阶段的教育收益率。计算公式如下：

$$本阶段教育收益率=\frac{(本阶段毕业生收益-前阶段毕业生收益)}{本阶段的教育费用}$$

按照这个公式，舒尔茨测算出美国各级教育的收益率为：小学教育为35%，中等教育为10%，高等教育为11%，整个教育的收益率为17.3%。需要注意的是，计算成本要加上学生在上学期间放弃的收入；对教育的收益要进行长期的计算。

将各级教育程度的在岗劳动者进行统计，确定他们各自的收益率后，减去自然人力的收益部分，就是人力资本的收益，除以总的国民生产总值，就是人力资本对国民生产总值的贡献。不考虑通货膨胀因素的影响和货币的时间价值，最简单地总结描述舒尔茨的人力资本模式为：

A. 人力资本形成模式：

$$人力资本=各种用于劳动者的投资+劳动者在受教育期间的放弃收入$$

B. 人力资本收益模式：

$$人力资本收益率=\frac{(受教育后的收入-受教育前的收入)}{所费的人力资本投资}$$

C. 人力资本对国民经济的贡献模式：

$$人力资本贡献率=\frac{(总人力资本\times人力资本平均收益率)}{国民生产总值}$$

4. 市场供求决定人力投资

“人力资本”理论的另一个基本原理，是主张以劳动力市场供求关系为依据，以人力价格的浮动为衡量信号，使学校教育计划、家庭人力投资比例自发调节，即市场供求决定人力投资。舒尔茨的理由是：因为经济生活面临的是一个不断变化的世界，许多主观和客观的消费结构、发明创造、生产结构、经济关系等等是不断地变化的，一个国家看起来似乎可以做出人力投资和培养的长远规划，可以有计划地进行人力投资和有计划地培养人力，但是实际上是不可能的，也是办不到的。

二、经济发展中的人才流动与人才政策

对于发展中国家来说，提高人的智力，增强经济发展的智力效应，一方面是

要发展本国的教育事业，逐步增加对教育的投资；另一方面是必须重视国际间的人才流动，充分利用发达国家的教育资源及其成果。上述两方面，前一方面具有决定性的意义，是发展的关键和核心所在；但后一方面也不容忽视，也应当摆在一个适当的位置上予以重视。

人才流动和交流，通常是指具有专门的知识或技术，有科学研究、技术研制等发明创造才能的人力，在不同国家或地区之间的流动。人才交流包括请进来、走出去两个方面的基本内容，请进来就是根据国内经济发展的需要，从国外聘请具有某种专长的专家、学者到本国来从事某种工作和科学研究，或从事教育，或作短期的学术交流，讲座与报告等等，以便弥补国内人才某方面的不足或某些领域的知识的短缺。走出去就是依据本国人才培养和经济发展的客观需求，将国内具有一定知识水平、技术才能的人，或者是具有智力开发潜力与基础的人，有计划有目的地派往其他国家学习、进修、深造或进行短期的学术交流，学成后回国工作，以便更好地为国内经济建设服务。对于发展中国家来说，有计划有目的地向国外派遣一部分留学生，到发达国家去学习、深造，学成后回国工作，乃是人才交流的一个重要方面，是提高国内智力水平并迅速缩小同发达国家差距的重要途径。

人才交流的重要意义在于：(1) 充分利用发达国家的教育资源，弥补本国教育资源的不足，节约国内的教育投资，迅速培养国内建设所需要的各方面专业人才；(2) 以最快的速度接受先进国家的先进的科学技术成果和先进的经济管理方式，以推动本国经济的迅速发展，缩小同发达国家在科技进步和经济发展水平上的差距；(3) 有利于把握和认识科技进步及经济发展的一般规律及其发展的基本趋势，使本国的经济发展少走弯路，避免不必要的“学费”支出。

同人才交流相联系的一个重要概念或范畴，是发展中地区和发展中国家的人才外流。人才外流是一种极不合理、极不正常的人才交流现象，通常是指欠发达地区和国家培养的人才长期移居外地，为发达地区和发达国家服务。人才外流，是当代经济发展中的一个严重问题。由发展中地区和国家流向发达国家而为发达国家工作、服务的人才，每年数以几十万甚至以百万计，而且存在不断扩大的态势。人才的大量外流，已经并且将继续对发展中地区和国家的经济发展造成巨大的危害和障碍，首先是造成发展中地区和国家的经济负担，教育投资的效益外流；其次是造成发展中地区和国家的人力资源存量减少，人口的整体素质与质量下降；再次是加剧和扩大了发达地区和国家与发展中地区和国家在科技进步及经济发展水平上的不平衡，差距越拉越大，结果又导致发展中地区和国家贸易条件的进一步恶化，使其在整个经济发展中的地位迅速朝向不利的方面发展。

不发达地区存在着“教育经费投入少→人力资本积累少→人力资本大量外流→经济发展水平低→教育经费投入少”的恶性循环。并且，不发达地区和国家的教育投入形成的人力资本无偿流入发达地区和国家，虽然这部分人力资本为其经济发展所用，但发达地区和国家并没有为其支付成本。这使得不发达地区和国家在国际和地区间的竞争中处于不利地位。

发展中地区和国家的人才大量外流，既有外部方面的原因，也有内部方面的原因；既有客观因素的作用，也有主观因素和不适当的政策方面的影响，归纳起来，大致有以下三个方面。

(1) 地区和国际间收入水平和由此所决定的生活条件方面的差异。发展中地区和国家经济发展落后，知识分子、科技人员的收入水平低，生活条件较差，发达地区和国家的高收入水平和优越的生活条件对发展中地区和国家的各种人才具有很大的吸引力。

(2) 地区和国际间科技人员在工作条件、科研环境上的差异。发达地区和国家的科研环境较好，科研的手段与设备先进，而发展中地区和国家的科研条件则较为落后，科技人员的才能发挥往往受到限制。科技人员为追求其价值的实现和发挥，也往往从发展中地区和国家流向发达地区和国家。

(3) 地区和国际间人才政策及人才观念方面的差异。发展中地区和国家的文明程度较低，受传统观念的束缚，尊重知识、尊重科学的社会气氛往往难于形成，而嫉贤妒能的恶劣风气却往往表现在社会生活中的方方面面。一般认为发达地区和国家并不存在上述问题，或存在的程度较低。

为有效地避免、防止和减少发展中地区和国家的人才外流，要求发展中地区和国家必须重视其人才政策的发展和完善。人才政策通常是指一个地区和国家为合理地使用知识分子、科技人员并促使其才能最大限度发挥而制定的有关政策和措施的总称。其基本内容为：

(1) 改革人事档案制度，允许城乡和地区之间人口流动，使人才在城乡和地区之间自由流动，在流动中选择较好的工作岗位和发展机会，这样才能使人尽其用。从经济学上讲，可以使人才配置到最优位置上。放宽国外企业家和技术人员到发展中地区和国家工作和居住的限制，利用国外人力资本为发展中地区和国家的经济发展服务。

(2) 不发达地区和国家，首先要着力于发展企业，特别是吸引民间投资进入，从而由企业来吸引技术人才到不发达地区和国家来。比如吸引国外投资，就吸引了很多的企业家人才和技术人才到发展中国家来工作。同样，一个国家内的不发达地区，也需要用发展企业，让企业吸引人才的办法来利用外部人力资本，为自己的经济发展服务。而没有企业，政府自己来吸引人才，这种调节人才流动的办法不是市场经济的办法，成本太高，效果也并不一定理想。

(3) 发展中地区和国家要保护科学家、专家和技术人员的发明创造，要重视专利制度的建立，形成知识产权保护制度。否则，忽视知识产权的保护，科技人才的人力投资在发明和创造后得不到应有的回报，甚至连投资都回收不了，人才就很难培养和留住。

(4) 发展中地区和国家，要重视当地人才的培养，特别是已经在当地工作，并不可能向发达地区和国家流动的那部分人，应当加大对其的人力投资。这样，不发达地区和国家的人力投资才有可能留在本地和本国，推动本地和本国的经济增长。

(5) 不发达地区和国家可以用研究课题招标、聘请顾问等形式利用外地和外国人才。有时，政府成立研究机构，招聘专门人才，工资、住房等成本较高，而且有时因研究任务不多而发生人才闲置情况。因此，发展中地区和国家对人才，不求所有，但求所用，是利用人才的一种较为经济的方式。

(6) 发展中地区和国家，其基础教育和高等教育，应当尽可能通过现代远程教育方式，利用发达地区和国家的师资力量和教育资源，为自己的教育服务。这样可以大大节约教育的师资和课件等成本，并且提高教育的水平和质量。用较少的人力资本投资形成较多的人力资本，即使一部分人才外流，发展中地区和国家教育投资的损失也不十分严重。

(7) 考虑到不发达地区的人才外流为发达地区所用的情况，不发达地区的教育经费应当更多地由中央政府通过转移支付来满足。特别是对落后地区的支持，不仅要帮助它们建设交通能源等基础设施，还应当加大对落后地区教育的投入力度。

(8) 从根本上扭转人才外流的局面，特别是让在外的人才回流，根本途径是发展中地区和国家发展经济，使人才回流后有发展机会，能获得较高的收入，有创业和工作的条件和环境。东南亚一些国家和地区，如韩国和我国的台湾等，人才先是外流，后来经济发展较快，大量本地人才开始从发达国家回流，为本国和本地区的经济发展服务，就说明了这点。

最后有必要指出的是，科学的、完善的人才政策，不仅是发展中国家避免和防止其人才外流的重要措施，也是发展中国家发展教育，提高智力水平，最大限度地发挥各类专业人才的潜能，加速其经济发展的重要途径。因此，必须引起高度的重视。

思考题

1. 人口为什么在工业化初呈爆炸性增长？
2. 什么是发展中国家的伪装失业？
3. 为什么城市化过程会抑制人口的增长？
4. 为什么说中小企业和第三产业是劳动力就业的主渠道？
5. 什么是人力资本？它与物质资本的区别是什么？
6. 人力资本投资包括哪些方面？

第四章

经济发展的资本动力

早期的发展经济学家认为发展中国家的发展中资本是最重要的增长因素。从哈罗德等人将凯恩斯的需求理论动态化，建立投资—增长模型后，经济学家们从各个方面论证了资本对发展中国家发展的推动作用，形成了发展经济学的资本推动理论。

第一节　发展经济学家对投资与发展的论述

早期的投资与发展理论除了哈罗德—多玛的增长模型外，还有投资克服贫困的恶性循环、起飞需要投资推动、国内储蓄的两缺口、平衡增长和不平衡增长等理论。哈罗德—多玛投资与增长模型，作为重要的分析投资与增长之间关系的发展经济学成果，在第二章中已经阐述，这里不再赘述。

一、投资克服贫困的恶性循环

贫困恶性循环论认为资本稀缺是阻碍发展中国家经济增长和发展的关键。1953年，美国经济学家R. 纳克斯在《不发达国家的资本形成问题》一书中提出，发展中国家在宏观经济中存在着供给和需求两个循环。从供给方面看，低收入意味着低储蓄能力，低储蓄能力引起资本形成不足，资本形成不足使生产率难以提高，低生产率又造成低收入，这样周而复始，形成一个循环。从需求方面看，低收入意味着低购买力，低购买力使投资引诱不足，投资引诱不足使生产率难以提高，低生产率又造成低收入，这样周而复始又形成了一个循环。两个循环互相影响，使经济情况无法好转，经济增长难以出现。贫困恶性循环有两方面含义：(1) 资本缺乏造成了低水平的供给，又造成了低水平的需求，突出了资本在消除经济停滞、促进经济增长中的特殊地位。(2) 第一个循环侧重资本存量、收入和储蓄之间的关系，第二个循环侧重市场容量、收入和投资之间的关系。把两个循环联系起来可看出：即使有了投资引诱，也缺少储蓄可以用来投资；同时，即使有了储蓄，也缺少投资引诱足以消化储蓄。因此这两个循环很难打破，更难由向下的循环转变为向上的循环，发展中国家的长期贫困、长期经济停滞的局面难以改变。“贫困恶性循环论”对发展中国家的发展前景抱相当悲观的态度。

从纳克斯的分析看，发展中国家存在着两个循环：一是收入水平→储蓄率→投资能力→产业发展→增加供给→提高收入→……的循环：二是收入水平→消费规模→市场容量增加→产业规模→产业发展→增加供给→提高收入→……的循环(其中还包括收入水平→消费结构变动→产业升级→产业发展)。如果收入水平高，储蓄能力强，投资规模大，产业的发展会迅速提高人民的收入水平，进而进入一个更高的循环。同时，收入水平高，会扩大消费需求（纳克斯没有注意到的是，收入水平的提高还会改变消费结构)，使新的消费需求出现，从而使产业发展不仅有市场容量的引诱，还有产业创新的市场引诱，使新的产业得到发展，进而使产业高级化。因此，在发展中国家来讲，突破储蓄率低，通过国家集中财力或者借助外力加大投资能力，是打破上述恶性循环的关键。

二、起飞阶段投资的重要性

1960 年，美国经济学家华尔特·惠特曼·罗斯托在《经济成长的阶段》一书中提出：整个世界经济发展的历史可划分为五个阶段，其中“起飞”阶段是一国经济发展中最重要的时期，它标志着阻碍经济稳步发展的传统社会势力的最终瓦解，以及经济结构和生产方法上剧烈的转变和发展。罗斯托认为经济“起飞”应具备三个条件：第一，要提高生产性的投资率。投资率从国民收入的 5%上升到 10%左右。第二，建立和扩展“起飞”阶段的主导部门，尤其是制造业。第三，有一种政治、社会制度来保证“起飞”的实现。判断一国经济是否已经“起飞”的主要标志，是与投资率和主导部门的建立有关的新技术的吸收程度。罗斯托认为。各国“起飞”阶段的时间大约是 20～30 年。各主要国家“起飞”阶段的年代大致如下：

英国 1783—1802 年　日本 1878—1900 年

法国 1830—1860 年　俄国 1890—1914 年

美国 1843—1860 年　印度 1952—

德国 1850—1873 年　中国 1952—

罗斯托认为，发展中国家在起飞阶段应采取的主要政策是：（1）防止在经济尚未成熟之前就实行“高额群众消费阶段”的消费方式；（2）必须重视“基础结构”（港口、交通线、动力、仓库等）的建设；（3）控制人口出生率；（4）发展有赚取外汇能力的部门；（5）解决隐蔽失业问题，提高劳动生产率；（6）防止人才和资本外流；（7）动员国内闲置资金，必要时实行强迫储蓄；（8）加紧推广新技术；（9）发展中国家一般缺乏一个强有力的私人企业家集团，因此国家在经济发展中应起较大的作用，其中关键的是投资和基础设施的建设。

三、两缺口与外部投资

两缺口模型认为可利用外资来填补发展中国家存在的储蓄和外汇“两缺口”。1966 年美国经济学家 H. 钱纳里和 A. 斯特劳特在《外援与经济发展》一文中提出：在一个开放经济的社会中，宏观经济的基本核算等式为：

总收入＝总支出

$$Y=C+I+(X-M)$$

式中，C 和 I 分别为总消费和总投资支出（包括公共的和私人的），X 和 M 分别代表出口额和进口额。

上式移项后为 $Y-C+M=I+X$

而 $Y-C=S$（S 为总储蓄）

于是 $S+M=I+X$

再移项 $I-S=M-X$，即投资和储蓄之差等于进口和出口之差。

上述公式说明了如下结论：发展中国家不是面临着与投资机会相配合的国内储蓄的短缺问题，就是面临着进口资本产品和中间产品所必需的外汇的短缺问题，即存在着储蓄缺口或外汇缺口。当 I 大于 S，国内储蓄出现缺口时，此缺口有待于以 M 大于 X 的余额即外汇缺口来填充。若外汇不足以弥补国内储蓄缺口，则必须削减投资或增加储蓄。反过来，若国内储蓄余额不足以填充外汇缺口，则必须削减进口或增加出口。该模式假设：在给定的时点上，储蓄和外汇这两个缺口不仅大小不等而且没有互补性或替代性，从而每一个缺口都对发展中国家的经济发展具有很强的约束性。如果从缺口之外开辟财源，利用外资，则一笔外资可以对两个缺口都产生影响。例如，一笔外资以机器设备的形式进入发展中国家，它一方面代表进口，而此宗进口却无需以出口抵付，另一方面它又代表新的投资，而这项投资却无需由国内储蓄提供。这笔外资能同时缓解外汇和储蓄不足的“瓶颈”现象，发挥弥补缺口、调节失衡的作用。

然而，一个国家不可能长期利用国外的资源来弥补自己的两个缺口，两个缺口的平衡最终取决于国内经济的发展和经济结构的改造，正确利用外资的政策应当为此服务。成功地引进外资将得到双重经济效果：既增强了一国的商品出口能力，扩大了出口创汇；又提高了国内储蓄水平，改善了国内筹资状况。随着时间的推移，两个缺口的失衡状况逐渐消除，国民经济将维持平衡增长。

后来，西方学者将“两缺口”分析进一步扩展为“四缺口”分析。“四缺口”模式论证指出，外资填补的第三个缺口是政府税收的计划目标与实际税收之间的缺口。发展中国家的政府可通过对跨国公司的利润征税，并在金融上参与跨国公司在当地的经营活动，为其发展计划筹集到一部分公共金融资源并弥补其税收缺口。外资填补的第四个缺口是技术、管理和企业家才能方面的缺口。这些缺口可部分地或全部依靠外国私人企业特别是跨国公司提供的所谓“一揽子”资源来弥补。

在20世纪60年代，两缺口模式的影响是广泛的，曾为许多发展中国家当作制定外资政策的理论依据。尽管随着发展中国家利用外资实践的发展，该模式的局限性日益明显，但仍不失其政策的借鉴意义。

四、投资和平衡增长与非平衡增长

发展经济学理论中，对于一国的经济增长曾有平衡增长和非平衡增长之争。

（一）平衡增长与投资大推进

平衡增长主张在各个部门和产业同时投资，以推进经济发展。纳克斯从“贫困恶性循环论”出发，提出在不发达经济中推行平衡增长战略这一构想。他指出打破贫困恶性循环，关键是要突破资本形成不足这一约束条件，而影响资本形成的主要因素是决定投资预期的市场有效需求不足。承认萨伊定律供求平衡增长论者认为，只要平衡地增加生产，在广大范围的各种工业中同时投资，就会出现市场的全面扩大，从而提高需求弹性，创造出良好的投资氛围，从恶性循环的僵局中脱逃出来。通过供给（投资）创造需求，以及供给函数的不可分性和市场的不可分性，是平衡增长战略在理论上的支柱；另外，它还突出地体现了对社会分摊资本的节约以及社会各部门间劳动分工的发展、垂直和水平联系的加强。这些都是走向良性循环的条件。采取一揽子政策，是平衡增长在突破市场需求不足这一约束条件的同时应由政府考虑的问题，它们包括：（1）由于资本品部门和消费品部门之间及各自内部必须有一个适当比例，所以投资是相辅相成的；(2) 改革社会态度和制度上的某些因素，如投资愿望，工作的能力和意愿等；(3) 提出详细周密和符合具体情况的技术、政治和社会条件的改革和增长时间表；(4) 严格控制不符合平衡增长意图的投资；(5) 运用政府和社会的力量，通过政治、经济和法律的手段，消除发展的障碍。纳克斯、罗森斯坦—罗丹等平衡增长论者认为，宏观经济的计划化，是政府在平衡增长战略中最为有力的手段；但是，只要市场发育充分，各个行业中具有创新精神的企业家能不受干扰地发挥其创新并吸引大量的“模仿者”。那么，即使没有或少有政府的计划干预，私人企业的自发活动也会促成经济的平衡增长。

(二) 不平衡增长与投资主导部门

不平衡增长主张发展中国家的投资应有选择地在某些部门进行，其他部门通过其外部经济而逐步得到发展。发展经济学家赫希曼从主要稀缺资源应得到充分利用的认识出发，提出了不平衡增长战略。金德伯格、罗斯托等人都主张这一理论。他们认为，作为发展中国家，其主要稀缺资源是资本，若实行一揽子投资，则资本稀缺这一瓶颈无法突破，从而也无法实现平衡增长。赫希曼认为，发展的路程是一条“不均衡的链条”，从主导部门向其他部门扩展。首先应选择具有战略意义的产业部门投资，带动整个经济的发展。对于社会基础设施或直接生产部门的投资具有不同的作用。前者（包括教育、公共卫生、交通运输、供水、能源等）为后者创造了外部经济，所以对其投资可以产生发散级数性质的作用。相对而言，对直接生产部门的投资就具有收敛级数性质。在投资决策时，社会成本低，外部经济好的投资项目，应该得到优选。但是，社会基础设施投资额大，建设周期长，一般的私人资本不愿投资。如果政府把社会基础设施投资视为己任，便可以给私人资本向直接生产部门投资创造较好的投资环境。也就是说，经济发展事实上存在着两种途径，一是在社会基础设施过剩的条件下发展；二是在社会基础设施短缺的条件下发展。可以看出这两条途径实际上是交叉的。

不平衡增长战略的前提是向不同产业部门实行不平衡投资，在此，投资的宏观效率决定着资本的流量和流向。赫希曼提出了著名的“联系效应”，包括“前向联系”和“后向联系”。所谓联系，指一个部门在投入和产出上与其他部门之间的关系。由于发展中国家的 GNP 和就业人数中以农业和初级产品部门为主，其在国民经济中联系效应不大，所以宏观效益和牵动经济增长的作用不大。为此，不平衡增长论主张在决策时集中资金，把有限资源投入到联系效应比较好的部门，以扶持主导产业发展，牵动其他产业部门的增长。一般而言，类似钢铁工业的产业部门的综合联系效应最大，就其后向联系而言，它要求矿山、交通、能源有相当程度发展；就其前向联系而言，它可以促进机械、电子等部门的发展。那些处于最后生产阶段的产业，对国民经济具有较大的促进作用，原因就在于它的后向联系效应对其他产业影响范围很大。但是，不平衡增长的批评者们认为，除非国家作出强干预，否则，"不均衡的链条"会造成人为的障碍和阻力，稀缺会形成垄断和对既得利益的维护。同时，由于不发达国家市场发育不足，需求弹性偏低，宏观经济控制的传导机制很不成熟，加之人力资本存量不足和资源条件、国际贸易环境的差异，不平衡增长战略的实施面临着巨大困难。

（三）平衡增长理论和不平衡增长理论之间的调和

上述讨论表明，这两种理论包括许多共同之处，如果考虑到对这两派的不同观点加以若干限定的话，我们就可以看到这两个理论不是相互替代而是相辅相成的。发展经济学家斯特里顿认为发展中国家在选择发展战略时，可以选择这样一些方案：(1) 当推进某些部门时，要把这种压力或不平衡集中到那些对这种挑战反应最强烈的团体和部门；(2) 当瓶颈出现时就把它们打破；(3) 在对工业、农业和消费者提供各种产品和服务的时候，还要引起与此有直接和间接关系的其他方面的新发展；(4) 当提供一种新产品或服务时，继之要在其他行业进行投资。

再者，为了获得外部影响带来的利益，需要进行大量的投资，这种办法未必与把资源集中在少数部门的想法不一致。如果不平衡的增长更多地用集中资源于一定活动而不是用短缺来解释的话，根据比较利益或存在收益递增的情况，平衡的和不平衡的增长就可以是互补的战略。同样，私人企业占支配地位的各种经济也承认必须做到当前和将来供求之间的平衡，并使用计划和规划工具来达到这种平衡。虽然计划的概念通常与平衡增长理论联系在一起，但是当计划涉及指令的颁布以及对私人企业的补助问题时，计划的概念本身并不见得单单指全面的国家所有制。从历史上看，尽管经济发展走过坎坷的道路，然而实现平衡增长的必要性作为一种目标却很少遭到反对。

第二节　资本及其作用

资本是经济增长的重要要素之一，发展中国家比较短缺的是资本，因此，资本积累对于发展中国家的经济发展有着重要的作用。

一、资本的经济学涵义

发展经济学中所说的物质资本（简称资本），其涵义与马克思经济学中的

“资本”不同。它是指在社会再生产过程中能够长期存在（通常为1年以上）并发挥作用的种种生产物资，如机器、设备、厂房、建筑物以及各种原料、加工过程中的货物、制成品库存的存货等等。它一方面与人力资本相区别，另一方面又与金融资本相区别。在发展经济学中，金融资本是指那些能够很容易转化为商品和劳务、本身不是物质商品，即不能直接用于物质生产的流动资产。

物质资本的显著特点是：它是投资（即资本形成）过程的最终结果，在很大程度上代表着本期即现有的生产能力；此外，它又是耐用的，其存在期长于一个会计时期（1年）以上。由此可以看出，发展经济学中的“物质资本”这一概念同我国一般经济学教科书中的“固定资产”概念是很接近的，二者的区别主要是物质资本概念中包括了“存货”（各种中间产品、在制品、制成品库存等）的内容，而固定资产概念中则不包括。

物质资本可以从不同角度加以分类，目前大多数国家在资本形成的分类和测算上均遵守联合国的国民核算惯例，基本的分类方法包括：

（1）按资本货物的类型划分为固定资本和存货两大类。其中固定资本又分为住宅建筑物、非住宅建筑物和其他建筑物，土地，运输设备，机器及其他设备，饲养中的动物（家畜、役畜和奶牛）等若干小类。

（2）按资本货物的产业用途分为农业、林业、渔业资本，采掘业、制造业资本，电、煤气、供水资本，商业批发和零售贸易、饭店和旅馆资本，运输、仓库和通讯资本，金融、保险、地产等资本，团体、社会和个人服务资本以及公共行政机构和防卫资本等等。

（3）按资本货物的所有权分为私营资本和政府部门资本两大类。

在经济学研究中，有些西方发展经济学家还强调应当注意区分一般社会资本和直接生产投资这两种不同质的资本类型。一般社会资本由为生产得以进行的经济投资和直接增进福利的纯社会资本两个部分所组成。前者为一般经济资本，也称作经济的基础设施，包括各种公用事业、运输设施和设备，以及国家服务所需要的建筑物和设备。后者包括居住、教育、卫生保健、公共娱乐所需要的设施和设备等等。直接生产投资除包括工农业中的设备厂房外，还包括用于营业管理的办公场所、保险、银行、广告、推销以及批发和零售贸易固定资本中的一大部分，以及存货（中间产品、在制品、制成品库存等等）。

二、资本在经济活动中的作用

资本与人力、自然资源等一起构成生产活动最为基本的要素。在一定条件下，只要增加物质资本的投入，即使不增加其他要素的投入，甚至减少其他要素投入，也能够有效地增加经济系统的产出量并提高产品的质量及产出的效益或效率等等，因此，物质资本又被认为是经济发展的基本动力之一。

可以从静态角度来考察物质资本在经济活动及其发展中的重要作用。其作用主要表现在以下几个方面：

（1）作为生产资料特别是劳动手段的物质资本加入到生产过程之后，人们借助于这些资本不仅使自然力从属于直接的生产过程而变成了社会劳动的力量与因素，而且还导致了社会劳动的协作，从而产生出比个别劳动大得多的生产力。

（2）替代并节约活劳动的投入，从而降低产品的生产成本，使劳动生产率和经济活动的效率与效益得以提高。因为物质资本使一些自然力并入生产过程而作为产品的形成要素参与产品的形成过程，这样在物质资本投入生产过程之后，生产单位产品所耗费的劳动量（包括活劳动和物化劳动）就必然会比使用物质资本之前减少。

（3）改善劳动环境，减轻劳动强度，提高劳动的使用效率。因为劳动强度大、生产条件差的生产过程，可以用机器等物质资本去替代人的劳动，人只需要进行一些强度不大的辅助性的劳动。

（4）资本扩张必然带来和促进科学技术进步，从而引起经济体系的资本生产效率的提高，使单位资本能够生产出数量更大、质量更高（从而单位产品的价值更大）的产品。因为，科学技术转化为直接生产力的重要条件之一是把它物化在生产资料之中，特别是通过劳动手段体现出来。由投资新形成的资本，其生产效率必然高于原有的资本，这样，随着新资本的不断增加，整个资本的技术总水平也必然会不断提高，从而使经济体系的平均的资本生产效率也随之不断升高。

（5）资本生产效率的高低，从整体角度上看，还同该经济体系的产业结构和生产布局的状况密切相关。而物质资本又是产业配置和生产布局的物质基础，它在部门和地区之间的分配状况，在很大程度上决定了产业的部门结构和生产布局。这样，随着投资的增加及其在各部门、各地区之间的投资比例的变化，物质资本在各部门、各地区的分布也将发生变化，从而有可能使产业结构和生产布局逐步地合理化。假如没有新的投资，显然资本在各部门、各地区的分布变化会很慢，从而其产业结构和生产布局的合理调整也将难度很大。

（6）投资的增加即物质资本的增加，将提供更多的劳动就业机会，从而使社会的充分就业得以实现，投入生产过程的活劳动量将随之增多。而活劳动投入的增多恰恰又是增加产出的必要条件。如果没有物质资本的增加，新的就业将不会增加，这不仅意味着投入生产过程的劳动量不会增加，从而其产出也不会扩大，而且还将随着人口及劳动力资源的增加，使社会的失业人数增加，并由此导致和产生一系列严重的社会经济问题，进而影响到经济的正常进行与顺利发展。

三、资本对经济发展贡献的实证

资本对经济发展中的重要作用，不仅在理论上可以得到说明，而且在实践上也是可以证实的。有不少发展经济学家曾进行过这样的实证研究。他们利用索洛、丹尼森等人分析发达国家经济增长的基本方法，对发展中国家的经济增长诸要素进行了类似的分析。这里主要介绍麦迪逊和纳迪里的分析。

麦迪逊系统地考察和分析了 1950—1965 年间 22 个发展中国家和地区的经济增长情况，其内容反映在 1970 年出版的《发展中国家的经济进步和政策》一书中。麦迪逊所使用的方法是将影响经济增长的因素分为人力资源、资本和资源配置效率三大类，分析各自的增长率及其对经济增长的贡献。

麦迪逊的分析结果表明，在 1950—1965 年，这 22 个发展中国家和地区的经济增长中，人力资源对经济增长的贡献为 35％，资本对经济增长的贡献为 55％，资源配置效率对经济增长的贡献为 10％。将其与丹尼森等人研究发达国家经济增长的结果作一比较，可以得出如下的结论：资本投入增长对经济增长的贡献在发展中国家要大于发达国家；资源配置效率的增长对经济增长的贡献在发达国家要大于发展中国家。因此，对发展中国家来说，以技术进步为核心的资源配置效率的提高对经济增长的作用相对较小，而资本投入的增加则成为经济增长最重要的源泉。

纳迪里的分析结果是，除日本和以色列外，在所考察的发展中国家的经济增长因素中，对经济增长贡献最大的要素是投入量（资本和劳动）的增加，其中主要是劳动投入量的增加。相比之下，全部要素生产率增长对经济增长的贡献要明显小于要素投入量增加所做的贡献。

麦迪逊和纳迪里的研究结果有所区别，但都认为，全部要素生产率（或资源配置效率）对经济增长的贡献在发展中国家要小于发达国家，而资本投入对经济增长的贡献在发展中国家要大于发达国家。因此这两个研究的共同结论是，资本形成是发展中国家经济发展的主要源泉，是影响经济发展的最重要的因素。

第三节　资本形成与储蓄

资本形成与储蓄有着密切的关系，储蓄是对国民收入的一种分割，最后转化为投资，形成经济发展的资本。

一、推动资本形成与扩张过程的经济学理论

经济发展，关键在于资本的有效形成与扩张（或者说资本积累）。这是我们上两节分析的内容与结论。现在的问题是，究竟是什么力量推动着资本形成与扩张过程，从而为经济发展积累起大量的资本？对此，经济学家们曾有过不尽相同甚至是截然相反的解释。

西方新古典经济学派的解释是，资本来源于投资，投资取决于储蓄，而储蓄则是人们跨时消费决策的结果。新古典经济增长模型假定产出总是处于由生产函数所决定的充分就业水平上，即存在着持续的充分就业，而决定资本扩张和积累的储蓄便是充分就业产出中人们不愿消费的那一部分。这样，问题就归结为，是什么因素推动充分就业的维持？仅仅在逻辑上令人满意的回答是，持续的充分就业必定是价格伸缩性（包括利率变化）的结果。比较现实的回答是，政府可以采取积极的信贷和货币政策去维持充分就业，但这样一来，储蓄率便依赖于政府需求管理政策及其形式，而不只是反映人们（个人和家庭）的消费偏好。

若要使新古典模型成立，必须以价格伸缩性存在为前提从两方面来扩展或修正该模型。第一，是修正人们总是消费其收入中一个不变的部分这一简单假定，从而假设个人和家庭试图实现跨时消费最优化。这样就引入了作为储蓄水平决定因素的财产和利率。这一修正有效地排除了在固定储蓄率下将产生出来的某些难以令人置信的可能性，如社会为它自己的长期利益而积累过度。第二，是将商品分解为消费品和资本货物，并假定二者之间有凹的生产可能性曲线。这样，任何提高增长率的企图都会遇到收益递减。因为消费品产出的减少并不能使资本货物的产出同比例地增加。

与新古典学派的观点不同，凯恩斯学派的理论认为，储蓄为投资所决定。在琼·罗宾逊的形象描述中，投资是由企业家的进取精神而不是由资本家的被动投资决策所决定的。若给定投资，只要收入没有遇到充分就业的限制，收入就会自动进行调整，产生所需的储蓄水平。如果投资超过了充分就业的储蓄，各种调整机制就会发生作用。这时，利率可能上升，从而以削减投资，刺激储蓄增加；价格的上涨可能快于工资，于是产生工资与利润的再分配，从而资本家增加储蓄；政府也可能实行紧缩，或是削减投资，或是增加储蓄；或者是通货膨胀将发展下去，从而通过通货膨胀税的形式来增加储蓄。

比较上述两种理论，新古典学派的政策建议是，储蓄决定投资，投资受到储蓄的约束，而储蓄又取决于充分就业水平下的产出，储蓄与收入成正比例。因此，一方面应注意扩大储蓄的源泉，以便增加储蓄，有效地消除或减轻投资的储蓄约束，从而加快资本形成与扩张的速度与步伐；另一方面则应注意投资的量力

而行，不能超越储蓄的可能性和能力进行过度的投资，以避免因积累过度而产生的诸多问题。这就要求正确处理好国内消费与储蓄的关系，使之有一个合理的比例。凯恩斯学派的政策主张是，关键是要提高投资的意愿和能力，解除缺乏投资刺激的限制，而不是致力于消除所谓的储蓄约束。因为，在经济发展的过程中，资本形成的最主要障碍可能并不是储蓄，而是投资意愿的缺乏和投资能力的不足。不愿投资，可能是由于文化传统的限制或仅仅是由于对所涉风险的现实估计。不能投资，可能是由于缺乏某种有利可图的资本形成所必需的生产要素的供应，即生产制度中存在某种瓶颈而不容许投资或使风险太大。如果具有投资的意愿和能力，储蓄问题总是有办法解决的，尽管它确实也可能是一个很现实的问题，但毕竟是第二位的。第一位的问题是投资的意愿和能力。

显然，对发展中国家来说，始终需要考虑投资是受到缺乏投资刺激的限制还是受到储蓄不足的约束，不能只是一味地把投资刺激视为当然的模型进行思考。因此，无论是新古典学派或是凯恩斯学派的理论及其政策主张可能都是有用的，都应当引起注意。就中国的情况而言，不但存在储蓄（即积累）不足的约束，也同时存在投资受到审批环节太多、经营税外收费多、限制进入行业规定多的体制障碍大的问题。

二、储蓄的类型与来源

无论从哪个意义上说，在一个合理的范围内最大限度地增加储蓄，扩大投资来源，对于经济发展总是有利的。一国的总储蓄，包括国内储蓄和国外储蓄（即资本的流入）两个组成部分，二者又都包括政府储蓄和私人储蓄，政府储蓄包括预算储蓄和国有企业储蓄，私人储蓄则包括非国有企业的储蓄和家庭储蓄等等。

总储蓄＝国内储蓄＋国外资本流入
＝(国内政府储蓄＋国内企业储蓄＋国内居民储蓄)
＋(国外官方资本流人＋国外私人资本流入)

如果不考虑资本流入，由上式可以看出，单就国内的储蓄而言，它主要来自三个方面，即政府储蓄、企业储蓄和家庭储蓄。其他条件不变，这三方面任何一方面储蓄的增加，都会使总储蓄供应增加。但是，上式所反映的仅仅是储蓄的来源渠道，它并不反映储蓄来源的实体。问题就在于，在上述三方面储蓄中，其中一方面储蓄的增加又有可能引起另外两方面储蓄的减少，结果总储蓄供应依然没有增加。为此，就必须研究储蓄的实质性来源问题，以便为有效地增加总储蓄供应提出切实可行的政策措施。

储蓄是人们跨时消费决策的结果，是对现期消费的一种放弃，即人们把本来可以用于现期消费的那一部分收入（其实物形态便是产品和劳务）通过一定的方式保存下来用于未来时期的消费。这里的涵义有二：一是储蓄是现期消费的一种放弃，假如人们不愿或不能放弃现期的消费，则不会有储蓄；二是储蓄是现期收入中的一部分，如果用于现期消费的收入保持某一量值不变，则收入的增加将会引起储蓄的增加，反之亦然。

由此可见，若要有效地增加储蓄，从根本上在于扩大生产，增加国民收入总量；如果国民收入一定，则可以通过以下的途径或措施来予以保证。

(1) 调整国民收入的分配结构和各经济行为主体的所得比例。国民收入经过初次分配和再分配之后形成政府、企业和个人的最终收入，分别用于储蓄（积累）和消费两个方面。由于政府、企业和个人的偏好不同，各自的储蓄意向和消费意向不同，因此，在国民收入一定的条件下，政府、企业和个人的收入分配所得比例不同，最终形成的储蓄与消费比例也会很不相同。例如，在马克思的储蓄假说中，工人的全部收入用于消费，而资本家则将其全部收入用于储蓄。这样，当工人工资在收入中所占比重增大时，储蓄就会减少；而当资本家的利润占有更大的一个份额时，储蓄便会增加。类似马克思的这种假说和分析的定性特点不但在当代以西方模式为特征的发展中国家存在，而且对于以公有制为主体的发展中国家来说也不乏其意义。

(2) 建立有效的金融体系。金融机构的重要性，在于它提供了汇集和利用储蓄的方便手段。尽管它并不能增加国民收入，从而不增加实际存在的储蓄（即由收入决定的可行储蓄），但它却可以把分散的储蓄汇集起来，并有效地用于投资，从这个意义上说，它创造了“储蓄”。在一个现代经济体系中，有效的金融体系是不可或缺的。1961 年，爱德华·内文在其出版的《不发达国家的资本资金》一书中，在对金融机构的作用进行研究后得出了这样一个结论：“不管一个国家怎样穷，也需要有这样的机构（金融机构），它使储蓄能够方便地、安全地进行投资，并保证其导向最好的用途。事实上。一个国家越穷，越需要有汇集国内广大群众和团体的储蓄，并将其用于投资的机构。这种机构不仅能让小额储蓄便于处理和投资，而且能让储蓄人个别地保持流动性而又集体地为长期投资供应资金。”

(3) 增加劳动储蓄。储蓄既包括产品和资源的储蓄，其价值形态便表现为资金的储蓄，也包括劳动的储蓄。例如，使用活劳动修建灌溉工程、进行农田基本建设、修筑道路和桥梁等等，这实际上也是一种储蓄或投资。这样一种储蓄，对于劳动力资源充裕而就业不足的发展中国家来说尤为重要，它甚至可以成为弥补资金储蓄不足，而又有效推动资本形成与扩张的一种极为重要的手段。

三、政府储蓄与税收政策

对于不少发展中国家来说，政府储蓄是一种极重要的储蓄，在国内总储蓄供应中一直占有一个较高的比重。这一点在中国尤其显著，过去中国的总储蓄供应中，政府储蓄一般要占到50%左右。这同中国的国有经济比重高有关。

政府储蓄主要是通过税收和国有企业的利润上缴来实现的。中国的公有制经济在实行“利改税”之后，政府储蓄也主要来源于各种税收，企业上缴的利润以及其他渠道的收入所占比重已大幅度下降。

直到最近，经济学家和政治决策人仍往往把公共储蓄问题归结为提高赋税收入，认为只要提高税收比率，增加赋税总量，就可以增加公共储蓄。但是，现实的生活却表明，税收的增加对于公共储蓄的贡献并不像人们所预期的那样大。进入20世纪80年代，发展经济学家开始普遍地认识到高税率未必一定就好，低税收比率未必一定不好。因为税收比率是一个很复杂的问题，它所反映的不只是收入的分割，政府取走多少、生产经营者留取多少的问题，而是机会和意识的体现或反映。关于这一个问题，有两点需要注意。首先是课税潜力，所谓课税潜力，是指国民收入中可以通过课税而用于公共目标的最大部分。显然，一国的课税潜力必然受到以下四个方面因素的影响：(1) 人均实际收入。税收只能从“收入剩余”中支付，即收入超过居民最低生活需要的部分。其他条件不变，人均实际收入水平越高，“收入剩余”越大，课税潜力越大。(2) 收入的不平等程度。如果国民收入一定，总收入中的较大份额归少数富人所得，由于大多数人的收入水平较低，因而社会所习惯的生活水平或者说所要求的生活水准也较低，从而课税潜力会相应提高。(3) 各种经济活动的重要性及其社会制度环境。一国产业发展的部门结构不同，非货币化或自然部门与货币化或市场交换部门的相对规模不同，生产经营方式及其集中的程度不同，则课税潜力也会很不相同。(4) 政府税收机关的行政能力。这又与一国的税收政策、税收人员的素质、税收机关的工作效率等诸多因素有关。税收机关的行政能力越强，课税对象逃税、避税的可能性越小、机会越少；税收政策越完善，税制的复杂程度越高，各种可能的税收越有利于征收上来，因而，其课税潜力也相对提高。

一般认为，发展中国家的人均实际收入水平不高，如果税收比率过高，势必导致“收入剩余”外的征税而难于为人们所接受，因而将产生出一系列的社会经济与政治问题，进而阻碍经济的发展。相反，较低的税收则可导致较高的储蓄、投资、劳动和革新的实际（纳税后）收益，促使这些要素的总供给扩大，从而促使总储蓄供应及总产量提高。另一方面，在课税潜力受到工业化程度低、市场交换部门不发达、政府税收行政能力不高等因素的限制条件下，过高的税收比率不但不易实现，而且往往导致一些与初衷相反的结果，从而对增长形成障碍。

其次是政府的行为偏好。虽然高税收比率在某些场合可以促进发展政策一些重要目标的实现，但在达成动员储蓄的目标上却不一定成功。因为，较高的税收能否导致较高的储蓄，关键并不在于政府收入的多少，而是取决于政府对税收增加额的边际消费倾向是否低于纳税者对用于纳税的资金的边际消费倾向。有证据表明，在一般的发展中国家，政府对税收的边际消费倾向很高，以至高税收造成总的国内储蓄不是更多，而是更少。这种现象，在经济学中被称之为“普利斯效应”。姑且不论这种效应是否普遍存在，可以肯定的是，较高的税收确实可以而且在实际上代替了企业和家庭储蓄，二者之间即使存在某种正相关关系，那么对于经济的发展来说，这种储蓄替代是否有利或者说在一个多大的范围内这种替代才有利，这的确是一个值得研究的问题。

还有个问题是税收结构问题。所谓税收结构，通常是指税收的种类及其各自的收入在税收总额中的比重。税收结构的合理与否，不但对储蓄的多少有着直接的影响，而且对经济发展也会产生明显的作用。一般认为，一个税收比率较高且税收结构较为完善的国家，同税收比率低国家相比，政府税收总量虽然较多，但也需要评价税收对经济发展的“挤出效应”。

四、家庭储蓄行为与理论

过去，无论是经济学家或是政治决策人都一直认为政府储蓄是发展中国家经济发展资金的主要来源。但是，随着经济发展和居民收入水平的提高，家庭储蓄迅速增长，家庭储蓄在国内总储蓄中所占比重及其在经济发展投资中的地位和作用迅速提高，以至于家庭储蓄已成为不容忽视的一个极重要的问题。以中国为例，1978 年至 20 世纪末，中国城乡居民个人的储蓄存款年增加额由 28 亿元增加到近 1 万亿元。2001 年中国城乡居民个人银行储蓄存款占国家信贷资金来源总计的比重已高达近 70%，而 1978 年的这一比重仅为 11.2%。

关于家庭的储蓄行为，西方经济学家主要是从家庭收入与储蓄的关系出发来对这一问题加以说明的。主要有四种理论：

（一）凯恩斯的绝对收入假设

该理论认为，家庭储蓄直接依存于现行可支配的收入，收入增加，储蓄也增加，而且其增加的速度快于收入。

（二）杜森贝里的相对收入假设

该理论认为，家庭的消费（从而也是储蓄）不仅依存于现有收入，同时也依存于过去的收入水平和消费习惯。当收入在长时期内增长时，家庭将调整其支出，从而使消费达到一个较高的水平；但在短期内，如果收入暂时下降（或上升）时，消费者将不会减少（或立即提高）其消费量。因此，从长期看，消费（从而储蓄）与收入之间的比例关系将会保持固定不变。

（三）弗里德曼的永久收入假设

该理论认为，家庭收入可分为两个组成部分：永久收入和暂时收入，永久收入是家庭可以支配的财富收益，包括物质财富和人力资本财富。个人将依据其一生的收入（即永久收入）的大小使其消费与之相适应。因此，消费与永久收入的比例在长时期内是固定不变的，并接近1∶1的关系。能够成为储蓄来源的是暂时收入，即非预期的、不再发生的收入，如从资产价值变化、相对价格变化、彩票中奖及其非预见暴利所形成的收入。这种收入可以全部用于储蓄。

（四）卡尔多的阶级储蓄假设

该理论认为，个人的消费（从而储蓄）习惯因其所属的经济阶级不同而大不相同。工人收入是劳动所得，储蓄率较低，资本家是财产收入，储蓄率较高。

以上四种关于家庭储蓄行为的假设或理论，都是从收入与储蓄的关系角度来分析和解释家庭储蓄行为问题的，它们虽各有其缺陷和特点，但都能够从不同侧面解释所有发展中国家的家庭储蓄与其收入的某种依存关系，因而都不乏其意义。它们的共同缺陷是：都只是考虑了收入一种因素。事实上收入并不是家庭储蓄行为的惟一决定因素，除此以外还有其他因素的影响，如利息率的变化、人口的年龄结构、地理位置、民族文化传统与社会心理结构等等。

关于家庭储蓄在经济发展过程中的作用问题，对于一般的发展中国家来说，无疑是积极的。家庭储蓄的增加，扩大了投资的资金来源，从而为社会扩大再生产的顺利进行创造了必要的条件。另外，当收入分配的消费与积累比例关系同物质生产部门的实物产品结构发生某种偏离时，通过家庭的储蓄行为也可以在一定程度上消除或缓和这种偏离，使实际的收入消费与积累比例同物质生产结构相吻合，从而为经济的正常运行奠定必要的前提条件。

第四节　资本形成与投资

最终的资本形成要从储蓄经过投资阶段。这一节主要分析资本形成与投资的关系。

一、储蓄转化为投资的融资渠道

国民收入的储蓄部分转化为投资需求，也即国民经济成长投资的源泉和渠道有四个：一是国民收入中由财政分配的部分，通过财政安排支出项目，即国家分配的国民收入的储蓄部分变成投资需求，称之为财政直接分配和融资渠道。二是城乡居民、企业和财政将一部分国民收入存放在金融体系之中，金融体系将其贷款给项目投资者和运营企业，变成企业的需求，称之为银行间接融资渠道。三是城乡居民和其他投资机构将国民收入的一部分购买股票，企业到资本市场上上市，融进资金，将国民收入储蓄的一部分通过资本市场转化为企业的投资需求，称之为资本市场直接融资渠道。四是城乡居民个人直接投资办企业，或者直接内部入股给企业，将收入中储蓄部分转化为这些企业的投资需求，称之为居民直接投资企业融资来源和渠道。如图 4—1 所示。

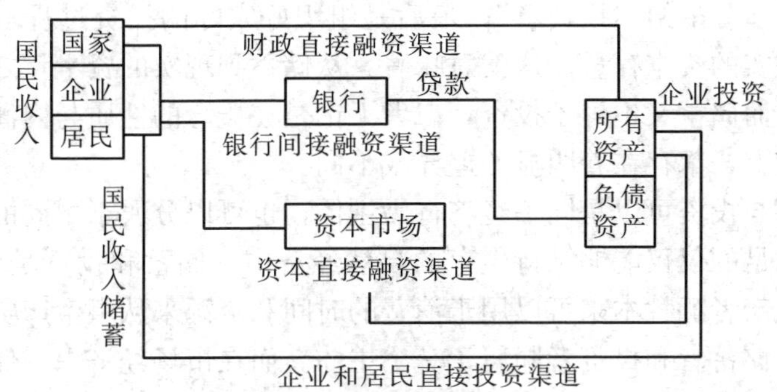

图 4—1　储蓄转化为投资的渠道

中国 1998 年和 1999 年出现的投资需求不足，一个很重要的原因就是，银行间接融资将储蓄转化为企业投资需求的渠道相对缩小，而资本市场将储蓄转化为投资的渠道不能相应拓宽，使得储蓄不能顺利地转为投资需求，导致了投资总需求的萎缩。从治理的办法看，财政政策实际是扩大第一种融资渠道储蓄转化为需求的流出量，但是受到借款规模、还款能力和财政国民收入分配比例的限制。也不能再单纯和主要用第二种银行间接融资渠道来提高负债高风险的投资，将国民收入的储蓄部分转化为投资需求。用第三种渠道，即资本市场扩张来转化储蓄为投资需求，从 1999 年下半年开始见效。但是，如果将希望过多地寄托于资本市场储蓄转化为投资需求的功能，因中国目前的上市企业程序、信息真实性、企业内部机制等方面的问题，资本市场也会积累泡沫，并且，也不可能将所有的企业都拿到资本市场上去上市。

因此，需要指出的是，除了实行积极的财政政策、扩大银行信贷、发展资本市场外，要重视储蓄转化为投资需求的第四种来源和渠道，即放宽限制、出台政策，积极鼓励城乡居民直接投资办中小企业，将其收入的储蓄部分直接转化为投资需求。让城乡居民投资，促进中小企业发展，是利国利民、解决国民经济和社会诸多难题的一个最重要的战略性措施。

二、投资的含义

（一）储蓄与投资的关系

资本形成过程至少应包含这样三个必经阶段或步骤，即“开辟储蓄——将分散的储蓄汇集到一起——将储蓄用于实际的投资过程”。由此可见，首先是要解决储蓄的来源问题，设法增加和扩大储蓄的可能性，以便增加资本积累的资金来源；其次是要将分散的储蓄有效地汇集起来，并通过一定的方式如财政分配或信用贷款等将资金分配给“投资者”；最后是组织好实际的投资过程，以便使潜在的资源变成现实的资本存量。这就意味着，从储蓄到现实的资本量之间必须经过投资的转化，而储蓄又不等于投资，二者无论是在概念的性质与内涵上或是在范畴的量的规定上，都存在着明显的差异或不同。

（1）储蓄与投资可以是同一经济行为主体，也可以分属于不同的主体。一般认为在自给自足的仅仅能够维持生存的自然经济中，储蓄和投资是同时进行的，其表现就是生产者牺牲本来可以用于消费的时间和资源来从事生产资料的开发与生产，此时，储蓄者和投资者同属于一个主体。而在市场经济中，储蓄和投资更多的则是由不同的行为主体来分别进行的，特别是在高度发达的商品经济条件下，更是如此。

（2）由于储蓄与投资分属于不同的行为主体，其结果就有可能导致储蓄量与投资额的不相吻合。或者是储蓄的资源量大于实际的投资量，从而形成储蓄的过剩；或者是投资的需求超过储蓄供应的可能，结果是储蓄不足。在实际生活中，这两种情形都有可能发生，而储蓄与投资恰好相等的情形则可以认为是一种例外。

（3）在现代市场经济条件下，储蓄和投资的直接经济目的及其在经济生活中的作用也各不相同。储蓄的直接目的或者是为满足财富收入的积累的心理追求，或者是为平衡今天和明天的消费及应付未来可能出现的某种不测，或者是为获取利息收入。而投资的直接目的则在于通过生产规模的扩大来获取更多更大量的产品剩余或利润。就储蓄与投资对经济运行的影响与作用而言，储蓄只是国民经济中的一种潜在的需求，而投资则是一种现实的需求，如果储蓄＝投资，那么消费的供求关系平衡时，国民经济的总供给便会与其总需求平衡。如果储蓄＞投资，则国民经济的总需求将会小于总供给，这意味着有一部分供给即产品价值无法实现而真正“储蓄”起来了；反之，若储蓄<投资，则总供给便会小于总需求，这时就有可能产生通货膨胀现象。

（4）由储蓄转化成投资是有条件的，即必须以一定的条件为前提。条件具备，这种转化便会是顺利的。若是条件不具备，则储蓄就不会转化为投资。这些条件主要包括：投资者的投资意愿和投资能力，即社会有足够的投资刺激；社会有汇集和分配可投资金的有效手段，包括健全的货币金融机构、发达的资金货币及各种债券、股票市场等等；有与储蓄资金（货币）相适应的物质资料与劳务储备，如各种投资品、建筑材料、建筑工人及专业人才等等。

（二）投资的含义

投资，作为经济学中的一个专门的术语，通常是指当前产出中用于增加和替换现存固定资产的那一部分最终产品；或者说是相对于固定资产存量变量的流量变量，或者也可以说是两种固定资产——即实际拥有的和想要拥有的固定资产量之间的差额。此外，还可以把投资理解为是一种增加现存固定资产的活动过程。投资定义上的上述差别，反映出对投资问题的不同的经济学分析方法与思想或分析问题的出发点与目的。

投资与生产投入是既相联系又相区别的两个不同的经济学范畴。后者不仅包括投资，而且包含流动资金（原材料费用、工资等）的使用。

投资可以从不同的角度进行分类。从投资的作用性质看，可区分为总投资和净投资两大类。所谓总投资是指一定时间内所进行的全部投资，它减去同期折旧后的剩余部分，就表现为净投资。一个国家或地区或经济单位在一定时期内如果总投资恰好与其折旧相等，那么它的生产能力将维持不变；如果总投资小于折旧，则其生产能力就会下降；只有当总投资大于折旧时，其再生产规模才能得以扩大，可见，净投资的多少对经济的增长与发展是具有十分重要意义的。

在中国，净投资通常称之为基本建设投资，指国民经济各部门新建、扩建、改建和恢复工程及其设备购置费用的全部支出，它是扩大再生产的基础或源泉。而重置投资则称之为更新改造投资，是指对原有固定资产进行整体更新、技术改进时的全部费用支出，它主要用以补偿机器设备等固定资产的磨损，以维持原有资产的规模和生产能力不至于因使用而下降。

三、投资的分类

投资按投资主体划分，可区分为以下三种基本类型。

（一）国家的投资

由国家从其收入中安排的投资。按照中国现行管理体制，它包括两个基本部分：一是中央政府的投资，纳入国家预算，由中央财政直接投资；二是地方政府的投资，由地方财政从其收入中进行安排，不纳入国家预算收支计划。

（二）企业的投资

由企业从发行股票、发行债券、生产积累、其他企业入股等中安排的投资，或由企业通过其他途径如集资、贷款等形式安排的投资。

（三）个人的投资

它有两种基本形式：一是居民个人为从事生产经营活动而直接进行的投资；二是通过银行的储蓄活动而进行的间接投资。

此外，根据投资项目的用途，还可以将全部投资区分为生产性投资和非生产性投资两大类。前者在中国通常是指用于物质生产和直接为物质生产服务的建设投资，包括工业、建筑业、地质勘探、农业、运输邮电、商业的建设投资。后者是指用于满足人民物质和文化生活需要的建设投资，包括科研、文化、教育、卫生、城市公用事业和行政管理机关的建设投资。

四、投资项目效益评价

一般说来，经济增长的快慢是由投资的水平及其增长速度来决定的。这一点从哈罗德—多玛模型中可以清楚地看到。但是，实际情况是在投资水平大致相同的情况下，经济增长速度往往相差甚远。这就涉及一个投资的效益问题。从某种意义上说，投资效益是一个比投资水平更为重要的概念与问题。投资规模是否适当，投资的方向与结构是否合理，最终都会反映到投资效益上并由投资效益的大小来确定和判断其选择的正确与否。

所谓投资效益，是指单位投资所能够带来的经济产出的多少或大小，通常用投资效益系数进行衡量，投资效益系数记作：

$$\text{投资效益系数}=\frac{\text{经济增长率}}{\text{投资占总产出的比率}}$$

这是一种既简单又明了的衡量方法。只要知道经济增长率和投资率即可很方便地得到投资效益系数，进而确定出投资效益的大小。但是，用这种方法衡量的投资效益往往不很精确。较好的衡量指标是“资本/产出率”，即资本/产出系数。这样，问题就归结为如何确定资本/产出率的问题。

国民经济的任何投资最后都要体现在具体的项目上。因此，提高投资效益关键又在于正确地选择投资项目，保证项目建设的高效益。这就涉及项目选择的经济论证、分析与评价问题。投资项目的经济论证与评价必须从微观和宏观两方面进行，以宏观经济分析为主导。

（一）项目的微观经济评价

项目的微观经济评价，从企业或项目本身角度论证项目建成投产后的经济效益状况及项目投资的可行程度。项目微观经济评价的主要内容和方法是。

1. 现金流量分析

一个投资项目从投资建设到建成投产，直至该项目报废停产之前必然发生一系列的现金（即货币）收支运动，表现为现金的不断流出与流入。这种现金收支运动与过程，就叫做现金流量；现金流入与现金流出量之间的差额，便叫做净现金流量。净现金流量在项目投资期间既可以是正值，也可以是负值或零。其变化的一般趋势即“时间分布”是：较小的负净现金流量进一步增加，达到最大负净现金流量后开始下降→出现正净现金流量，并由小逐渐加大而趋于某一相对稳定的净流量值→项目终了，由于设备残值，正净现金流量突然增大达到其峰值。

项目现金流量分析，往往是其他经济分析的基础，同时通过这种分析可以较精确地测定项目投资的资金需求与供给的对比关系，为计划的及早安排及项目的可行性论证提供必要的依据。

2. 净现值（NPV）分析

净现值是项目生命周期的净现金流量按规定的折现率折合到项目开始时点上的价值量。将项目生命周期内的各年所发生的现金流入量减去现金流出量后的净现值汇总相加，得到该项目的总净现值。如果 NPV＞0，表明项目收支相抵还有利润；如果 NPV＜0，则表明项目收入不足以支付成本支出。NPV 越大，项目的效益越好。

3. 内部收益率（IRR）分析

内部收益率是指当 NPV＝0 时的折现率，通常用 IRR 来表示。当 IRR 大于贷款利率时，表明该项目承担其贷款利率的支出将不至于发生亏损；如果 IRR 小于贷款利率，则表明项目收入在支付其贷款利率后将出现亏损。

4.“收益—成本比率（BCR）”分析

将项目周期内的净收益现金流量与成本流量相比。当 NPV＝0 时，BCR＝1。因此，BCR 应大于 1。这种分析方法可以弥补 IRR 和 NPV 方法的某些不足。例如，如果项目在最初的投资以后现金流量在任何时候都是一个负数，则一项现金流量的 IRR 就可能不止一个，而是有多个。BCR 的缺点是，当确定何种现金流量应列入分母，何种应列入分子时，有时须做出武断的决定，这就不免要影响它的准确价值，而 NPV 和 IRR 则无此弊端。

5. 敏感性分析

即测定和分析项目投资期间及建成投产后的某几个或一个重要影响因素发生

变化后对项目收益情况可能发生的影响的性质、水平与程度。敏感性分析的目的在于指明各种不利因素的危害程度与水平，从而为项目审查提供可能容许的风险程度的依据，同时也为趋利避害的及早计划安排提供依据。

（二）项目的宏观经济评价

项目的宏观经济评价即国民经济或地域经济（当把地域经济视为一个独立的系统整体时）评价。它从国民经济或地域经济全局的角度，分析投资项目对未来宏观经济发展与运行可能产生的影响，进而评价和确定该投资项目的必要性和可能性。项目宏观经济评价的主要内容和方法是：

1. “资源流量”及其机会成本分析

一个国家或地区若要从某项投资中获取最大可能的收入（或消费）时，它所面临的问题同企业大体上是一样的。惟一的不同仅仅在于：国家或地区感兴趣的是“资源流量”及其机会成本，而不只是现金流量。一个项目对货物或劳务的使用，必然排斥和否定其他项目对这一部分资源的使用，而这些资源在用于其他项目时也可能提供一定量的净收益或净利得。这种相对于该项目的其他项目的净收益或净利得，就是该项目的机会成本。从宏观角度评价投资项目的成本，必须用机会成本来进行衡量。其基本的原理是，积累和资源应当用于能够在未来提供最大收入（或消费）的投资项目，从而保证资源的最有效配置与利用，使整个经济得以最大化发展。

2. 项目的相关效应分析，即连锁效应分析

任何一个项目，它的投资和建成，都必然对其他项目产生某种程度、某种性质与水平的影响，都有可能带动其他项目的建设与发展。这就是项目连锁效应问题。一个项目的连锁效应越大，它对宏观经济发展所产生的影响越大、越重要，这就意味着应当优先选择连锁效应大的项目进行投资。

除了以上分析外，还进行项目的国民收入增长效应分析。主要分析项目生命周期内对国民收入净增值总额及其内部收益率变化的影响。

思考题

1. 试述“贫困的恶性循环”。
2. 资本在推动经济发展时的作用表现在哪些方面？
3. 总储蓄包含哪些内容？
4. 储蓄转化为投资的渠道主要有哪几条？

第五章

资源、生态、环境与经济发展

自然资源及生态环境是人们赖以生存和发展的最重要的条件，在经济社会的发展中，人们一方面在利用自然资源及生态环境，另一方面也在消耗有限的资源和生态环境。关于自然资源的永续利用，生态环境的保护，已成为全球性的问题。

第一节　可持续发展的有关概念和含义

可持续发展，是指当代人不以消耗甚至破坏下一代人赖以生存和发展的资源、生态和环境为代价而谋求发展，保持生物的多样性，使资源可以得到永续利用，生态和环境适于人类居住、生活和工作。

一、可持续发展

不可持续发展的表现为：人口增长过快，土地、草原、森林、水和矿产等资源的承载力与人口的需要之间发生矛盾，土地沙化严重；资源遭受破坏性利用，特别是一些不可再生资源枯竭；生态失去生物的多样性，生态链遭到破坏，水土流失严重；环境污染严重，水中有毒物质增加，空气中粉尘和有害气体增多，城市和乡村日益增多的有害垃圾没有得到处理，工业、交通和生态噪音不断，臭氧层漏洞扩大，海洋受污染，等等。可持续发展理念就是反思发展所带来的这些问题而提出的。大多数发展经济学家认为，可持续性意味着维持乃至增加人类福利的自然资源基础。换言之，各类自然资源在发展过程中不发生储量下降和其他类型的损失，这才是可持续性。

经济定义不回避某些可耗（非再生）资源终有一天会被用完的可能，也不主张将可更新资源储备起来。可持续性简单的经济定义是，把自然资源基础保持在某一水平，使未来时代至少能获得与当代同样的产出。这就要求再生性资源的更新能力不至于下降，非再生性资源或其储量能够稳定，或能得到其他资源的有效替代。此外，还要求净化污染的能力与污染排放之间达成平衡。乐观的经济学家认为，知识的进展，人力资本的增长，产业和生活的技术进步会创造新的资源，会解决污染问题。

二、资源

资源是由人发现的有用途和有价值的物质。自然状态的或未加工过的资源可被输入生产过程，变成有价值的物质，或者也可以直接进入消费过程给人们以舒适而产生价值。这样，解释什么不是资源可能会更容易一些。首先，没有被发现或发现了但不知其用途的物质不是资源，因而也没有价值。同样，虽然有用，但与需求相比因数量太大而没有价值的物质也不是资源。“资源”是一个动态概念，信息、技术和相对稀缺性的变化都能把以前没有价值的物质变成宝贵的资源。其次，人类在一个把资源、资本、技术和劳动结合起来的过程中生产出来的物质，虽然其中总是含有资源的成分，但是也不能称之为自然资源。

资源有量、质、时间和空间等多种特性。就空气来说，在绝大多数地方，与需求相比，它的数量极大，它就成为一种任意取用的物品，而不是一种资源。但是，当有些地方的空气质量遭到某种程度的破坏时，那么高质量的空气就有了价值，也就是说，个人或者社会情愿出钱购买高质量的空气时，空气就成为一种资源。

某些资源，例如矿藏，是以一定的储量蕴藏在一些特定的地点，我们称之为储备资源或可耗尽资源（或者不可再生资源），因为它是越用越少，并且最终会耗尽的。人们通常用体积或重量来衡量储备资源的数量，用化学成分来衡量储备资源的质量（例如矿石的品位和煤炭的成分）。但也有不少资源的质量是抽象的，例如风景区。质与量这两个概念的区别在于：量通常只有两三种衡量尺度（如体积等），但质则可有多种衡量尺度，这些不同的属性影响着资源的使用价值：如化学成分、物理结构、美学属性等。同一种资源，不同的用途有不同的质，对质的抽象方面（如美学方面）更是因人而异。

另一类资源称为流动资源，如太阳辐射。它在单位时间里以恒定的数量辐射到地球的大气层中，人类无法控制太阳辐射射入大气层的速率和质量。对流动资源的利用，必须是即时的，当时未加有效地利用、收集或储存这种资源，过后就再也得不到了。

三、生态

在大至整个地球生物圈，小至一个小水塘，甚至更小的给定空间，所有生活在这一空间的生物被称之为该空间的生物群落。空间的非生命部分，包括空间本身、空间的各种物理特征和非生命物质，被定义为该空间的无机环境。不言而喻，生物群落无法脱离它的无机环境而存在，它依赖环境，也改造环境。所谓生态系统，就是一定的空间内，生物和非生物成分通过物质循环和能量流动而形成的生态学功能单位。

构成生态系统的各种理化和生物成分数不胜数，描述其结构时最简单的分类方法仍是分为非生命成分和生物群落两大类。在非生命成分中，最基本的是阳光和各种非生命物质；在生态系统中，阳光是系统的能量来源，非生命物质是系统的物质基础，两者都是不可缺少的。

普通的生态系统都包括阳光、非生命物质、生产者、消费者和还原者。但由于生态系统的定义是操作性的，在一些特殊的情况下，上述五种成分缺乏某一种两种的系统是存在的。一般而言，一个生态系统如果在完全封闭的条件下也能正常运行，这样的系统被称之为完整的生态系统，否则就是不完整的。

人类生态系统，指人类出于自身的经济利益，对自然生态系统进行改造和调控而形成的生态系统。如人工草场、人工林、鱼塘和农田是典型的人类生态系统，城市、工业区和村落等更是人工化的人类生态系统。

四、环境

环境是人们赖以生存和发展的空间和时间。环境承载能力概念派生于牧场的家畜承载能力或合理载畜量，指的是一定的草地系统能够稳定支持的畜群规模大小。尽管没有严格定义，但承载能力允许范围内的畜群规模显然具有可长期维持的特点，即这样的牧业压力不至于损害牧草的再生能力。将这一概念引进环境对人口的承载能力也应有同样的限定，一些学者对环境承载能力的定义都强调“可长期维持性”，同意将“在不损害环境的条件下，地球可长期支持的人口规模”作为环境承载能力的定义。

环境往往会受到人类生态系统的破坏。在人类生态系统主要由生物能流维持和推动的情况下，物质主要沿食物链流动，因而，只有在人口很密集的条件下，才会产生局限性污染。然而，当人类生态系统越来越依赖非生物能流推动时，由于物质循环不能做到像生物能流那么完全“废物”的排放，当这种排放超出了环境自净能力后出现的污染也就难以避免。

第二节　可持续发展的经济分析

过去，人们谈到可持续发展时，更多地从资源、生态和环境本身考虑问题，而没有从经济学的角度分析人口、资源、生态和环境的关系，这使分析问题和制定政策有着严重的片面性。在经济内在的变动机理上，必须从生育和抚养的成本和机会成本、人口空间集中还是分散、外部性和产权、资源价格、生产和生活方式等经济学角度讨论问题，才能得出正确的结论并制定合适的政策。

一、家庭预算与生养成本和人口增长

从经济学角度看，人口的生育和抚养，有它的成本和收益。在传统社会阶段和传统生活方式下，妇女生育孩子的成本和机会成本都较低，家庭抚养孩子的成本也较低，而孩子较早地投入经济活动，能给家庭带来收益。加之传统农业社会中，孩子因饥饿、营养不良、疾病、战争等，死亡率较高，不容易存活，孩子稀缺，因此，孩子成了收益较高的资源。从而导致了高生育率。但是，到了工业社会，特别是市场经济发达的社会，人口的生育和抚养在微观上受到家庭预算的制约，即家庭支付能力、生育的成本和机会成本、抚养孩子的成本等的约束。

生育和抚养孩子的成本包括：(1) 生育孩子的机会成本。由于生育孩子，妇女可能丧失受教育的机会，如停止学习进修；暂时丧失工作，如在生育期休假；或者永久丧失自己满意的工作，如自己的工作岗位由别人顶替，不能返回等等。(2) 生育孩子所付出的劳动。母亲怀孕到养育孩子成人的时间费用。(3) 其他成本。家庭其他成员为抚养孩子所费的时间。(4) 养护孩子费用。雇用保姆、上托儿所和幼儿园所支付的费用。(5) 生活费用。孩子从出生到 18 岁抚养过程中的吃、穿、用、住、交通等费用。(6) 教育成本。主要指将孩子培养成受到所期望教育所支付的费用。(7) 医疗成本。从出生到 18 岁所支付的医疗和保健费用。

生育和抚养的家庭预算约束为：家庭总收入支付成人消费部分和财产储蓄后，根据社会每一个孩子平均生育和抚养成本，剩余部分所能够支付的生育和抚

养数量。从社会总体来看，一般生育和抚养数量不能大于所余的家庭支付能力。生活水平越高，闲暇的机会成本越高，生育和抚养孩子的成本和机会成本就越高，生育数量就越受到家庭预算的约束。

一些发达国家的人口增长率从正增长转变到负增长，与其家庭人口生育成本和机会成本的上升有着很强的相关关系。从我国孩子的生育抚养和教育成本和机会成本看，目前在城市中将一子女培养到大学毕业，其成本高达 10 万元左右。因此，在城市中，即使国家不强制实行计划生育，或者放开让居民生育，绝大多数家庭预算收入有限也将会约束子女的生育数量。

而在我国农村，生产的自给部分比例还很大，生活方式没有较大的改变，妇女生育抚养孩子的成本和机会成本很低，孩子在 7 岁左右开始因能放牧、打柴和干家务活而收益较高。因而，即使国家强制实行计划生育措施，仍不容易控制多生和超生。

因此，人口自我控制的自动机制是生育、抚养和教育的成本和机会成本。人口生育数量受到家庭预算线的约束，而人口从传统社会到现代社会的转变，人口从乡村到城市的迁移，人口生活方式的城市化，将是人口从偏好生育向自动控制生育转变的动态过程。从一个国家的人口控制来看，也有一个从强制控制向自动控制转变的过程。

二、从经济角度看地理上集中和分散对环境和生态的影响

许多学者将生态环境的破坏归罪于人类的城市化过程。这是一种错误的看法。

在人口较少时，人口在地理上的分散居住、生产和生活，其形成的污染可由广阔的自然环境所稀释，可以通过自净过程来达到人类与生态和环境的协调。但是，人口在地理上的分散居住带来的一个前述的问题是：由于生育、抚养和教育成本和机会成本在家庭预算中的比例很小，而孩子的收益又较高，导致人口过快增长，进而又导致分散居住的人口生产和生活对资源、生态和环境的破坏，而且治理的成本较高。

人口增长过多和土地不能扩张，使人口与耕地的比例失调，导致对坡地、林地、草地的过度利用和开垦。中国云南、贵州、陕北、山西、宁夏、青海、四川、重庆等地都存在这种人口与土地的矛盾，使过去的几十年中，大量的不宜种植的坡地、林地和草地被开垦为耕地，造成严重的水土流失和生态破坏。而且人口增长，在牧业区，牧畜的放牧量也增加，使草原的承载能力与人口生存和发展需要的牲畜量之间发生矛盾，超载放牧，使草原退化和沙化。

居民分散居住和生产获得能源方式的成本比较使树木和草等植被遭到严重破坏。人类生活和生产的一个重要组成部分就是如何获得能源。当人口分散居住时，使用煤、油等工业性能源的成本较高，而使用柴草等能源的成本较低。一个农户，其烧饭、取暖甚至农业生产用的柴草，可以通过上山耕作回家、孩子放学等时间里由自己或者孩子就近采集；而如果要购买煤等能源，则要支付现金、耗费到城里的时间，这样由烧煤换来的闲暇对于农户来说，其机会成本太昂贵。这就是人口分散居住，在人口大量增长，其植被不能由再生能力恢复人类掠取能源的消耗时，生态和环境遭到破坏的经济原因。而当人口集中城市后，采集柴草的成本和机会成本大大上升，获得现金收入的机会增加，对煤等能源的需求能力增强，对工业能源的用量增加，而对柴草等生态能源的消耗减少。西方国家人口向城市集中后，其生态的恢复和改善，一个重要的经济机制就是两种能源使用成本对于家庭比较的变化。

乡村分散工业化，外部不经济和治理成本上升，也是加速生态环境破坏的重要原因。20世纪80年代初时，一些西方学者认为，中国经济发展不要再走西方国家经济发展的老路，即先城市化，要乡村工业化和城市化。国内一些学者也提出，应乡村工业化，离土不离乡。这种工业化和城市化方式，虽然在一个阶段上对推动中国经济的发展和利用剩余劳动力起了非常巨大的作用，但是其后果也是十分严重的。如土地被极为分散地利用，土地的工业产出率比城市工业的土地产出率低近百倍，工业和居住用土地资源浪费严重；水、环境、空气被严重污染，由于分散污染，建设垃圾和污水处理设施极不经济，使这种分散的污染的治理在经济上不可行和不可操作。

由此，我们可以得出如下结论：空间上分散的人口居住、生活和生产形式，将会给生态环境造成巨大的压力和破坏，而人口在地理上的集中方式，才是减轻和改善生态环境的一种最好形式。

三、产权与生态和环境的保护

我们从经济学的深入研究看产权在环境保护上的重要性。

（一）公地的悲剧

“公地的悲剧”这一概念来自哈丁所著的同名论文。他的描述性模型是一个对所有牧民开放的牧场。在这个草地生态系统中，草场是公有的，畜群则是私有的。当每个牧民都力求使个人的眼前利益最大化时，便发生了公地的悲剧。

站在个人利益的立场上，个人的利益要求使其尽可能地增加自己的牲畜头数。每增加一头牲畜，他获得由此带来的增加收入。另一方面，当草场的畜群承载能力难以长期维持更多牲畜时，再增加一头牲畜会给草场带来某种损害。但是，这一损害是全体牧人分担的。于是，作为理性的人在眼前利益的驱使下，每个人都去努力增加自己的牲畜，最终导致牧场越来越退化，直至毁灭。

将这一范例推广开，不论是私有制，还是公有制，公共资源的自由享用会促使人们尽可能地将公共资源转变为私有财富，从而最终使全体成员的长远利益遭到损害或毁灭。

（二）经济的外部性

经济的外部性这一概念是剑桥大学的马歇尔和庇古在20世纪初提出的。经济活动的外部性是相对于市场系统而言的，指的是那些被排除在市场作用机制之外的经济活动的副产品或副作用，更确切也更狭义地说，是未被反映在产品价格上的那部分经济活动的副产品或副作用。这些副产品或副作用可能是有益的。比如，在相邻的两块干旱的土地，农户A花钱引水灌溉，由此引起农户B机井水位的提高，就是一件外部经济性的实例。再如，一个大公司在闹市区建起一栋非常美丽的办公楼，从而增加了该市的美丽，则是一种来自外部经济性的服务。

另一方面，经济活动的副产品或副作用也可能是有害的，即外部的不经济性。最典型的莫过于自由排放条件下的污染。假定某个工厂排放的废气对社会是有害的，同时这种排放是免费的，由于安装净化设备会增加其产品的成本。因此，追求效益最大化的企业几乎必然地选择免费排放的道路。在市场经济的条件下，即使个别企业家“良心发现”或甚至还是个环境保护主义者，只要他找不到在不增加产品成本的前提下减轻污染的道路，激烈的市场竞争还是会迫使他走与其他企业同样的免费污染道路。在这种所有企业都免费排放的极端情形下，并假定环境对由此造成的污染的自净能力已被超出，社会对此只能有两种选择。一是听任环境质量恶化，二是拿出钱来替企业治理污染。后一种选择的性质是明显的，这意味着企业将治理污染的那部分成本转嫁到全社会，所以，由外部的不经济性造成的外部成本又被称之为社会成本。

庇古理论对环境经济学有极为重大的影响。他主张的对外部性的征税被称之为“庇古主义税”。但其有两个重大缺陷：首先是操作上的，准确的庇古主义税几乎不具有可操作性。其次是理论上的，它并不能说明外部性是怎样产生和发展的，在什么情况下外部不经济性会泛滥。

（三）外部性起源与产权

根据“科斯定理”，可以把外部性的起源与所有制关系联系起来。科斯定理的内容是“只要交易成本为零，财产的法定所有权的分配不影响经济运行的效率，但事实上交易费用不可能等于零。因此，法律明确界定包括使用权在内的产权就十分必要了”。定理的实际含义是，只要产权是明确的，以工厂的空气污染为例，无论是工厂拥有污染权还是居民拥有不被污染权，有关各方总能通过市场机制找出最有效的解决方法（当然，必须尽可能降低交易费用）。将产权与外部性相联系，对于理解外部性起源是一个突破，此后的西方经济学界，研究外部性的许多学者倾向认为“公共财富”的存在是产生外部成本的根本原因。这一理论有一必须注意到的前提，即他们毫无疑问地相信，一切有用的资源如果产权明晰，就会得到合理的利用和保护。反之，只要存在公共资源，人们就会努力通过使用乃至滥用公共资源来获益。

中国的“公地问题”十分突出，主要表现在海洋资源衰退、乱砍滥伐森林、乱挖乱采矿藏、小造纸等污染严重等方面。解决这个问题的思路是：划清资源的归属，一些山林要界定造林人长期的使用财产权，界定排放标准和排放权，对排放量实行许可制度，并收取费用。

四、抑制资源浪费的价格机制

土地、森林、水等这些资源有没有价值和价格？西方经济学认为只要稀缺和有用，就有价值和价格。很长一个时期，中国经济学界认为自然资源没有价值。在这种理论支配下，城市土地无偿使用，森林木材价格很低，水资源也近乎无偿使用，耕地、森林和水资源浪费性使用，并且破坏严重。

西方经济学认为，环境是可以被用作多种目的的，一旦某种环境因子被使用的边际成本大于零，即意味着该因子已具有稀缺性。稀缺性导致竞争性使用，产生以价格杠杆调节供求关系之必需，于是产生了价值。

传统的看法认为，诸如空气和水这样的免费物品是没有价格的。而且，在环境物品相对于人们的使用属不可耗竭时，没有价格也是真实的。因为在此种情形下，人们使用这种资源的边际社会成本为零。但是，当这种物品的稀缺性显现出来之后，环境物品对人类福利的正面贡献如果仍不反映在价格机制之中，就意味着在一个市场经济的竞争系统中会出现对环境物品的滥用。这就产生外部不经济性了。而且，由于对环境的滥用会降低生产者的成本，企业会朝着变本加厉地滥用环境的方向倾斜。

因此，对环境物品的定价是必需的。资源有价地在市场中运动，如果假定各种外部成本皆成功地内部化了，由此导致的直接结果是，物品和服务价格的显著上升，而且价格体系的结构会发生重大变化，资源密集型产品或重污染产品的价格大幅上升，不那么依赖资源的产品价格则相对稳定。但随着市场机制的调节，情况还会朝两个方向变化。

首先，成本上升的竞争压力会迫使生产厂商更为注意采用先进的生产技术和管理来降低能耗和物耗。这一过程可实质地抵消一部分上升的价格。但是，向另一方向的变化是更为实质的。当资源密集型产品价格高到人们无法维持传统的消费结构时，公众在物价压力下将不得不调整自己的消费结构，生活方式从能量密集型转向能量效益型，最终形成与可持续发展相适应的生活方式。

以上两种变化是外部成本内部化和资源有价策略所期望的。对于环境保护和持续发展来说没有生活方式的根本性转变是不可设想的。虽然社会应重视有关的宣传和知识普及，但相比之下，市场通过价格调节给予消费者的正确信息对改变消费行为最具根本性。应该承认，一个有利于持续发展的价格体系对一种有利于持续发展的生活方式的建立是必需的。

五、发展和消费方式与资源、生态和环境的协调

经济发展过程中解决社会与生态协调问题，其关键是要处理好经济发展与生态之间的内在联系。只讲求宏观经济发展和微观经济效益，忽视生态资源条件和生态效益是不对的；但只看到经济发展造成的生态环境破坏现象，不剖析其产生的内因，简单地以放慢或限制经济发展去谋求生态环境效益也是不可取的。在探讨经济与生态的协调发展问题时，必须从经济发展方式、消费方式、空间方式和资源分配等方面分析经济与生态的内在关系。

（一）经济发展方式与生态的内在关系

一个国家的经济发展规模和速度不决定于人们的主观愿望，而决定于人们的经济活动与自然资源的开发利用所采取的方式。经济增长方式、经济增长的要素投入方式、经济发展的结构方式等都与生态有着密切的内在关系。

以产值、数量和速度为导向，用物质资源投入推动的、以经济结构失衡为特征的经济增长方式，必然导致经济效益差和生态环境恶化的双重恶果。许多发展中地区和国家，只注重生产的数量，忽视其成果的质量和效用；只重视经济增长的速度，忽视经济增长的效益。这种以生产总值、数量和速度为目标导向的生产发展方式，其特征就是依靠大规模的资金投入，大规模消耗资源（包括矿石、煤炭、钢材、水泥、木材等），大规模建设新工厂、上新项目。这种发展方式给生态环境带来的后果是资源的深层综合和循环利用程度低，导致资源的浪费和枯竭。资源的浪费使用一方面使经济效益低下，另一方面使生态失衡，环境污染。显然这种由产值、数量和速度导向型的经济发展方式造成的生态恶果是无法仅仅用增加环保投资和加强生态环境法制所能根治的。如果不改变经济发展方式，生态环境的治理只能是治表，而且会带来生产部门和环境监督部门之间的摩擦，最

后因财力不支和法不责众而放松生态环境的保护和治理，使生态环境更加恶化。

要解决经济发展中遇到的上述一系列问题，必须从根本上改变产值、数量和速度目标导向，并由物质资源投入推动的、经济结构失衡的经济发展方式，转变为效用质量和效益导向的由技术、资源和劳动合理组合推动的经济结构优化的经济发展方式，以谋求经济与生态协调发展。

（二）消费方式与生态的内在关系

消费方式通常是指人们在生活中消耗物质资料、精神产品和劳务的方法与形式。它有两种基本形式，一是个人消费，二是公共消费。这两种基本的消费形式相辅相成，缺一不可。消费方式具体包括消费习惯、食品结构、衣着状况、居住形式、出行方式、保温取暖渠道等等。

消费方式受到多种制约因素影响。首先，起决定作用的是社会生产。有什么样的生产力水平，就会有什么样的消费方式。在生产力水平低下的原始社会，人的消费方式还没有能脱离动物消费的痕迹，消费方式处于低层次。随着社会生产力的提高，消费资料的丰裕，消费工具、消费方法和消费形式有了很大的发展，消费方式开始向高层次迈进。但是，另一方面，消费方式又受自然因素的制约，因为人们的各种消费活动都是在一定的生态环境中进行的。人们消费活动借以进行的生态环境，经济学称之为消费环境。消费环境对人们的消费活动、消费质量、消费主体和消费客体影响极大。消费环境的状况直接制约着宏观消费模式，包括消费结构、消费方式的合理化。所以，消费方式一定要从本国、本地区的消费环境出发，也就是要考虑生态环境可以承受的消费度。如果不尊重国情，简单地模仿、攀比和追求一些发达国家的消费方式，其结果将会带来资源的巨大浪费和生态环境的失调以致造成危害更大的污染；反过来，又会使消费质量下降。

针对一些发展中国家人均资源少、生产力水平低的基本国情特征，在消费方式的选择上应当注意：

第一，杜绝浪费性消费，提倡节约型消费。这包括消费资料的节约和消费领域中个人劳务消耗的节约，应当讲求日用消费品的质量、实用和耐用性，尽量缩小一次性消费的范围。在全社会推广节约型、节水型的低度消耗资源的适度消费生活体系，减少高能耗、高原材料、高用水、高生产资料的消费。

第二，注意食品消费结构的合理化。在饮食结构上不宜不加区分地普遍提倡以动物性食品为主，仍应坚持以植物性食品为主或动植物食品并重的膳食结构。若以动物产品为主，动物的饲草和饲粮将会加重草原的载畜负担，增加对粮食的耕地需求，引起土地在草、粮、林产业间的分配之争，加剧土地沙化和生态失衡。

第三，居住方式和出行方式的合理化。宜提倡相对集中的居住方式，发展公园、公共娱乐场所，不宜提倡分散居住建造私人别墅、花园等。宜提供自行车、公共交通为主的交通方式，不宜鼓励单人小汽车出行方式。这样既可以节省土地又可以降低能耗。我国的经济发展条件和人口众多、能源紧缺，也制约着个人小汽车出行方式的过量发展。同时应倡导相对集中的居住方式，这有利于集中供给气、热、电及处理污水、污物等，减少污染，有利于保持生态平衡。

六、单纯资源型经济的劣势

长期以来，许多学者和官员一谈到发展优势，都无不自豪地谈起自己丰富多样的资源，资源“丰富”几乎成了发展中国家的经济依赖和精神支柱。那么，资源丰富究竟有多少优势，是不是优势，有没有劣势？诚然，丰富的资源在一定程度、一定时段内会促进一国经济的发展，甚至会起到决定作用。但一味依靠资源的经济肯定是无法取得长期的、稳定的发展的。资源丰富也可能成为发展中国家的劣势。具体表现如下：

资源丰富的第一大劣势是发展中国家在国际贸易中处于不利的交换地位，发展中国家利益大量地在经济交换中流失。一些发达国家资源稀缺和一些发展中国家资源丰富，形成了发达国家资源深加工工业区和发展中国家资源和初级产品供应地及发达国家产品销售市场区的地理分工。在这种分工中，发展中国家的资源和初级产品卖到发达国家，市场不稳定，附加价值低，回流利润较少；而发达国家利用低价进入的资源和初级产品再进行深加工，其附加价值较高，再卖给发展中国家，回流的利润较多。

资源丰富的第二大劣势是区域发展容易形成单一的资源性生产结构，一旦这种资源的市场需求发生变化，则带来职工下岗、就业困难、税收萎缩、没有替代产业和技术等严重的社会、经济和技术问题。如中国的森林、煤矿、金属矿等资源性城市，曾辉煌一时，为经济发展做出了大量贡献。但到了20世纪90年代，这些城市的产业结构已经不适应社会需求，加上资源量的减少，导致大量的职工下岗，而新的替代产业没有建立起来，无法吸收安置；产业萎缩又影响到税收和财政，稳定社会的转移支付能力也降低。反观发达国家和发达地区，资源没有一些发展中国家和地区丰富，产业结构却合理，技术档次较高，就业容量也很大。

资源丰富的第三大劣势是导致发展中国家的企业不思技术进步、不求降低消耗、不计成本高低。如果资源稀缺，人们会在三个方面寻求技术进步：一是要研究、开发和推广节约资源的技术。典型的如日本，其没有多少资源，但几次石油危机使它的企业加速节能技术的开发，大大节省了能源，降低了消耗和成本。二是要进行技术创新，寻求新材料和新能源，替代日益稀缺的资源。如对木材、钢铁、石油等替代产品的研究和开发，就在给人们寻找更多和更广阔的资源前景。三是通过技术进步，寻求新的节约资源的生产方式和生活方式。如改善交通系统、住宅保温等等。而资源丰富，则失去了这三个方面技术进步的动机和动力。

资源丰富的第四大劣势是过度的资源开发导致生态环境遭到严重破坏。许多发展中国家曾经有丰富的自然资源，但在缺乏技术进步支持的经济增长目标下，过度的开采导致了资源蕴藏量的快速下降，导致了生态环境的严重破坏和环境污染。这曾是西方发达国家走过的老路，但许多发展中国家，包括中国却也没能避免重蹈覆辙。

资源丰富的第五大劣势是资源开发一般由国家投资从事，所有制单一，地区经济没有竞争力，没有就业空间。在资源丰富的地区，往往国有制的比重很高。单一的国有制，有着极高的体制成本，包括企业内部管理人员太多而产生的管理成本、摩擦成本、效率低的代价成本、企业办社会和办政府成本等等，体制成本如此高昂，其产品当然无法与外国同类资源性产品进行竞争。如果国有经济一旦不景气，地区经济也将陷入困境。况且，资源密集型产业，其劳动力使用相对甚至绝对越来越少。没有其他所有制经济办的轻加工工业、第三产业、小企业，劳动力到哪里去就业呢？这就是一些国有经济比重高的资源型地区（如中国东北三省）下岗职工多、就业困难、政府工作艰难和一些非国有经济比重高的资源稀缺地区（如中国温州、东莞等）下岗职工很少、就业机会多、社会稳定和政府工作轻松形成鲜明对照的深刻原因，即资源丰富＋单一国有制＝资源劣势。

要将一些发展中国家丰富的资源真正转化为经济优势，首先需要体制创新，要改革政府管理的方式，调整所有制结构，调动社会资金投入其大开发。其次，发展中国家发展进口替代工业，生产替代从发达国家进口的一些产品。另外要建立能在国外市场上竞争的工业，改变发展中国家在世界经济交流中的不利地位。再次，要以市场为导向开发自己的资源，建立自己的工业，而不是以资源多少来建立自己的工业。最后，需要用更加灵活的体制吸引人才和技术，要给人才和技术提供发展的机会和合理的报酬。这样才可能摆脱传统的资源丰富、经济劣势的状况，构造一个资源优势局面。

第三节　自然资源与经济发展的矛盾

自有人类以来，人们就一直面临着如何有效地管理和最大限度地开发利用地球上的资源以创造自己丰富多彩的生活这一生死攸关的重大问题。所有关心经济增长与发展的经济学家都无不把自然资源、生态环境问题纳入其研究的范围，并成为其经济学的重要组成部分之一。

一、自然资源在经济发展中的地位和作用

自然资源是经济发展的物质基础，是进行社会生产的必备条件和前提。任何生产活动，无论是工业、农业或是其他部门的经济活动，其实都是自然资源的开发利用过程，都离不开一定的资源条件。自然资源对经济发展的制约与影响作用主要表现在以下几个方面。

（1）自然资源是经济活动赖以存在和发展所必需的其他非自然资源不断增长的物质源泉。一切物质资料、财力资源归根到底都来源于自然资源，或者说是经过人类劳动加工后转化而来的。自然资源的数量与质量，它的增加或减少，直接影响着物质资料和财力资源的规模与增长速度。反之亦然。如果物质资料和财力资源的增长过于迅速，其规模超过了自然资源所能承载的能力，就会引起自然资源的减少和枯竭。这时为增加或稳定自然资源的存量，就必须相应地降低物质资料和财力资源的增长速度。

就人力资源和自然资源的关系而言，它们之间也存在着一种微妙而又复杂的关系。从长期看，随着人口和劳动力数量的增多，特别是其质量的提高，新的自然因素将会不断地为人们所认识，一些过去不能利用的自然资源现在有可能变得可以利用，从而使自然环境中能够为人类所利用的内容不断扩大。反过来，自然资源的增加，又为人力资源的扩大与增长提供了可能和基础。从这一点看，自然资源和人力资源是相互促进的。但是，从短期看，在一定条件下它们又是相互制约的。当人力资源扩张到一定规模时。为维持众多人口，就必须加速自然资源的开发，结果可能导致资源的过度利用和枯竭，从而引起自然资源存量的迅速减少。

（2）自然资源储量的丰缺、种类的多寡及其质量、结构的状况如何，在很大程度上决定了一个国家或地区经济发展的速度与质量、结构与效益。经济发展的历史和现实都充分证明，富饶的自然资源是一笔天赋财富，是自然对人类社会的无偿“恩赐”。从个别国家看，有些国家由于发现了有价值的新自然资源，其经济状况随即就发生了明显的变化。例如沙特阿拉伯、科威特、伊朗和伊拉克等中东国家，就是因为发现了丰富的石油资源而致富的。

就整个世界经济的发展而言，每当有新的重要资源发现和利用，经济发展便跨入一个新的历史阶段。煤炭和铁矿的大规模开发与运用，标志着近代工业社会

的来临，而石油和原子能的发现与利用，则使当代经济以空前的规模向前扩张。1950—1973年的24年间，大量而廉价的石油使世界经济以每年递增5%的高速度蓬勃发展。1973年以后，由于石油资源储量的大幅度减少而引起的物价上涨，使世界经济的发展速度明显趋缓。

从总体上看，一般的情况是，资源越是丰富、数量越大、质量越高、种类越多样、配套性越好、开发利用条件越优越的国家，其经济的发展越快、产业结构越完善、投入产出的经济效益越高。除少数国家外，这大概可以认为是经济发展的一个通则。

二、自然资源的变化趋势与经济发展的虚假安全

20世纪70年代初，由世界上10多个国家30位著名科学家、教育家、政治学家和经济学家所组成的一个旨在研究人类当前和未来处境问题的非正式国际性协会——罗马俱乐部所提供的第一个研究报告《增长的极限》，首先向人类发出了严重的警告：世界正步入短缺的时代；有限的资源正消耗殆尽；环境污染正趋于严重；人口的增长与自然资源、生态环境的相互作用已开始威胁到了人类的文明与生存；100年后经济将会停止；可行的办法是在1975年停止人口的增长，到1990年停止工业投资的增长，以达到“零增长”的“全球性的均衡”。接着1973年世界石油大幅度提价；1974年美国粮食生产严重歉收，谷物总产量比上年减少13.8%；世界粮食价格1974年比1972年突然上涨达3倍。现实生活使人们越发觉得罗马俱乐部的学者们所关注的资源耗竭问题已迫在眉睫，世界开始对铝、铁、石油、粮食和其他自然资源日益逼近的短缺忧心忡忡，对即将到来的岁月充满忧虑和黯淡感。之后，由于新的石油资源的发现，加之油价提高之后，世界石油的需求量迅速降低；各种代用能源也随之蓬勃发展，以石油为例证的不可再生资源的耗竭问题已有一定程度的缓和；另一方面，1975年美国粮食生产丰收，粮价回落，1976年已下跌到1972年的水平，于是，世界对未来的乐观情绪又重新高涨，似乎觉得担心“资源耗竭”就如同宣布“玩具严重短缺”一样，是有悖于常理的；从任何意义上讲，自然资源并不是有限的；从长远看，完全可以满怀信心地相信，矿产等非再生资源的供给并不是比现在更加短缺，而只会使短缺越来越趋于缓和，等等。如果说以罗马俱乐部为代表的观点属于未来学中的“悲观派”，而后一种观点则属于未来学中的“乐观派”，其重要代表人物有美国的朱利安、林肯、西蒙等人。

这里我们所需要指出的是，尽管罗马俱乐部研究问题的方法确实有失当之处，所得出的结论也未免失之偏颇，但它所提出的一些基本问题是发人深省的。

对未来充满信心也罢，持悲观的看法也罢，就自然资源及其生态环境的近期变化趋势看，资源耗竭和生态系统恶化的势头的确是存在的。这可以从以下几个方面得到证明：

（1）森林面积迅速下降，植被严重退化。森林植被是反映地球“健康”状况如何的一项重要指标。这是因为森林是生命支持系统的一个组成部分，也是最为关键的部分。森林不仅是世界上最为丰富的生物资源库，能够向人类提供种类繁多、数量巨大的产品，而且对促进生态系统的良性循环，维护生态平衡具有十分重要的作用。在斜坡地上，没有林木会使泥土加速流失，土壤侵蚀，土地生产率降低和造成当地的洪水泛滥。在砍伐森林超过林木再生的地区，释放的二氧化碳（CO_2）会使大气中的 CO_2 浓度增加，最终导致地球变暖并由此带来一系列的严重问题。

（2）耕地减少，土壤严重侵蚀，肥力下降。土地是自然资源中最为基本的资源，是一切生产的源泉，由于矿物资源量的不断减少，使得剩余的土地变得尤为宝贵。就耕地而言，自世界上有农业以来一直到 20 世纪中期以前，全世界农田的面积的增加同地球上人口的增长速度基本上是相适应的。从 20 世纪 50 年代起情况开始改变。一方面是世界农田面积扩大速度继续下降。据统计资料表明，20 世纪 50 年代，其增长速度已不到 0.3%，20 世纪 80 年代已跌到 0.2%。到 21 世纪初，世界上有 1/3 的人口生活在农田日益减少的国家。

如果说农田面积的下降影响农业生产规模的扩大，从而造成粮食供应的巨大压力，那么最为严重的则是日趋严重的土壤侵蚀，因为它足以摧毁整个农业生产的基础，最终危及人类的生存。对此，若不引起重视，其后果将是无可挽回的。尽管采取集约耕作和深翻土地的办法，也可能造成增产，但这种增产毕竟是短期。从长远看，这种办法将使土壤侵蚀进一步加剧，而一旦土壤耗竭，庄稼缺肥，人们赖以生产和生存的源泉即告中断，其后果将不堪设想。

（3）淡水供应趋于紧张，水源危机悄悄来临。水同能源、土地资源一样，是人类生存和一切生产活动所不可缺少的。很久以来淡水唾手可得，可是现在，许多地区淡水供给不足，并已成为经济增长和粮食生产的重大障碍。就世界范围来说，水资源的量是十分巨大的，姑且不说海洋和冰川等人类目前尚难以利用的储量，就是人类可以直接饮用和用于进行生产活动的淡水总量也是十分丰富的。全世界 20 世纪末平均每人每年可获得再生水的供应高达 8 300 立方米，比维持正常生活年需用水量高出数倍。尽管如此，由于水资源空间和时间分布上的显著的不均匀性，而且水同煤、石油、木材以及许多其他重要资源不一样，它的需要量非常之大，通常又无法通过贸易获得，也很难从水源地输送到遥远之处，各地能否获得这种资源，是否够用，主要取决于本地有多大的水量，取决于当地和当时的降水及储备状况。实际情况是，在最需要水的地方和最需要水的时候，人们并不总是可以得到水的。因此，缺水现象在各地区都难以避免，水旱灾害往往周期性地发生，使经济增长面临威胁。

从全球水资源的变化趋势看，由于地下水位的迅速下降，水井枯竭，一些过去常年流水的江河，如今雨季一过即告干涸，内陆湖泊的水面也日趋缩小，人类将来可利用和可得到的稳定可靠的水量将日趋下降。到 21 世纪初，全世界人均水的供应将下降 24％以上，某些地区的人均供水量甚至下降 50％或 40％以上。

(4) 生物种类不断减少，灭绝速度加速发展。种类多样的生物，是一种极其重要的资源，是农业充满活力的源泉。农业的发展，一是要依靠农业劳动手段即生产工具的进步；二是依靠农业劳动对象即农作物或家畜品种的更新。对于农业这种特殊的不同于工业的生产活动来说，劳动对象的改进比之生产工具的进步更为重要。长期以来，正是因为人类不断地培育和更新农作物品种，使粮食生产不断增加，这才产生了现代的文明。人类对农作物和家畜进行选种的历史同种植粮食一样久远。最初人们对生存了千万年的野生动植物加以驯化，使之成为适合人类生产活动需要的劳动对象。后来发展到设法从不同的作物品种中，从某些物种之间的少有的杂交品种中，集中所需要的遗传特性，利用物种的遗传变异，来培育出质地更优、产量更高的品种。无论是古代对野生动植物的驯化或是近代和现代的育种方法，都离不开生物种类的多样化；都需要利用各种野生生物资源。没有这种资源，农业的进步是不可设想的。

生物种类的多样性，这是自然生态系统趋于稳定和顺利运行与演化的一个重要条件，它对于促进自然生态的平衡，进而保证经济的有效增长具有极为重要的意义。当前生物品种的缩减已向人类敲响了警钟，世界每年有数千种的动植物灭绝。必须看到，某一物种的消失绝不仅仅意味着是一种商业上的损失，而是一种更为严重的无法弥补的生态上的巨大损失。它表明生物进一步进化的池塘正在逐渐地枯竭，表明自然生态系统正面临一场深刻的危机，因为，任何一个生物种类的灭绝都有可能导致有关的整个生物群落的彻底摧毁与衰落。

三、自然资源合理开发与利用应遵循的原则

合理地开发和利用自然资源，必须统筹兼顾，瞻前顾后，既要有利于某一局部，又要有利于全局，且无损于其他；既要有利于满足当前的需要，又要考虑到今后的需要，无损于未来。具体地说，必须遵循以下几个基本原则。

（一）特别强调在国家规划和控制下开发和利用

自然资源的开发与利用不同于一般的经济活动，一旦失误将造成无法挽回的严重后果。任何一种资源的短缺都可能引起其他资源的短缺，从而引起整个资源供给系统的紧张状况。此外，任何一种资源若要发挥其效用，都必须同其他资源相配合，并保持一定的数量与质量的配比关系。资源的开发利用实质上是一种社会性活动，它不仅体现着人与物、人与自然的关系，也反映着人与人的关系。所有这些，都离不开一定的组织管理，都需要通过一定的形式和活动来实现资源间的有效配置和安排，需要有一个科学的规划和控制方式，避免因盲目行动所造成的种种问题。

（二）有利于生态平衡的实现，顺乎生态平衡规律的客观要求

生态平衡是一种动态平衡，不是静止的绝对的平衡，由平衡到不平衡，再到新的平衡，是生态系统发展变化的一般趋势，是生态平衡规律的具体体现。顺乎生态平衡规律的要求，并不意味着不能突破生态系统的原有平衡，而是说人们在对生态系统进行加工和改造时，不但不能破坏生态系统内部所具有的自动调节和各因子之间相互补偿的能力，而且还要通过人们的活动和努力使生态系统的这种内在自调能力得以不断地增强。事实上，人们的任何一种经济活动，工农业生产的形成和发展，都是对原生系统中旧的生态平衡的一种破坏。问题仅仅在于，人们的这些活动是否有利于建立起一种新的平衡关系。

（三）同资源的再生增值、换代补给相适应，有利于提高资源的再生能力和换代补给能力

人类与环境之间的物质交换，必须遵循一定的客观比例。无论是哪一种资源的开发，在一定时间和空间范围内都有一个量度问题，超过了这个量度，人类与环境之间的物质交换过程就会发生混乱，甚至形成严重后果。这就要求人们必须合理地确定资源的可采数量。

对于再生资源来说，其年开采总量一般必须适当低于或起码不能超过它的年新增值数量，以保证总储量的稳步增加。对于非再生资源来说，到了枯竭时期，就必须找到代用资源，否则，就会产生资源危机问题。

（四）综合开发、物尽其用，提高资源利用的综合经济效益

自然资源可以互相代用。例如以生物能代替太阳能，以风力代替水电，以化学合成纤维代替丝、棉等天然纤维等等。自然资源的这一重要特性，既为合理利用自然资源提供了回旋余地，也要求人们必须注意综合开发，尽量以储量丰富、价格（开采费用）低廉的资源来代替相对贫乏、价格昂贵的稀缺资源，并不断发掘新的资源来替代现有的资源。此外，任何一种自然资源，其有用性往往都是多

方面的；物的废与不废、有用与无用总是相对的，世界上没有绝对的废物，使用合理，可以变无用为有用，变废为宝。这也要求人们在开发利用自然资源时，必须全面考虑到资源的多方面作用。综合评价、综合开发、综合利用，使一物（资源）变多物，实现物尽其用，提高资源利用的综合经济效益。

（五）有利于自然环境的保护与改善，以保护和改善生态环境为前提

保护环境既意味着保护资源的延续利用，同时也是提高和改善人民生活水平与质量的一个重要方面。保护环境，一个重要任务就是要不断提高环境的净化能力或可再生能力。环境的净化能力由环境自净能力和人工治理设施的净化能力两部分组成。环境的自净能力是指环境受污染后，由于其自身的代谢功能，在物理、化学作用下，经过一定的自然分解和同化过程，使环境恢复到被污染前的状态与面貌的能力。环境的自净能力是有限的。当环境中的污染物量超过了环境自净能力所能承受的最大净化量时，就需要运用人工净化手段，采取各种工程技术措施或增加净化装置来解决环境污染问题。

第四节　生态环境与经济发展的交互作用

一、生态环境与经济增长

自然环境在经济发展中究竟处于一种怎样的地位，起着怎样的作用？对此，经济学和社会学界长期以来就一直存在争议。在东方各国，自从斯大林明确地指出自然因素、自然环境和自然资源在经济发展中不具有决定性意义之后，这种思想观点就一直成为社会主义各国包括中国在内的主流经济学思想。在西方经济学中，对环境问题的忽视也一直居于主导地位。

自然环境作为经济活动、经济发展的一种外在的非人为的自然力量，它对经济系统的发展与运行的作用主要是通过以下几方面得以体现出来的。

（1）自然环境的变化引起资源储量及其质量的变化，从而对经济发展的速度与质量产生巨大的影响作用。资源是经济活动赖以存在与发展的必要前提或基础，资源与环境密切相关，是环境构成中的重要因素之一。当环境发生变化时，资源的储量也将随之作相应的变化。例如，当环境的平衡状况遭到严重破坏时，各种动植物的生长发育将受到严重威胁，结果生物资源将趋于减少。不仅如此，由于生态环境破坏，人类的身心健康也必将受到多方面的影响与摧残，人力资源由此也会发生不利于经济发展的变化，并导致诸多的社会经济问题。

（2）自然环境的变化引导经济发展和人类生存空间的变化，这种变化也将从

多方面影响到经济的发展与运行。例如气候的变化，将导致降水的变化，这种变化的结果可能是有的地方降水过多、过于集中而发生洪涝灾害，而另一些地方则因降水过少而出现严重的旱灾。

（3）自然环境的不利变化将引起经济流程的变化，从而引起作为整体的经济活动效益的下降，增加发展的难度或障碍。例如，由于气候的突然变化，农业生产所面临的环境趋于严峻。这里有两种选择的可能性：一是任凭这种变化的影响和作用，人们采取无所谓的态度，其直接的后果便是农业生产减产。二是人们采取有所作为的态度，这时为抵消自然环境的不利影响，就需要增加对农业的投资，以便通过对农业的人工环境的改进来达到农业综合环境不至于恶化的直接目的，进而保证农业产量的不减少。但这样一来，在资金供给一定的条件下，农业投资的增加可能引起其他部门投资的减少，其结果同样也会在相当程度上影响整个经济的发展。

综上所述，不难得出以下的基本结论：环境问题是经济发展中不容忽视的重要问题之一，它在一定条件下对经济发展所起的作用是决定性的；在人与自然这一对矛盾中，人的力量固然重要，但其作用必然受到自然力量的限制和制约；人可以改造环境，但环境也以其特有的力量作用于人类社会；当代环境问题的产生，事实上就是这两种力量综合作用的必然结果。

二、当代环境问题的特点及其对经济发展前景的影响

所谓环境问题，通常是指由于环境要素的某种变化，或环境要素的组合方式突然变化所引起的环境系统的失衡状态，即原有的平衡状况发生变化，而新的平衡又尚未有效地确立下来。环境问题包括以下两种类型、三种形态：第一类是由于自然界本身的矛盾运动所引起的自然生态系统的不平衡状态，如由于地壳的变化而引起的地震、火山喷发，由于大气运动而引起的台风、暴雨、干旱等等，都会引起自然环境的失衡。对于这种环境失衡，我们通常称之为“原生环境”问题。

第二类环境问题是所谓的“次生问题”，它通常是由于人类活动的不适当所造成的。次生环境问题又包括“生态环境问题”和“社会环境问题”两种形态。前者是指由于人类活动向自然界排放的各种废弃物超过了自然系统的自净能力，以及由于不合理的资源开发而超越了自然系统的承受能力或增值能力等不合理行为，所引起的自然生态系统的严重不平衡状态。后者则是指由于人类的不合理行为而引起的社会环境系统的不平衡状态，如物资供应的匮乏、住房拥挤、犯罪增加、社会的精神状态发生不良变化等等。

上述三种形态的环境问题自有人类社会以来就已有之，并且往往是相互交织在一起的。但是，在不同的经济发展阶段，这三种环境问题在整个环境问题中所居于的地位，各自对经济发展所形成的作用，以及它们之间相互作用的性质和方式等等，却有着很大的甚至根本上的区别和差异。同传统社会及以前的环境问题相比较，现代工业社会的环境问题具有以下突出的特征。

(1)“次生环境问题”中的生态环境问题由原来的非主导地位而迅速上升为主导地位的环境问题。工业化之前，人们的经济活动也产生过生态环境问题，例如对土地的掠夺式经营引起土地肥力的严重下降，对森林的乱砍滥伐导致严重的水土流失等等。但是，从整体上看，当时的环境问题中居主导地位的是相互交织在一起的原生环境问题与社会环境问题。进入工业化社会之后，原生环境问题对经济的破坏作用开始得到相当程度的控制，而社会环境问题则趋于严重化。

(2) 由于工业社会的商品经济高度发达，一国或一地区一旦发生环境失衡问题必定迅速地向其他地区或国家蔓延，从而使当代环境问题具有广泛性的显著特征。例如，土壤侵蚀过大一直是局部性的问题，一些文明古国因粮食生产系统土壤侵蚀的破坏而衰落。但因为它们与外部世界几乎不存在经济往来，其粮食匮乏对其他国家影响甚微，或者说根本就不会有什么影响。但是进入商品经济高度发达阶段之后，随着世界经济一体化，粮食等产品已成为全球性商品。这样表土过度流失的国家需要进口更多的粮食，这就必然加重其他国家土壤的承受压力，导致其他国家的土壤侵蚀，出现所谓的“城门失火，殃及池鱼”现象。

(3) 当代环境问题对经济发展所产生的破坏作用及其结果，比以往任何时候都要严重得多，深刻得多。古代中国交织的天灾与人祸每一次都对中国经济形成了毁灭性的冲击，使中国经济出现几十年、甚至上百年的大倒退。但是经济上的这种衰退、凋敝甚至崩溃在经过一个时期的努力之后，还是可以慢慢地恢复并继续向前发展起来的。而现代生态环境失衡所造成的经济上的破坏，有时是无法挽回和弥补的。或者说为挽回或弥补这种损失需要付出更加高昂的费用。例如，全球气温升高，在高温已经妨碍动植物生长的地方将会产生令人难以忍受的热浪，随着时间的推移，它会改变植被，现在极为普遍的植物品种将被较为耐热的品种取而代之。对于这种改变，它究竟会给人类和地球生态系统造成怎样的影响及后果，目前人们尚不知道。

全球气温上升，有的国家会从中受益，也有些国家会蒙受损失。但从全球角度看，损失将会远远大于其受益。在这一过程中，受损害最大的产业部门将是农业，而农业的受损又必将波及其他部门。许多文献指出，农业为适应预计的气候变化，必须做出重大调整，但调整的费用将是极其昂贵的。

最后需要指出的是，生态环境的恶化显然是一种世界性的悲剧，它既给发展中国家的经济发展带来障碍，同样也影响发达国家的经济增长。但对二者的影响是不同的。第一，发达国家和发展中国家都同是生态环境恶化的受害者。但是，就二者的受害程度而言却是大不相同的。发展中国家的经济发展刚刚起步，经济系统的抗逆能力远远低于发达国家，如果经济发展的生态环境一旦发生重大变化，则发展中国家的经济必将首当其害，并由此造成巨大的发展波动。第二，大量的经济支出是生态环境变化必须付出的代价，这种支出对于经济力量雄厚的发达国家来说尽管其数额很大，但占其国民收入的比重却是微不足道的；而对于发展中国家来说，即使是一个不大的支出数额，也可能是不堪负担的。从发展角度看，这势必导致发展中国家与发达国家之间贫富差距进一步扩大，从而使发展中国家在国际经济体系中的地位进一步恶化。第三，在现行极不合理的世界经济体系中，发达国家将可能依据其有利的地位而将其应负的大部分责任转嫁给发展中国家。从而使发展中国家的经济发展障碍进一步加大。例如，发达国家经济学家提出的世界经济零增长的政策建议，关于削减矿物燃料的使用量以防止气温升高的政策建议等等，显然是有利于发达国家而不利于发展中国家的政策建议。零增长即不增长，对于发展中国家来说，经济零增长那就意味着同发达国家贫富差距应当永远保持下去。

三、生态环境问题的形成机制

对于任何一个国家或整个世界而言，随着时间的推移，从一个相对长的时间角度看。人口的增加和经济发展水平的提高都是一个必然趋势。从消除或防治污染角度看，尽管人类可以通过限制人口的增长速度和提高经济发展速度来缓和生态环境问题，但却不能长时期地以负向增长的办法来实现。换句话说，人口的增长和经济发展水平的提高虽然是构成生态环境失衡的重要因素之一，但却不是它的全部因素，或者说不是生态失衡的充分条件。人口的增长和经济发展水平的提高之所以造成了生态环境的失衡，恰恰是因为人类社会选择了一种不合理的经济发展方式或生产技术结构及政策措施等等。如果有一种合理的经济发展方式、科学的生产技术结构及政策措施，那么人口的增加和经济发展水平的提高就不会带来所谓的生态环境问题。

工业化以来，人类社会选择了一个不合理的经济发展战略，这个发展战略的基本特征是：依靠使用和消耗大量的非再生资源来维持整个国民经济机器的运转；经济增长是压倒一切的目标，为了实现这种增长，可以置资源和环境基础的严重破坏于不顾，呈指数的工业增长不但使一些重要的非再生资源的储备因大量消耗而迅速枯竭，而且还使得许多在维护地球生态系统得以平衡中具有至关重要作用的再生资源，也逐步成为一种非再生资源而濒临绝境；每天从工厂排泄出来的各种废气、废水、废渣以空前的规模和速度改变与威胁着整个地球的生态系统。而当人们开始认识到这一发展战略模式的缺陷而试图采取某些调整策略时，却往往由于经济本身的原因而难以实施。产生这个问题的原因在于：

第一，科学研究畸形发展。近代自然科学的发展是从物理学开始的，接着是化学的迅速进步，而对生物学、生态学的研究则相对落后。近代科学研究和由此所决定的技术研制所关心的问题一直是使用什么样的生产手段、工艺技术，能够得到产出效果的最大化，而对于这种生产活动究竟会给今后带来什么样的长期后果却关心不够。到目前为止，人们仍然无法解释诸如自然生态变化究竟会给人类社会、经济活动带来一些什么样的影响，以及生态系统究竟能够承受多大的混乱而不至于崩溃这样一些生死攸关的重大问题。正是这方面的无知，导致了人们对生产技术的不合理选择以及对环境污染问题的忽视。

第二，缺乏一种有效的经济机制来防止污染的产生和扩张。如果对环境的使用也像其他资源一样加以严格而科学地管理，则污染问题也不会产生或至少可以得到某种程度的缓和。但是人们并没有这样做。长期以来的政策选择是任其自流，自由发展，任何单位或个人在从事某种经济活动时，都不需要考虑其环境后果，也不需要负什么责任。显然，这也是造成生态环境失衡的重要原因之一。

在具体的环境与经济运行中，环境污染是造成生态环境问题的重要原因之一。所谓环境污染，是指由于自然因素或人为因素致使环境素质恶化，损害生态系统的结构和功能，破坏生态平衡，影响人们正常生产和生活条件的现象。自然因素引起的环境污染包括：由于火山喷发、狂风海啸带来的有害气体和悬浮物质所造成的大气污染；由于干旱造成的土壤与环境污染；以及暴雨、地面径流中有害水质所造成的水体污染，等等。人为因素引起的环境污染主要包括：工业生产大量排放废气、废水、废渣所造成的污染；农业生产由于农药、化肥使用不当所造成的污染；交通运输工具排放的有害气体及噪声所造成的污染；居民生活污水和各种废弃物质所造成的污染，等等。

无论是自然因素或是人为因素所造成的环境污染，其实质都是由于有害物质（包括有形的和无形的）进入到生态系统的数量超过了生态系统本身的自净能力，而导致生态系统原有状态发生不利于人类生产与生活的一种变化。这种变化的直接后果是：（1）对人的身心健康造成损害，如直接引起某种疾病，使劳动者丧失劳动能力或提前丧失劳动能力；（2）导致生产条件的恶化，如空气污染、水污染使得某些生产活动难以进行；（3）造成自然资源的破坏，如矿区恶化使得其开采价值降低甚至完全丧失，酸雨引起森林树木的大面积死亡，土壤侵蚀造成其肥力下降，等等；(4) 增加经济活动的成本费用，降低经济活动的效率与效益，如增加医疗费、保健费的支出，等等。

环境污染自古有之，但它作为一个严重的生态经济问题却是进入工业社会以后才出现的，并随着工业化水平的变化而变化。因此，从这个意义说，环境污染是由于不合理的工业化生产体系所造成的。具体地讲，是由于以下原因所造成的。

(1) 无节制地任意排放“三废”，特别是对工业生产的废物缺乏有效的管理，工厂的污染防治及环境管理工作未能认真地纳入生产管理和国民经济建设的正常轨道。

(2) 生产的工艺与技术落后，能源及资源、物质的利用效率低，结果使大量的有用物质未加利用便排入了环境。

(3) 不合理地开发和利用自然资源，包括对各种资源的滥采滥用和不合理的资源利用结构，如过分依赖和大量使用非清洁能源，而对清洁能源的开发长期不予以重视等等。

第五节　生态、环境和资源利用的战略选择

人类应当自觉地利用和保护自己赖以生存的资源、生态和环境，对自己的发展和生活方式进行重大的选择，实现经济的可持续发展。

一、战略调整与彻底转轨的必要性及其意义

自从工业革命以来，世界迅速建立起了一个过分依赖石油等不可再生资源，从耕耘土地变为榨取土壤肥力，并严重消耗和破坏经济的生物支撑体系这样一个极不合理的经济与生产体系，从而使世界各国经济走上了一条无法可持续的发展道路。这样的战略或道路，在它的初期可能是相当成功的，但是，随着时间的推移，越是往后，这种发展战略或道路的固有弊端和矛盾便会越发地暴露出来。非再生资源的大量使用，确实可以使经济产量增加并达到空前的规模，但是却无法长久维持，因为这种资源的储备毕竟是有限的，而新资源的发现又有赖于技术上的新进步，这种进步是需要时间的。可能的结局是当技术进步尚未达到发现并能够大规模地开发利用某种新的资源的时候，原有的资源却早已耗竭或至少是不能满足进一步增长之需求。这种结局的出现完全是有可能的。对于某些再生资源的

使用来说也存在这样的问题和趋势。比如，土壤和森林都属于再生资源，只要使用合理，土壤肥力可以不断提高，林木也不断增值，从而使其生产能力和生产量不断增加。但如果采取榨取土壤肥力的耕作方法，在近期内会使农作物产量成倍增长，但由此造成的土壤侵蚀及其肥力的迅速下降，最终又必将使耕作无利可图，只好任土地荒芜。对森林的滥伐也可以增加即期的经济产出，然而最终的结果也只能是难以为继。

问题的严重性就在于工业革命以来所确立的传统的经济发展战略，到今天其弊端早已暴露无遗。第二次世界大战之后，世界各国都急于最大限度地发展生产，因此不断地超支使用明天的资源。由于人口的迅速增加，人类需求开始超越经济的生物支撑体系所能够维持的生产能力，并开始消耗基本的资源本身，乱砍滥伐使得森林面积及储量迅速减少；榨取土壤肥力使得耕地退化，沙漠化趋势愈演愈烈；滥捕滥牧酿成渔业资源、牧业资源的绝境濒灭；而盲目地大规模地开采和使用矿物燃料、原料的结果是，不仅造成资源储量迅速走向枯竭，并由此造成对再生资源的巨大压力，而且还使地球生物系统所面临的生态环境恶化。全世界都在执行全盘的资源和生态环境的"赤字财政"，都在为维持短期内的经济产出量的迅速增加而越来越多地"透支"将来的资源。

要彻底摆脱已经出现并越陷越深的世界性环境危机，出路只能是惟一的，那就是改弦更张，积极寻找一条可以维持长久繁荣的经济发展道路，用新的战略取代已有的传统战略。也就是用一项能够长久维持的发展战略，有效地替代那种以不顾一切盲目发展的短视政策为标志的、无法长久维持的发展战略。这种长期战略的调整与转轨，对于发展中国家的经济发展来说尤为重要，其意义和可能性远远超过现有的发达国家。这里有以下几点是值得注意的。

第一，目前世界范围内的生态系统危机和资源耗竭趋势主要是由于少数发达国家的经济发展造成的，对未来的有关预测也是以已有的趋势为依据的，并未充分考虑到发展中国家也要按照发达国家的发展模式发展经济，那么未来的生态恶化和资源耗竭状况肯定要比目前预测所显示的更加严重。在这种情况下，受损害最大的将是发展中国家而不是发达国家。因此，在保持生态环境和自然资源方面，发展中国家的迫切性远比发达国家高得多。

第二，解决已经形成的全球性生态与资源危机需要全世界各国的通力合作、协调行动才有可能奏效，而且发达国家要负主要或绝大部分责任。但这并不意味着发展中国家是或者可以是无所作为的。因为生态与资源问题既是全球性的问题，又是一个国家或地区范围内的问题，而且首先是各个国家内部的问题。发展中国家率先从自己做起，有效地改善本国范围内的生态环境与资源耗竭趋势，不但是可能的和有所作为的，而且肯定会是富有成效的，对促进本国经济发展的良性循环与繁荣是具有重要意义与作用的。

第三，科学技术进步可以在很大程度上突破或者说部分地克服自然界对人类经济活动及经济发展的限制，从而有效地缓和已经形成的生态困境与资源障碍。但是，任何意义上的进步都不可能解决经济发展中的所有问题，不可能完全取消自然界的种种限制。如果过分迷信和完全依靠技术来解决已经出现的有关生态与资源问题，而不是去改变发展战略本身，结果可能会取得一些成绩，但是失败肯定会多于成功，并且无助于问题的根本解决，而只能使问题越积越多，困境越陷越深。这一点对于发展中国家的经济发展来说尤为重要。因为从整体上看，发展中国家处于科学技术进步的不利地位，对技术的过分依赖，不但会使发展中国家加深对发达国家的技术依赖，从而使发达国家更加肆意地摆布发展中国家，而且还会因技术的大量进口而加重发展中国家的债务负担，最终影响其经济的有效发展。

第四，发展中国家的经济发展刚刚起步，经济结构包括产业、行业结构和技术、产品结构等刚化程度较低，因而远比成熟的发达国家的经济易于调整，并且由此所产生的波动也不会太大。如果处理得当，方略有效，其经济的发展速度将会比模仿发达国家所走过的道路的模式要快得多、有效得多。

二、可持续发展战略的内容与措施

可持续发展战略突出和强调经济的增长和人类福利的增进不能脱离和损害维持一切生命系统的自然生态与自然资源的基础，它要求形成一种能够使自然资源和生命维持系统都安然无恙的经济与社会制度，从而使人类及其经济活动的境况能够得到不断地、普遍地改善。这种战略的基本内容主要包括：（1）保持人口的适度增长，使之与经济发展和社会福利水平的稳定提高相协调；（2）减少对非再生资源的依赖和矿物燃料的使用量，加强对再生资源的开发利用与有效保护，使经济发展的自然基础由非再生资源稳步转向可再生资源；（3）促进废旧物资的回收和重新利用，减少生产过程中的“三废”排放量，改革对工业废物的管理，使环境向无毒化方向发展；（4）保护地球上的生物支撑体系，让森林重新布满大地，土壤有效归田，避免大规模的物种灭绝，等等。

为保证可持续发展战略的有效实现，有必要采取以下的战略性政策措施。

（1）建立一种新的经济核算制度，设计一套直接以社会基本需要为依据并有助于促进对生态环境与自然资源加以有效利用与保护的经济指标体系，以便为实际的经济工作及理论研究提供指导。

这里的关键问题是，新的核算制度必须能够把那种自坏基业的增长同长久维持的增长严格地区分出来，从而能够更全面地反映经济发展与自然资源和生态环境间的相互关系，体现经济生活得以长久维持的价值。这就要求适当减低国民经济产出量指标在整个核算制度或指标体系中的价值和地位，同时增加一些反映社会发展和自然生态境况方面的指标，并且将生态、资源、环境破坏和浪费造成的损失作为负的 GDP 从国内生产总值中扣除。

(2) 重新考虑和安排经济发展的重点及先后次序，积极调整按传统战略所确定的经济结构的变化方向，增加对环境安全的投资，加快有助于改善自然生态和保护自然资源的相关产业的发展步伐，使之真正成为整个国民经济中最为重要的产业部门。

经济发展重点及经济结构的调整，从产业角度看，最为重要的是要正确处理好农业与工业之间、满足生活需要的产业与生活奢侈产业之间的发展关系。必须把农业的发展置于一个更为重要的地位上。对生活水平的提高与质量的改善必须有一个科学的阐释。高档消费品、奢侈品消费量的增加不能与生活水平提高画等号，前者的增加并不一定会带来后者的提高，相反它们所带来的浪费必将对发展形成不利的影响，最终倒有可能导致生活水平的下降。这一点是值得引起发展中国家所重视的。

制定社会经济的可持续发展战略后，一是还要制定节约资源的经济发展战略，如前所述的，根据国情，选择低消耗资源的发展方式和生活方式；二是要明确山林、草地、荒坡等的产权，给以植林者和植草者以特别长的使用年期，国家保护私人财产，并且允许土地和林产、草产进行交易；三是要利用市场机制，比如价格变动来制约人们对木材、水、矿产等资源的使用和消费，以生活费用的提高抑制生养孩子的数量，进而自动地控制人口增长；四是在保护生态环境中，要发挥非政府组织的作用，发展民间的各种生态环境保护组织，动员生态环境保护志愿者，利用新闻监督，实行社会举报制度等；五是政府要在生态环境管理中发挥作用，弥补市场的缺陷，包括制定法律法规，制定生态环境标准，投资于生态环境的治理与保护，处罚违规企业，等等。

环境污染的防治与消除涉及经济工作的方方面面。就其基本途径而言，一般可分为三类：一是对污染物进行净化处理，使生产的排放无毒化；二是加强对物资的综合利用，提高资源的利用率，最大限度地减少生产过程的废物排放量；三是调整产业的部门结构和资源结构，提高无污染产业部门的比重，扩大清洁资源和能源的消费量，最大限度地降低单位国民生产总值的废物排放量。

防止环境污染的基本手段主要有以下几种：

(1) 制定环境标准。环境标准由环境质量和污染物排放标准两部分内容所组成。前者是指政府主管部门对人类或生物维持生存所必需的大气、水、土壤等环境条件做出的规定，一般以规定有害物质在环境中的最高允许浓度作为标准。后者是指政府主管部门为实现环境质量标准和环境规划目标，对污染源排入环境的污染物的允许数量和浓度所做出的规定，它既可以是浓度控制标准，也可以是按照特定地区的环境自净能力所规定的排放总量控制标准。制定环境标准是国家管理环境、防治污染的一种直接管制措施，国家可以根据这一标准的要求，对违反标准的单位和个人依据其情节的轻重予以适当的处罚，包括追究法律责任。

(2) 征收排污费。污染物的排放费或称排放税，是指针对经济主体就其所产生并排放于大自然环境的废物，按其数量予以征收的一种费用。一般而言，排污费的征收多采用固定费率的方式，即对所有企业不同的排放量采取同一费率水平。

(3) 发售污染权。所谓发售“污染权”(或称为污染执照)，是指政府主管污染防治的机构，依据理想的污染物排放量，决定“污染权”的发售数量，然后将它售给出价最高的污染性企业。这种办法的程序是：首先由政府根据环境资源的特性划定其管理的范围，并规定各种污染物的地区及总污染量的上限。企业生产活动所排放的污染量，不得超过其购买的污染执照上规定的污染量，否则将受到严厉处罚。至于污染权的销售工作，可由政府本身或其指定的私人经销商负责。

(4) 补贴防治费用。相对于征收排放费，政府亦可采取补贴方式，即政府企业为进行污染防治所支出的费用予以补贴。这是因为，如果企业进行污染防治，则整个社会将因环境质量的提高而获益。对于这种有益于社会的行为，政府应加以鼓励。鼓励的方式有二：一是针对其废物排放量的减少直接以货币形式给予补贴；二是以投资税收抵免的方式给予间接补贴。

思考题

1. 可持续发展的含义是什么？
2. 发展中国家资源丰富的劣势表现在哪些方面？
3. 可持续发展战略包括哪些内容？

第六章

发展的技术进步动力

技术是经济发展最重要的推动因素之一。现代经济发展证明，随着世界经济的一体化，随着工业社会的深化，技术进步在经济发展中起着越来越重要的作用，未来世界经济的竞争不再是资源、资本、市场和国土的竞争，而是技术的竞争。因此，技术进步，对于发展中国家来说，比发达国家更为重要。

第一节　技术进步与经济发展

技术，是基础科学的思想和理论的具体体现，通常以新工艺、新材料、新技术、新的形态而存在。凡系解决生产劳动中出现的具有普遍性的问题，从技术发明、产品研制到推广应用，都属于技术范畴。

一、技术进步对经济发展的推动作用

技术通常具有这样几个主要特点：它表现为物质和知识双重性质；它的目的是改造世界，解决“做什么”和“怎么做”的问题，而不是认识世界，回答“是什么”和“为什么”的问题；它的选题通常有明确的实用目标；它的评价标准是“新”而不是“深”；它的经济效益比较直接、确定。

技术的这些特点决定了发展技术可以在短期内获得直接的经济效益和社会效

益。技术可以按照不同的标准进行分类。如按应用范围可将技术分为生产技术、日常生活技术、国防技术、医学技术、商业技术等；按新颖程度可将技术分为新技术和传统技术；按所含科研成分的大小，可将技术分为原始技术、中间技术和高技术，等等。技术是广种潜在的生产力，人们普遍认为，国与国之间的差距表面上是经济上的差距，实质上是科学和技术上的差距。因此，发展中国家要想缩短与发达国家之间在经济上的差距，最终要赶上和超过发达国家，就必须在发展科学的同时大力加强对技术的研究和开发。

技术进步是指在创造和掌握新知识的基础上，进一步在生产领域的各个阶段和非生产领域应用新知识的过程。技术进步对经济发展的直接作用是：在相同费用下生产的产品更好，或者在同一产品上花的费用更低。技术进步一般通过两种形式交替作用而完成。一种是技术革命，即由于重大的变革和创造而引起的技术发展的飞跃性质变；另一种是技术革新，即技术的渐进性的量的进步。在当今社会，由于新技术在若干重要领域的突破，使得飞跃性质变的技术发展成为当代技术进步的基本内容和核心。

技术进步的重要意义在于社会经济发展在不增加资金和劳动力的条件下，通过内涵扩大再生产来实现。其主要标志是：(1) 提高技术装备水平；(2) 改革工艺，采用新材料；(3) 提高劳动者素质；(4) 提高管理决策水平；(5) 使社会生产力得到迅速发展；(6) 使社会生产关系和社会生活发生变化，等等。

具体地讲，技术进步对经济发展的推动作用主要体现在以下几个方面：

(1) 技术进步可以减少对自然资源的依赖，提高经济发展的稳定性，增强国民经济在国际市场上的竞争能力。在当代世界，一国的经济发展往往受到本国自然资源的约束，而依赖于国际市场。这时一旦国内自然资源减少，或国际市场价格上涨时，常使经济发展遭受重大挫折。技术进步推动新产品开发，随着新能源、新材料的发现和应用，以及降低消耗、节约投入，必然提高本国经济“抗干扰”能力，促使经济持续、稳定地发展。例如，日本、美国、西欧等发达国家在20世纪70年代“石油危机”的冲击下，积极推广节油技术，并寻找新的替代能源，历经几十年，效果十分显著。如日本汽车汽油的消耗已降低了40%。

(2) 自动化、机械化逐步代替人力，使劳动生产率大幅度提高，而且自动化和机械化的日益进步，也使资本收益率越来越高。

(3) 技术进步使劳动者的素质不断提高，劳动者能够掌握越来越复杂的技术、工程知识，操作能力不断提高。

(4) 技术进步使工艺、产品质量提高，产品的花色品种不断增加，丰富了人们的生活内容，改善了消费质量和消费结构。

（5）在原材料和能源等方面的技术创新，一方面使能源和原材料消耗减少，另一方面大大提高了其使用效率，从而使生产的投入越来越节约，而产出水平越来越提高，为经济效益的提高奠定了基础。

（6）技术进步改变了人们的文化观念、工作方式、生活方式、组织形式和管理方式，给经济增长的内容创造了新的社会形式。

概而言之，技术进步可以提高整个经济的投入产出效率。

二、技术创新理论及其发展

1912 年，著名经济学家熊彼特在其代表作《经济发展理论》一书中提出了以“创新”理论为核心的动态发展理论。他试图运用生产技术和生产力方法的变革来解释资本主义的基本特征和经济发展过程，突破了传统的“经济发展”概念仅仅是指人口、资本、工资、利润、地租等在量上的变化的局限。按照熊彼特的观点，所谓“创新”就是建立一种“新的生产函数”，即一种新的生产要素组合比率，也就是说，把一种从来没有过的生产要素和生产条件的“新组合”引入到生产体系之中。熊彼特认为：资本主义本质上是经济发展的一种形式或方法，它绝不是静止的。推动经济发展变化的根本原因来自企业家从内部革新经济结构的“创新”活动。通过引进新产品，采用新的生产方法，开辟新的市场，控制和发现原材料的新来源，以及实现企业新的组织形式，就可以取得对旧有经济格局的一种突破，使生产效率进一步提高，从而产生出利润、资本和利息。并由此得出，所谓“经济发展”就是指整个社会不断地实现这种“新组合”。

熊彼特的“创新理论”对当代西方经济增长理论和经济发展理论都有重大影响。之后，他的追随者和拥护者们，沿着他开创的道路，继续研究、探索“创新”理论，发展成为当代西方创新经济学的两个分支：一是以技术变革和技术推广为对象的技术创新经济学；一是以制度变革和制度形成为对象的制度创新经济学：

在发展技术创新经济学方面，爱德温·曼斯菲尔德、莫尔顿·卡曼、南赛·施瓦茨、理查德·列文、海莱纳等著名经济学家都提出了自己独创的见解，从而使技术创新理论得到了较快发展。

（一）曼斯菲尔德的新技术推广说

20 世纪 60 年代，曼斯菲尔德在分析了影响新技术在同一部门的不同企业之间推广的经济因素后，提出了技术创新与模仿之间的关系以及二者的变动速度的学说，即新技术推广说。曼斯菲尔德首先提了“模仿”和“守成”的概念。模仿是指某一企业首先采用一种新技术后，其他企业以它为榜样，也相继采用这种新技术；守成是指某个企业首先采用一种新技术后，其他企业并不模仿它，依然使用原来的技术。为了研究同一部门内技术推广的速度和影响技术推广的各个经济因素的作用，曼斯菲尔德对分析作了几项假定：(1) 假定新技术不是被垄断的，可以按照模仿者的意愿自由选择和采用；(2) 假定专利权的影响很小，小到不足以阻止模仿的过程；(3) 假定在新技术推广过程中，新技术本身的变化不至于因新技术的变化而影响模仿率。

在以上三个假设的前提下，曼斯菲尔德认为影响企业技术变革速度的，主要是三个基本因素：

(1) 模仿比率。一项新技术最初被采用时，企业往往要承担一定风险，这时多数企业处于观望状态，守成比例很高。随着采用新技术企业的日益增多，意味着有关采用新技术的情报和经验不断增加，模仿者冒风险的可能性越来越小，模仿比例逐渐增大。模仿比例越大，守成比例就会越小。

(2) 模仿的相对盈利率。它是指相对于其他可供选择的投资机会而言的盈利率。相对盈利率越高，模仿的可能性就越大。

(3) 模仿的投资额。在相对盈利率相同的条件下，采用新技术所需求的投资额越大，资本供给来源越困难，从而模仿的可能性越小。在所要求的投资额相等的条件下，资本供给的难易影响着模仿率。此外，还必须考虑所要求的投资额所占企业总资产之比，这一比例越高，模仿的可能性也就越小。

(二) 海莱纳的技术创新理论

加拿大多伦多大学教授海莱纳提出的技术创新理论是关于技术创新的类型与发展中国家经济发展的关系的理论。海莱纳把技术创新分为三类：

(1) 节约劳动的技术创新。即减少单位产品成本中劳动投入的技术创新。

(2) 节约资本的技术创新。即能够使产品成本中物化劳动比重减少的技术创新。

(3) 中性技术创新，即既不偏重于节约劳动，又不偏重于节约资本，位于节约劳动和节约资本之间或二者兼顾的技术创新。

海莱纳认为，一些经济学家所主张的要使发展中国家的经济得到发展，就必须多采用节约劳动的新技术，进口先进设备，以发展本国的加工工业来替代工业品进口的观点，对发展中国家的经济发展不利。他分析了三个方面的原因：一是缺乏资本。发展中国家要发展替代进口的加工工业，就必须采用资本占用多的技术，而缺乏资本则是发展中国家的普遍特点。二是外汇短缺。发展中国家要采用节约劳动的新技术，就必须从国外引进有关技术，而外汇短缺则成为技术引进的障碍。三是就业困难。发展中国家一般都具有人口多、劳动力资源丰富的特点，如果发展节约劳动的新技术，工业吸纳的劳动力有限，而农业将出现大量剩余劳动力，就业会成为一大社会问题。

海莱纳由此得出结论，发展中国家不宜采用节约劳动的技术创新，不宜耗费大量财力物力建立占用资本较多的工业部门，而应采用节约资本的技术创新，大力发展占用劳动力较多的工业部门，尤其是生产出口品的加工工业。这样，会对发展中国家带来四个方面的好处：(1) 可以充分利用劳动力，增加就业机会，并通过低工资造成的价格优势在国际市场上打开产品销路，赚取外汇；(2) 投资少，易于兴办，一般不需要改变现有的生产技术，只需要选择某些现成的生产技术项目；(3) 见效大，速度快，因为节约资本的技术创新一般都是加工过程的改革，容易模仿，可以加快整个社会技术革命的步伐；(4) 不需要熟练的技术队伍，这对工人的技术水平不高、缺乏熟练技术队伍的发展中国家来说不会构成技术上的障碍。

（三）卡曼和施瓦茨的技术创新与市场结构论

20世纪70年代，莫尔顿·卡曼和南赛·施瓦茨着重研究了在垄断竞争条件下的技术创新过程。他们在《竞争条件下创新的时间性》(1972)、《最大创新活动的竞争程度》(1974)、《市场结构和创新》(1975) 等著作中提出了“技术创新与市场结构论”。

卡曼和施瓦茨认为，决定技术创新有三个变量：竞争程度、企业规模和垄断力量。竞争引起技术创新的必要性，因为技术创新能使创新者在与对手们的竞争中获取更多的利润。企业规模越大，在技术上的创新所开辟的市场越大。垄断力量影响技术创新的持久性，企业的垄断程度越高，对市场的控制越强，所进行的创新就越能耐久，越不容易在短期内被人仿制。

据此，他们认为介于垄断和完全竞争之间的市场结构，是能有效促使技术创新活动发展的市场结构。在这种情况下，技术创新可以分为两类：(1) 垄断前景推动的技术创新。指一个企业由于预计自己所进行的技术创新能够获得垄断利润的前景而采取的技术创新措施。(2) 竞争前景推动的技术创新。指一个企业由于担心自己目前的产品可能在竞争对手模仿或创新的条件下丧失利润而采取的技术创新措施。

一般地，如果只有前一种创新而没有后一种创新，创新活动到一定阶段就会停止。如果只有后一种创新而没有前一种创新，创新活动就很难出现，因为在技术创新的结果没有垄断利润可得的情况下，企业家是不会过早地投入较多的研究费用的。由于熊彼特创新理论是在完全竞争的前提下提出来的，对于垄断条件下的技术进步，熊彼特未作深入的研究。因此，卡曼和施瓦茨的技术创新和市场结构论被认为是对熊彼特理论的一个发展。

（四）列文的技术创新与新加入者说

几乎在卡曼和施瓦茨提出“技术创新与市场结构论”的同时，经济学家查德·列文从技术创新与新加入者处境的关系入手研究了技术创新理论，提出了“技术创新与新加入者说”。

列文在研究中认为，技术变革情况与新加入者的处境可以分几种场合来分别考察。

（1）如果企业规模的扩大程度与企业生产量的增长程度相等，那么企业所得到的额外盈利也不变，此时，企业用于研究的费用和技术变革速度也维持不变，该行业的企业数也保持不变。

（2）如果企业生产量的增长程度大于企业规模的扩大程度，那么企业所得到的额外盈利将上升，这样，使企业总收入中用于研究的费用比例增大，企业将增加促使规模扩大的技术变革，这时该行业的企业数或者不变，或者增多，而不会减少。

（3）如果企业生产量的增长程度小于企业规模的扩大程度，额外盈利就会下降，从而使企业用于研究的费用减少，促使规模扩大的技术变革也将减少。这时，该行业的企业数或是不变或是减少，而不会有新加入者。

（4）如果技术变革的可能性和收入的增长率是既定的，需求弹性对该行业的新加入者的状况就有决定作用。需求的收入弹性增大，新加入者比较容易进入该行业，因为这时额外盈利的机会较多，新加入者有利可图。相反，需求收入弹性下降，新加入者进入该行业就比较困难。

（5）如果整个经济的增长率是上升的，即收入是增长的，那么在需求的收入弹性大于需求的价格弹性时，由于额外盈利机会较多，新加入者有利可图，新加入者比较容易进入该行业。相反，在需求的收入弹性小于需求的价格弹性时，由于额外盈利机会减少甚至丧失，新加人者无利可图，新加入者就比较难以进入该行业。

列文的这一理论被西方经济学界认为是进一步发展了熊彼特的技术创新理论，并使技术创新理论日臻完善，对研究技术进步对发展中国家经济发展的推动作用和技术进步的内在运行规律具有重要的指导意义。

近些年来，经济学家们在分析和研究技术创新理论时，又逐渐将它与制度分析结合起来，因为他们发现，仅仅就技术论技术，往往难以达到发展的目的，只有将技术创新与其外部环境——制度创新结合起来，才能真正实现技术进步对经济发展的巨大推动作用。否则将会因制度上的落后或不适应等原因而阻滞技术发展和推广，进而阻滞经济的发展。所以，技术创新与制度创新的结合与协调，将成为今后发展经济学理论研究的重要课题。

第二节 技术进步与产业结构

经济发展的核心是产业结构的高级化，而产业结构的变动离不开技术的进步。因此，经济发展与技术进步是同步的，没有技术进步，就不可能有经济的持续发展。

一、技术革命与产业结构进步

技术进步对经济发展的影响往往直接体现于对产业结构进步的推动上，而从历史上来看，技术进步的典型表现则是人类历史上的数次技术革命。因此，研究技术革命与产业结构进步的关系问题，是非常有益的。

技术革命是由于重大技术变革或发明创造引起的技术发展中的飞跃性质变，也是推动产业结构明显进步的技术创新过程。从产业结构成长的演变过程看有四次技术革命，每次较大的技术革命，都引起一次产业革命，没有技术革命的兴起，产业结构是不可能进步的。

最早的一次技术革命可以说是发生在农业和牧业生产中。在此之前人类的生产活动是原始的渔猎、采集活动，人类完全依赖自然恩赐生活。由于农业种植技术和牧养技术的创新使人类从渔猎、采集时代进入了农牧业社会，确立了农牧业主导的产业结构，人类社会进入以农耕为主的农业文明阶段。

第二次技术革命产生于18世纪30年代，首先从英国开始，然后席卷西欧和北美。这次技术革命是以机器大工业代替手工技术为基础的工场手工业为标志的，被称为“产业革命”或“工业革命”。产业革命的起点，是机器的发明和使用，从纺织机器的技术革命开始，到动力机械蒸汽机的发明，产业革命迅速扩展到工业、采矿业、交通运输业等部门，确立了以纺织、采矿、钢铁、汽车、橡胶等主导产业部门为主的产业结构，改变了整个工业生产的面貌，实现了人类生产和生活方式的一场革命，从而使人类开始从传统农业社会进入工业化社会。

第三次技术革命的浪潮兴起于20世纪第二次世界大战前后，由于电子、原子能使用的技术创新，使人类从前工业社会进入后工业社会，形成了以电子工业为主导的产业结构。二战后科学技术的日新月异，使经济发展速度空前加快，西方资本主义国家经历了所谓的“黄金发展时期”。

第四次技术革命的浪潮至今方兴未艾。这次技术革命是以信息技术为核心，包括新能源、新材料和生物工程等方面的技术创新，正在形成以信息产业为先导的产业结构，从而使人类社会开始从工业社会向信息社会过渡。

对于发展中国家来说，现代技术革命既是机会又是挑战。发展中国家在经济发展中应努力把握历史所赋予的机遇，重视利用科学技术革命的成果。其面临的困难是：技术水平同发达国家的差距较大，且有不断扩大的趋势。有利因素是：发展中国家并不需要循序渐进地走完发达国家用了几个世纪才走完的技术革命过程，而可以直接引进和运用现成的科学技术成果，采取跳跃发展的形式，用较短的时间完成由传统技术向现代技术的转变。发展中国家要在经济发展中实现技术革命，面临的迫切任务是工业化技术的持续普及，消除传统技术和现代技术明显并存的二元差异，建立雄厚的产业基础；还应努力发展电子、核能等后工业技术产业，缩小与发达国家在产业等级上的差距，初步发展信息社会技术产业，迎接新技术革命的挑战。

发展中国家的大小不同，资源丰富程度不同，内部差异程度很大，各国应根据本国的特点，选择适当的技术并建立相应的产业部门。经过50多年的经济发展，我国已经建立起了一系列尖端现代科技产业，为今后的经济持续发展打下了基础。目前面临的问题是，技术差异的二元结构特性特别明显，尖端的现代科技产业部门比重过小，且多集中于军事工业部门，无法发挥对其他产业的辐射作用，从而现代技术产业部门无法发挥经济发展主导部门的作用。因此，缩小技术发展的二元差异，尽量将现代科学技术成果扩散到各产业部门，发挥已有的信息产业和其他高科技产业的作用，对于中国经济的进一步发展有特别重要的意义。

二、产业关联要素分析

现代经济社会中的各产业部门实际上是一个互相联系、互相依存的产业群体，各产业部门之间存在着必然的内在联系和外在联系。

（一）不同产业部门的内在关联要素分析

在一定历史时期内，每个产业部门所应用的技术体系是一定的。自从人类社会有了分工以后，各产业生产所需的生产资料就由自给自足向着分工协作发展。随着产业部门的增多和社会生产规模不断扩大，每个产业部门生产的产品品种也不断增加，各产业部门的协作形式也越来越复杂，部门之间的一对一的依附关系也日趋减弱，使得部门之间的联系显得不明确。但是，这并没有减少部门间的相互依赖性，它们之间依然存在必然的内在联系，使得不同产业部门互相制约与促进。

任何一个产业部门的生产必须消耗原材料、能源等物资，必然需要基础设施，而任何一个部门都不可能自己生产所需要的全部生产资料和生活资料，必须依靠其他部门供给它所需要的生产资料等。但依靠哪些部门供给什么生产资料，供给什么样质量与性能的生产资料，则是由它所应用的生产技术体系所决定的。使不同产业部门之间发生联系的内在因素是技术。换句话说，不同产业部门的内在关联要素是它们之间的技术联系。这种技术关联表现为两个方面。

（1）前向关联或前向波及。一个产业部门生产所应用的技术体系必须靠其他部门提供原材料，当原材料产业部门的技术体系发生变化，并使其所提供的原材料的性能、种类等发生变化后，有时会迫使该产业与此相适应，对其原来的技术体系进行改造。在这种情况下，该产业的规模、产品性能、种类都可能发生重大变化，从而在整个经济中的地位也发生变化。这种现象可称前向关联或前向波及。

（2）后向关联或后向波及。与前一种情况相反，当某一产业部门的生产技术体系发生变化后，有时也要求原材料的性能、品种发生相应变化，迫使原材料供应部门的技术体系发生相应转变。这种现象可称为后向关联或后向波及。

（二）不同产业部门间的外在关联要素分析

由于社会化大生产的分工，不同性质的行业按照某种标准被划分为不同的产业，这些产业共同处于经济整体之中，各自按一定组织形式进行生产，彼此之间由于技术联系互相依存，互相影响。但是在商品社会里，它们的联系不仅仅表现为内在的技术关联，还表现为外在的商品交换关系。任何一个部门，要从市场上获得任何生产手段，或使其产品价值得以实现都必须通过交换这一过程。一个部门的产品生产无论从量上还是从质上，都受到需求部门的制约，尽管这种制约并不是直接的，但各部门都不能摆脱。各产业部门都同时为社会生产产品，也通过交换获得自己所需要的产品，如果本部门的产品不能被社会所承认或不能从社会上得到自己所需要的产品，该部门的生产就无法继续下去。因此，每个部门都必须考虑与自己有关部门的直接的或间接的供给或需求能力，这就使各个产业部门相互影响、相互依存，使性质完全不同的产业部门互相联系。

实际上，交换是在需要的基础上产生的。而需要的前提是使用价值，也就是说，参与交换的商品必须具有使用价值。在生产领域里，使用价值是由生产技术所决定的。如果说生产部门所应用的生产技术不需要某种产品，则这种产品在该生产部门也就没有使用价值，也不会对其产生需求。因此，可以说使不同产业部门发生联系的根本源因是生产技术。

对于非生产部门，如第三次产业与第一、第二次产业的联系，则决定于社会总技术水平所制约的社会劳动生产率。社会总技术水平越高，社会劳动生产率也就越高，第三次产业就可以占有较大的比例。反之，如果社会总技术水平和劳动生产率都很低，第三次产业不可能占较高比重。

三、技术进步对产业结构变化的影响

既然技术是产业关联的本源要素，技术进步就必然引起产业结构的变化。当然，技术进步有大有小，而且它是一个长期积累的过程。小的技术进步，如生产过程中的局部技术革新、技术改造，只能使局部的劳动生产率提高，并不能改变整个生产力体系。这种技术进步不会带来产业结构的明显变化。如果技术进步是发生在某一对其他部门有重要影响的行业里，使整个行业的技术体系发生了全新的变化，并直接导致劳动生产率提高、产品成本下降，它就有可能使产业结构发生较大的变化。当技术进步积累到一定程度，使人类生产能力产生质的变化、使生产方式发生了变革，尤其是当某种新技术将引起若干个产业部门的生产效率产生一种飞跃时，就会使整个产业社会技术体系发生革命，从而引起产业革命，使产业结构发生急剧的变化。

（一）技术进步刺激需求结构，使产业结构发生变化

技术进步对需求结构具有十分重要的影响。而毫无疑问，需求结构对产业结构的影响是直接的，而且是最基本的影响因素，因为没有需求的产业根本不会存在，在需求结构发生实质性变化之前，必须先有某些技术突破或革命。否则，需求结构将主要由于人均国民收入的变化而在原有技术产品方面发生量的变化，而且这种需求结构的变化将是相对缓慢的，即使有时变化较快，也终是有限度的。也就是说，没有技术进步做先导，需求结构对产业结构的影响将是渐慢的缓变。因此，可以说需求结构变化是产业结构变化与技术进步之间的一个环节。技术进步从多方面对需求结构产生影响，从而引起产业结构的变化。

第一，技术进步使产品成本下降，市场扩大，需求随之发生变化。许多产品从其性能、用途来说是社会上极其需要的产品，但由于成本过高而使需求受到限制。比如太阳能设备就是这样。相反，近几年发展的集成电路使电子计算机的体积更加微型化，价格便宜，安装使用方便，以至进入了千家万户。因此，电子计算机产业获得飞速发展，不仅其本身作为一个新兴产业在整个经济中占有一定比例，而且带动了信息工业的发展，使许多传统产业技术体系获得改造和提高。这种情况称为技术进步的波及效应，即一个部门的技术进步结果成为其他部门技术进步的起点。广义上说，在一个时期内，各产业部门都会发生技术进步，产品成本、产品价格都应有所下降。但是，各产业部门的技术进步程度一般不同，技术

进步快的部门的劳动生产率提高得就快，产品成本降低幅度大，对需求刺激也就大。从另一角度讲，即使产品价格不下降，技术进步快的部门的物价指数上升幅度也较慢，同样使需求结构发生变化，从而引起产业结构变化。发生在生产资料部门的技术进步，不仅仅使该部门的产品需求量增加，而且使用这种生产资料进行生产的产品的成本也降低，使其需求量发生变化。这是技术进步波及效应的又一种形式。

第二，技术进步使资源消耗强度下降，使可替代资源增加，改变生产需求结构，从而使产业结构发生变化。所谓资源消耗强度，是指生产某单位产品所消耗的某种资源的数量大小。它的变化情况可用资源消耗弹性系数来描述：

$$\text{某种资源消耗弹性系数}=\frac{\text{某种资源消耗增长率}}{\text{产品产量增长率}}$$

系数下降有两种情况。一是非替代性下降。即某种资源消耗强度下降不是靠其他资源替代实现的、而是纯粹由于资源利用率提高，或工艺改革、技术改造等直接技术进步因素造成的。这时，该种资源的需求比例将降低，同时产品成本也将下降，从而使需求结构发生变化。二是替代性下降。即某种资源消耗弹性系数下降是由于替代资源进入生产领域，使被替代资源消耗比例降低，而替代资源消耗比例上升。虽然产品成本不一定下降，但资源需求结构肯定要发生变化，从而影响产业结构。

第三，技术进步使消费品升级换代，改变需求结构，促进产业结构变化。生产的最终目的是消费，消费品结构变化，将对产业结构产生直接影响。

第四，技术进步与需求变化互相影响，综合促进产业结构的变化。正像技术进步可以改变需求结构一样。需求结构变化对技术进步也会产生反作用，这是涉及技术进步方向的问题。一般来说，需求迫切、对经济建设影响重大的产业部门的技术进步往往较快。因为这样的部门往往是经济发展的关键部门，容易获得各种技术进步条件。如技术投资、技术人员等将首先投放在对人类生活及社会、经济发展影响重大的部门。换句话说，需求决定着技术进步的方向。当然，这并不是说技术进步在需求面前完全是被动的。相反，技术进步是经济发展的能动的促进因素。即使是需求很强烈的部门，如果技术不取得突破，需求结构也难以改变。从这一点出发，需求结构必须服从技术进步的变化。技术进步与需求结构之间的关系很相似于生产力与生产关系间的关系，即技术进步从一方面决定着需求结构，而需求结构又反作用于技术进步，影响着技术进步的方向和速度。这二者的互相制约与促进，影响着产业结构的变化。

（二）技术进步使劳动生产率提高，使劳动力发生转移，促进产业结构发生变化

一般来说，生产领域里的技术进步总是以机器代替人的劳动为特征的。由于这一特征，在生产规模不变时，生产领域里所需要的劳动力人数就会随着技术进步而减少，使劳动力从发生技术进步的部门中游离出来。如果技术进步使产品成本下降，并使首先发生这种情况的部门的产品需求量扩大，则其生产规模也可能同时扩大，这时游离出来的劳动力将被扩大的生产规模重新吸收（或部分吸收）。而若其生产规模没有扩大，劳动力游离就是必然的。游离出来的劳动力可能向三个方面转移：（1）产品需求量上升，需要扩大生产规模，但没有实现技术进步的部门；（2）需求上升的新兴产业部门；（3）服务部门。无论被游离出来的劳动力向哪个部门转移，都会使产业结构发生变化。从人类历史发展来看，首先是农业中游离出的劳动力向加工业转移，然后是从加工业中游离出来的劳动力向服务业转移。尽管这个转移过程总的来说是缓慢的，但却是非均匀的，在发生技术革命时，劳动力的转移速度会加快。

另外，技术进步会改变国际竞争格局，促进产业结构变化。国际市场历来存在着激烈的竞争。在技术不发达时代，一个国家的竞争能力大小主要取决于资源条件。而在当今技术文明时代，靠资源优势在竞争中获胜的机会不断下降，而靠技术进步取胜的机会越来越大。技术进步可以改变一个国家在国际市场上的竞争能力。特别是外贸占国民经济比重较大的国家，其产业结构就会随其竞争能力的变化而变化。

技术进步使产业结构不断向高级化发展。随着技术的不断进步，它在经济发展中所起的作用越来越大。在技术比较落后的时期，产业部门较少，人们从自然界中获取生产资料和生活资料，主要靠人类自身的体力和自然界直接发生关系，产业结构中的劳动密集型产业占较大比重。而技术的进步使人类逐步减少与自然界直接发生关系的程度，人类依靠科学原理制造各种劳动工具和机器，利用自然力去改造自然，从中获得生产资料和生活资料的比重就越大，可供人类利用的资源种类也越多，技术在人类生产中应用的密度也就越大。即技术密集型产业在产业结构中所占比重越来越大，劳动密集型产业所占比重不断下降。这就是产业结构随着技术进步不断由低级向高级发展的总趋势。

第三节　技术进步的形态与技术结构的选择

经济发展有其一定的阶段，并且发展中国家也有各自不同的国情，适应于发

展阶段和国情，需要选择不同的技术形态。

一、技术进步的形态

经济学家根据生产要素投入比率的变化，将技术进步区分为三种形态：(1) 希克斯的中性技术进步。这种情况下的技术进步使产出水平提高，但资本与劳动的比率（K/L）保持不变。(2) 哈罗德的中性技术进步，或称为劳动节约型的技术进步。在这种情况下，资本—产出比率（K/Q）保持不变，要素比率（K/L，亦即资本—劳动比率）偏向于节省劳动，资本的有机构成提高，K/L 的比率提高。(3) 索洛的中性技术进步，又称为资本节约型的技术进步。在这种情况下，劳动与产出的比率（L/Q）保持不变，要素比率偏向于节省资本，K/L 比率下降。

希克斯的中性技术进步在理论上是有一定意义的，但实际上技术变革几乎肯定要使要素比率发生变化。但是，要注意的是，采用新的要素比率技术并不意味着被节约的要素利用总量会减少。如哈罗德的中性技术进步是节约劳动的，但如果这种技术进步推动生产规模的扩展超过一定程度，则不但不会减少对劳动的总需求，实际上反而会增加对劳动的总需求，同样，索洛的中性技术进步也不意味着会使资本总量一定减少。

技术进步形态的发展趋势是哈罗德类型的技术进步占主导地位。这主要是因为，大多数发展中国家没有能力（包括物力、财力和高质量人力或科研人员）去推动科学技术研究，发明、创造先进技术，推进技术进步。只有发达国家才有这种能力，发达国家的研究组织出于竞争和利润的动机进行科技研究，它们偏向于发展资本密集的技术，以节约劳动和自然资源。在技术创新为发达国家所主导的情况下，技术形态发展的趋势必然是偏好于哈罗德型的中性技术进步，因此，资本的有机构成有不断提高的趋势。

二、发展中国家技术结构的选择

技术结构的选择是指发展中国家根据经济发展和本国自然资源、人力资源、资本资源的状况等具体国情，考虑多种因素，对不同等级和不同形态技术的层次组合和选择。

由于大多数发展中国家不具备自力更生进行科学研究和技术创新的能力，只能从发达国家引进技术，因此就产生了一个选择技术类型的问题。发达国家的技术多是资本密集型的，不太适合发展中国家所需。而发展中国家在引进技术的实践中，又普遍存在贪大、求洋、求新的倾向，偏好引进最新的技术。而这些最新技术往往是节约劳动的资本密集型技术，大多不适合发展中国家的国情。首先，发展中国家经济发展水平低，收入有限，购买最新的资本密集型技术是财力所不允许的；其次，发展中国家的一个重要特性是劳动力资源过剩，引进资本密集型技术无助于解决就业问题，先进技术反而排挤劳动就业；再次，很多发展中国家的人力资源质量低下，缺乏能有效使用、保养、管理和维修先进技术的技术人员，以致许多先进技术设备使用不当，不能充分发挥作用。

这样，发展中国家在技术结构选择决策时，就涉及技术选择标准问题。

（一）技术选择的标准

一般而言，技术选择的标准主要有以下几种：

（1）高产出量标准论，也叫资本周转率标准论。该理论认为：技术引进国应优先选用在规定投资资本条件下使产出最大的技术，这种技术引进标准特别适合于资金匮乏的国家。

（2）社会极限性生产标准论。该理论认为：即使在一定的资本条件下所适用的技术能使产出极大，但是如果收益率低，也不能说是选择了最佳技术，特别是当需要增加原材料进口而使国际收支情况恶化，就会产生这种社会承受能力的极限标准。这是适合经常被国际收支赤字所困扰、面临经济发展困难的国家的标准。

（3）高积累率标准论，又叫扩大投资率标准论。该理论认为：一个国家的经济发展并不仅仅依赖于技术进步，也依存于资本的积累率，应该选择能使经济长期增长的、资本积累率较高的技术。前两种标准强调从当前利益出发重视资本的生产性；高积累率标准论则是站在长远的观点上，强调资本积累的长远效果。

（4）时间系列标准论。为实现最高的增长率，对上述各种标准加以综合选择，以适应一定发展时间内的条件变化，这就是时间系列标准论。也就是说，在某一发展期间内以劳动密集型的技术为最适合，超过这个发展期间也可能是选择资本密集型技术为最合适。

根据以上规范论证，一般地，引进技术的选择应考虑经济原则、技术进步关联作用原则和技术推广可能性原则等。所谓经济原则，就是以最小的代价获得最大的效益，当存在两种技术都可取得所需要的同样成果时，若其他条件相等，则应当选择转移成本较低的技术；所谓技术进步的关联作用原则，乃是新的技术不仅为最初引进部门所利用，也能被其他部门所利用；技术转移中，技术推广可能性原则是重要的，无论引进怎样高级的技术，如果不能推广、消化，必然招致引进费用的浪费或损失。

（二）技术选择中的中间技术与技术创新

由以上讨论可知，发展中国家固然应引进最新的先进技术，但还必须使这种技术与自己的资源结构相适应，避免贪大求洋，应根据自己的国情，大量引进适用的中间技术。这种中间技术应具有下列特点：（1）最好是劳动密集型技术，不用占用过多的资本，以利就业。应当尽量避免技术进步排挤劳动就业，技术进步应与就业的充分化相协调。劳动资源丰富的国家应选择适应劳动密集型产业发展的技术。（2）投资少，节约外汇，以适应发展中国家的财力水平。（3）产品成本低，易于兴办。（4）不需要高水平的技术人员即可使用、管理、维修。

当然，如果总是引进中间技术，那么发展中国家将永远落后于发达国家，因此，从动态的角度看，除了应当根据本国的资源约束情况选择适应这种约束条件的技术形态外，还应在两方面同时采取措施，进行技术创新。一方面，为了追赶经济发达国家，要选择不同等级、不同形态的技术组合，以中间技术为主，同时也要选择先进的尖端技术；另一方面，应努力发展教育，推动科学技术研究，提高国民素质，培养适应先进技术的技术人员，吸收、消化、引进先进技术，并创造条件发展本国的科技事业，逐渐做到更多地依靠本国的力量进行技术创新。

对于像中国这样的发展中大国，已经具备了相当的自力更生进行技术创新的能力，并已经拥有一支数量庞大的科学技术人员队伍，就应大力发展适合中国国情的技术，同时，大胆引进最先进的国外技术，并消化吸收，促进产品的升级换代，推动产业结构高级化，以便尽快地赶上发达国家的技术和经济水平。

第四节　科学、技术和生产的协调与科技政策

科学和技术向生产转化是很重要的一环。从发展中国家的经验来看，出口导向对发展推动因素要大于进口替代。而出口导向实质是技术的竞争，因此，发展中国家的技术，还需要为出口导向服务，为出口竞争服务。这就需要国家有一系列的政策加以支持。

一、科学、技术向生产力转化的过程

科学技术是生产力。但是科学技术成果如果不能运用于生产过程，则科学技术就不能成为现实的生产力。

从科学、技术的产生、发明到生产过程的运用，需要经过一个复杂的过程。

在现代市场经济中，这一过程的完成是由科学家、技术人员和企业家及劳动者共同合作才能顺利进行的。其中企业家在其中起了重要作用。前已述及，熊彼特在其“技术创新”理论中，阐述了企业家的创新对经济发展的重要性。这种创新使科学、技术能够进入生产领域，转化为生产成果，从而推进了经济发展。

如前所述，熊彼特所说的企业家的创新当然不限于运用、推广科研成果和发明创造，而是包括：(1) 开发新产品；(2) 采用新生产方法；(3) 开辟新市场；(4) 获得一种原材料的新供给来源；(5) 实行一种新的企业组织形式。但无疑，(1)、(2)、(4) 项都同科研成果转化为生产力直接有关。

熊彼特强调了创新同技术发明的区别。他认为创新是一个经济概念，而不是一个技术概念，它是指经济上引入某种新事物，与技术上的新发明不同。只有当新发明被应用于经济活动时，才成为创新。要使创新成为现实，必须需要企业家履行其职能，企业家是创新活动的倡导者和实行者，正如技术发明不等于创新一样，发明者不一定是创新者，只有那种敢于冒风险，把新科技成果发明引入生产和市场之中的企业家，才是创新者。

企业家与普通的企业经营者也不同，企业家倡导实行创新活动，而后者则按部就班地按传统方式经营管理企业。企业家在心理上的特征是具有成功的欲望，他的活动是一种非物质的精神力量在支持着，这就是“企业家精神”。因此，企业家绝不是一个投机商或者只想赚钱的普通商人。

最先将科技成果引进生产和市场领域的创新能够得到超额利润，这种超额利润诱引和驱使企业家进行创新。

技术成果转化成生产力的过程应为：科研人员发明新技术——企业家进行创新将新技术引进生产和市场中——超额利润的诱引和竞争的压力使其他企业家纷纷仿效最先采用新技术的企业——整个社会形成创新热潮，于是科研成果扩散到整个社会生产领域中。这个过程具体来说，可以分为三个步骤：(1) 企业家为谋取高额利润而进行创新，引进新技术，开发新产品；(2) 其他企业为分享创新利润而开始模仿，从而使新产品、新技术得以推广；(3) 其余那些采用传统技术的企业为维持生存也不得不适应新的技术形势，从而新产品、新技术得到更广泛的推广、运用和生产。这三个步骤，简而言之即为“创新”、“模仿”、“适应”。

二、发展中国家科学——技术——生产力转化的困难

发展中国家在科学向技术、技术向生产的转化过程中，存在着一系列困难：

第一，发展中国家收入水平低，财政困难往往对科研投入形成制约，再加上传统观念认为科学研究不产生直接生产力，是非生产性产业的陈腐观念，导致忽

视对科研的投资，使科研机构和团体缺乏足够的研究经费，也就难以产生科研成果。

第二，发展中国家缺乏一个如熊彼特所说的“企业家”阶层，或者这一阶层的力量很小。企业经营者缺乏“企业家精神”，他们宁愿生产传统的陈旧产品，或者干脆投资于不动产、动产等流动性较强的非生产性项目（这就是投资的流动性偏好），也不愿冒创新的风险，因而科研成果难以在生产过程中推广运用。

第三，发展中国家的收入水平低，也使新技术产品的市场需求过小。如果政府不给予扶持，或寻求出口，则新技术产业产品势必因市场容量过小而缺乏销路。

第四，科技市场的信息封闭及科研机构同企业生产互相脱节也造成科学——技术——生产力的转化困难。因信息封闭，一些科研机构发明了新产品，而另一些科研机构可能正在为发明该新产品而“攻关”，至于企业，可能对新产品并无兴趣，而有兴趣的又不知道该新技术产品已经问世等等。

第五，科研、技术和操作等方面的人员素质状况可能不能适应新技术对这些人员的要求。

第六，发展中国家的科技市场、专利制度一般不健全，不少国家没有保护发明者、创新者利益的专利制度，从而严重地影响了技术创新的积极性。

因此，要顺利地实现科学——技术——生产力的转化和协调，发展中国家应当在一系列方面采取改革措施。

三、技术进步的国家政策

发展中国家的技术进步，需要国家制定发展战略，并且配套以相应的政策措施。从各国推进技术进步的经验看，有以下几个方面的政策措施。

（一）建立有利于高技术产业发展的市场环境

加强市场环境的建设，一要建立知识产权评估和交易体系，包括规范知识产权评估机构的认证制度，促进知识产权评估机构健康发育；建立知识产权交易市场，完善知识产权的转让、抵押、处置制度；形成业内自律和业外监管有机结合的运行机制。二要发展创新型中小企业服务体系，推动高新技术企业创业服务中心的建设，建立技术服务、咨询服务、信息服务网络。三要完善有利于创新的技术标准体系，通过国际标准和先进技术标准的推广、国际计量和技术法规的执行以及严格的监管制度，形成公平合理有效的企业技术进步推进机制。市场环境建设要结合体制改革，加强行业中介组织建设，对其中的非营利性机构给予政策扶持。

（二）推动高技术产业优惠政策由区域政策向产业政策转变

调整以往按区域确定高技术产业税收优惠范围的做法。要根据不同时期产业发展的需要，选择重点领域或产品，制定与国际惯例接轨的阶段性优惠政策。针对不同产业的特点，制定明确的产业技术政策，规定鼓励、允许和限制使用的技术，并辅以相应的保障措施。

（三）完善各类政策工具，提高政府服务质量

（1）改进国家推动高技术产业发展的计划。一是要针对关键产业领域确定专项计划，以提高产业竞争力为目标，对关键产业的发展进行系统部署，务求实现重点突破。二是计划的功能要向组织协调和优化配置资源方向转变。三是计划的实施要依托有创新能力的企业和产、学、研合作的企业联盟。

（2）进一步完善税收政策。在增值税方面，对研发投入大、生产消耗小的生产企业，允许其率先由生产型增值税转变为消费型增值税。在所得税方面，要强化其对社会资金投向的引导、激励作用，对企业的研究开发投入以及社会的创业风险投入给予适当的税收减免。

（3）建立有利于高技术产业发展的法制环境。推动促进高技术产业发展的法律、法规制定，强化依法行政，规范市场秩序，完善竞争规则。重点是完善知识产权保护制度，强化知识产权保护意识，提高知识产权管理水平。在制定与国际接轨的知识产权保护规则时，要指导国内企业运用知识产权作为参与国际竞争的工具；积极参与国际性产业、贸易规则的制定，为国内企业参与国际竞争创造条件。

（4）运用采购政策，支持高技术产业发展。通过推动相关立法以及颁布政府采购技术标准和产品目录，规定国际采购中本地产品的比例，制定在基础设施和工程建设中优先购买国内高技术产品的鼓励政策，为国内高技术产业的成长提供市场空间。

（四）完善高技术产业投融资体制

（1）调整政府投资结构，提高资金使用效益。要加大对高技术产业发展的资金支持。国家投入要侧重支持战略性的高技术产业化项目、高技术企业创业期的引导资金，以及利用高技术促进传统产业技术升级和产品更新换代的补助资金等，并要完善相应的决策程序和监督评价体系。

（2）发展创业投资，培育创业投资机制。推动创业投资基金相关法律法规尽快出台，促进创业投资机构建立规范的风险约束机制与产权激励机制。拓宽创业资本来源渠道，培育多元创业投资主体。规范发展创业板股票市场，建立多层次资本市场体系，为创业投资提供多种退出渠道。加快发展创业投资中介服务机

构，促进创业投资的行业自律。制定相应税收优惠政策，鼓励创业资本投资于国家鼓励发展的高技术创业企业。

（3）加强引导，广泛吸引社会投资。发布《优先发展的高技术产业化重点领域指南》，引导社会资金流向。利用税收优惠、补贴等多种方式鼓励企业增加研究开发投入。放宽市场准入领域，改善投融资服务环境。

（4）建立和完善高技术产品出口融资体系。对企业的高技术产品出口和高技术境外投资项目，在流动资金贷款和出口信贷方面给予政策性金融支持。建立担保基金，为企业出口高技术产品提供出口信贷担保服务。建立风险规避机制，为到境外从事高技术产业投资的企业提供保险服务。

（五）吸引培养人才，激励创业、创新

改革人事制度，制定吸引国内外科技专家、企业家参与高技术研究开发和高技术企业创业的优惠政策，形成开放、流动、人尽其才的用人机制。调整出入境管理、居留制度和收入自由汇兑等方面的政策，以利吸引海外高技术人才。协调有关政策，在分配制度上保证技术拥有者、企业经营者和高层企管人员能够获得相应报酬或相应权益。

思考题

1. 技术进步对经济发展的促进作用表现在哪些方面？
2. 试述熊彼特的创新理论。
3. 中间技术有哪些特点？
4. 发展中国家在科学—技术—生产的转化中存在哪些困难？

第七章

农业与经济发展

早期的发展经济学家将工业化看得很重要，认为现代化就是从农业社会转向工业社会，在他们的理论中也轻视农业的地位和作用。后来许多国家因轻视农业而发生了粮食缺乏、价格上升等问题，因此，从20世纪60年代开始，农业问题重新引起了发展经济学家们的重视。但是，后来一些发展中国家在处理农业发展与城市化和工业化的关系上，思路和政策不对，导致这些国家将精力放在农业投入上，而忽视了通过城市化和工业化转移农业剩余劳动力，造成农业中堆积了大量的过剩劳动力，使农业劳动生产率极低。这一章中探讨农业与经济发展的关系。

第一节　农业在经济发展中的作用

经济发展是离不开农业的，虽然农业是传统社会的经济基础，但是，工业化过程也需要农业的支撑，农业本身也有一个现代化的问题。工业化和农业现代化相互依赖，农业现代化是工业化的一部分。

一、农业对经济发展的贡献

农业对经济发展的重要作用是多方面的：(1) 农业提供的粮食为主的食品是

任何工业产品无法替代的。(2) 农业为工业发展提供一部分原料。(3) 农业的发展为农业机械、农业化工、运输、建筑、工业消费品等工业的发展提供了日益扩大的市场容量。(4) 农村劳动力向城市迁移为工业部门提供了后备劳动大军，并使工业部门的工资成本不致上升得太高太快。而且，农业发展所决定的粮食价格的高低也直接影响着工业部门的工资水平。(5) 农业在逐渐发展过程中，向工业部门提供储蓄资金。纳克斯等人揭示了农业部门中存在着隐蔽性的储蓄来源，政府通过兴办农田水利工程和其他建设工程可以有效地动员这种储蓄。资本主义发展初期往往通过"原始积累"的方式将农业资金转移到工业部门中，而社会主义经济发展早期也通过工农产品价格剪刀差来积累工业资金，并通过组织农田水利工程等措施充分利用纳克斯所说的那种"隐蔽性储蓄"。(6) 发展中国家如果能够保证农产品供给或结构性替代农产品，还可以节省外汇。(7) 农业现代化还有推动经济发展的产业联系效应。

有的研究结论认为：(1) 农业部门增长率占 GDP 增长率比重下降，不但适用于发展中国家，对工业化国家也仍然适用。说明就长期来说，农业部门的重要性是下降的。(2) 工业化国家农业产值的增长率小于中等收入与低收入的发展中国家。而非农产业的增长率和 GDP 增长率明显高于发展中国家，说明农业对发达国家的制约性已经较小。这说明在进入工业化阶段之前，农业是不可忽视的。(3) 对于发展中国家来说，农业对非农产业和整个国民经济的制约作用是非常显著的。就中等收入国家来看，1960—1970 年的农业产值的平均增长率高于低收入国家，因此其非农产值和 GDP 增长率也都高于低收入国家。最后得出的结论是：在发展过程中，农业对于国民经济的发展是至关重要的。

二、产品贡献

发展中国家在发展之初，非农业产业部门的扩大强烈地依赖于本国的农业，表现在农业部门发展必须要使粮食供给保持持续增长，同时从农业部门得到用于制造产品的原料，这称为"产品贡献"。根据世界银行《1980 年世界发展报告》的有关资料，可以发现农业发展速度同非农业部门和国民经济发展水平关系是高度相关的。产品贡献可以具体分为：(1) 食品贡献；(2) 原料贡献。我们首先分析食品贡献。

(一) 食品贡献

绝大多数发展中国家，农业部门是非农产业部门工人消费食品的主要来源。如果要实现工业和产业部门多样化，那么农业部门就必须提供超过自身维持生存所需要的剩余粮食，并足以保证正在增长着的非食品生产者的需要。

从理论上讲，国内粮食供给不足可以通过扩大进口加以弥补。但实际上，发展中国家缺乏可供出口的工业产品（不但是指数量缺乏，而且指供给品种和质量方面不符合出口要求），因而粮食进口要受到外汇稀缺的严格限制。而且与进口资本不同，进口的粮食被消费掉并不增加资本的存量。因而进口粮食占用外汇将导致投资水平下降，进而导致增长速度迅速下降，故粮食进口的机会成本甚高。而发展中国家本国生产的农产品，由于不用花费多少资本，农业劳动力也缺乏在非农产业就业的机会，故国内农产品生产的机会成本很低，同进口粮食的高机会成本构成鲜明对照。

食品短缺对经济发展的阻碍作用首先表现在它对工业化和城市化的阻碍。其次，食品供给短缺可能会引起通货膨胀，从而给经济增长带来消极影响。这主要是由下列原因造成的：(1) 发展中国家的特点是供给上的瓶颈，而不是因缺乏需求而存在闲置的生产能力。并且其恩格尔系数很高，因此采取增加收入政策可能会导致过多的需求和通货膨胀，而不是实际产出的提高。(2) 大部分食品的需求缺乏价格弹性。因而一旦供给短缺或需求过量可能会引起价格急剧上涨。(3) 较高的食品价格最终可能会导致较高的工业工资成本，工业品的价格也随之上涨，这使总价格水平的上涨不可避免。

（二）原料贡献

在许多发展中国家，工业化的早期阶段是从农业原料加工业开始起步的。食品加工、饮料、烟草、制革等工业，都主要依靠农产品作为原料。

农业的原料贡献还表现在它与其他产业的生产联系上。一般都认为，农业属于产业联系效果较弱的产业。但农业部门所表现的联系效果也不是微不足道的。如后向联系方面，以农产品发展为基础的产业——纺织、面粉、水果、蔬菜加工往往是工业化进程中的先行产业。按照定义，农业作为一种初级产业没有前向联系。但实际上农业的现代化要求增加工业品投入，诸如化肥、杀虫药以及简单的机械工具，因而产业联系效果系数并不特别小。纽律特等人的研究资料证明了这一点。他们的研究结果显示，农业内部的各产业的生产总联系效果多数仍然显著地超过了通常的估计。

三、市场贡献

在经济发展的早期阶段，因为经济中农业占绝对优势，农业人口不可避免地构成本国工业品的国内市场的重要组成部分，国内市场既包括生产资料市场，也包括消费资料市场。

在工业处于起步阶段时，即使工业部门的人均收入可能高于农民的人均收入，但由于农业部门的绝对规模，它必然是国内工业品的主要市场。库兹涅茨将农业部门构成工业品的重要市场称之为“生产过程的市场化”，而把农业部门向非农部门出售农产品称为“农业净产品的市场化”。

农业的市场贡献通过产业间的联系使其他部门生产和收入增加。当然，由于发展中国家经济的二元结构特征，农业部门的生产自给或半自给比重很高。在二元结构占优势的情况下，农业的市场贡献受到严重限制，农业商品化的发展无疑会扩大农业的市场贡献。

四、要素贡献

要素贡献包括资本积累的要素贡献和劳动要素的贡献。由于经济发展的结果使农业部门的相对重要性逐渐降低，农业的积累资金被认为是向其他产业部门投资的主要资本来源。因此，发展的过程中剩余的资本从农业向非农业部门转移。与此同时，发展使剩余劳动力，包括人力资本从农业向非农业产业发生就业转移。

农业部门向其他部门转移资本是一种必然现象。这是因为：(1) 非农产业部门的需求收入弹性大于农产品的需求收入弹性，对非农产业增加资本的需求更高；(2) 非农产业的边际资本产出率高于农业部门；(3) 在发展的初级阶段，农业作为占优势的重要的经济部门是国内储蓄与投资的惟一来源。

由于农民消费通常少于生产，即农民是净储蓄者，而且农民的储蓄超过他们在农业上的投资，通过向其他部门出售部分剩余产品，农业资本就转移到非农产业部门中。在政府干预的情况下，政府可以通过价格控制、间接税税率调整以及直接向农民征收直接税、强制性的农产品国家收购、政府垄断农业投入的供给，将资金转移到其他部门中去。

在农业部门向非农业部门提供劳动资源方面，刘易斯等人的发展模型已经做出了较多系统的分析。

五、外汇贡献

外汇贡献表现在农产品出口收入的增加和扩大农业进口替代品两个方面。由于这两方面的原因，农业可以对平衡海外支付做出贡献。外汇贡献是市场贡献的一种特殊形态。

许多发展中国家在国际农业贸易中存在着比较利益。通过农产品的出口，可以换取宝贵的外汇，如果不存在农产品出口，那么农产品的自给，同样能节约食品进口的外汇支出。

发展中国家扩大农业出口存在许多制造业产品出口所不及的潜在利益：(1) 许多发展中国家都有传统的出口作物（咖啡、可可、棉花、茶叶等），其产量可在现有的作物体系内增加而不需要大量增加新投资。(2) 即使增加投资，所需要的资本的数量也不大，农民具有利用劳动密集方法创造资本财富的巨大能力，而劳动的成本是很低的。(3) 大部分农产品是各国都生产的，其出口市场份额都很少，一般不会因个别国家增加出口数量而恶化贸易条件。

对于为节约外汇而发展农业的国家来说，农业的进口替代也是有利的。农产品的进口替代较少受技术条件的影响，较工业品的进口替代更易成功。

第二节　发展中国家农业的特点和现代化

发展中国家的农业有它们自身的特点，了解这些特点，对于制定农业政策和农业发展战略有着重要的意义。而了解发展中国家农业发展的阶段，也有助于对农业现代化的认识。

一、发展中国家农业的特点

（一）农业经济的二元结构

发展中国家农业中，传统部门与现代部门并存。但是，传统农业占优势是发展中国家农业的典型特征，传统农业部门采用传统的农业生产方式，传统的生产组织、土地制度和耕作技术。(1) 少数按照现代商业方式和技术经营的现代化农场处于小农的汪洋大海包围之中。在传统的农业部门中，就业人数占的比例很大，而产品商品化占的比例很小，大多数产品用于自给自足消费。在现代农业部门中，就业人数占的比例很小，而产品商品化的比例却大得多。(2) 在农业生产中，先进的技术，比如化肥、激素、除草剂、电力、机械等的使用，与牛马、畜犁、小规模经营等并存，这使得生产成本增高，但产出对于投入却增长缓慢，使许多小农经济破产。(3) 一方面大量的文化素质较低，甚至是文盲的农业人口存在，他们接受新事物的能力较低，在农业技术日益进步的趋势中无所适从；另一方面，接受了现代中等教育的农业人口在不断增加，许多农民子女考入高等学校，还有服兵役回乡的青年，这些人口对于自己在传统农业中劳作的命运并不甘心，成为向城市转移和推进农业现代化的人力因素。这种现象是二元经济结构的表现。因此，二元结构条件下的传统农业占优势地位是发展中国家农业最重要的特征。而农业的发展也就是消除二元结构，实现传统农业向现代化农业转化的过程。

（二）农业生产的目标函数与供给反应

许多发展经济学家认为，发展中国家中，农民生产的目标函数是农民自身与其家庭的粮食保证。而新古典派的学者认为，发展中国家的农民同发达国家的农民一样是为了利润而进行生产。

确切的情况应该是，发展水平越低的国家，其农民的生产目标就越是偏向于保证维持生存的粮食生产。当生产水平已经脱离了维持生存阶段时，农民除生产自给的粮食外还有剩余农产品可供出售。这时，半自给的农民可能受利润最大化这一目标的驱动。但由于农民的现金收入一般很低，他们往往把风险大小的考虑置于利润最大化原则之前，不得不把用于经济作物生产的资源限制于首先保证粮食自给的范围以内。发展程度越高，农民的收入水平越高，对于利润最大化的追求动机就越强烈。因此，不能说发展中国家的农民对于农产品市场价格的变化毫无反应。

曾经有些发展经济学家持这样的观点：落后农业中的供给反应是异常的，即农产品供给对于价格的变动完全没有反应，甚至农产品价格上升会诱导农民提供较少的产品，因为农民容易满足于很低的生活水平。

应该说上述观点不是完全没有道理的。如果农民生产的目标函数是维持生存的话，其供给反应确实可能是异常的。如果农民不关心利润，那么他对市场价格的变动，至少是反应迟钝的。但如果我们所说的农业发展已使农民的目标函数发生变化，则供给反应也同样会发生变动而趋于正常。

影响供给反应的另一个因素是农民的反应能力的大小。在贫穷的发展中国家，农民也许有追求利润的动机，但因为农业技术的落后，农业机械和化肥等投入品的缺乏（或者农民无力购买），其反应能力通常可能很微弱。另外土地面积、天气状况等也同样制约着供给反应的能力。

之所以说假定上期产量影响本期产量，是因为农业生产的周期很长（通常为一年或半年）。因此，农产品的价格和产量间的波动远较工业产品为大。这已为“蛛网模型”所揭示。

总之，由于发展中国家农民的目标函数和客观条件（反应能力），决定了农业的供给反应可能不显著，至少不能同发达国家的农业相比。

（三）农业发展的制度与组织障碍

发展中国家农业部门的土地所有权制度是多元的、复杂的。但传统农业制度下的封建地主——佃农制度占主导地位。这种制度盛行于拉美、中东和南亚等地区。在非洲国家，则仍保留着传统的部落村庄所有权制度。这些复杂的土地制度可以分为四种类型：（1）传统的村庄（部落）所有制度。私人只有土地的收益经营权，没有直接的所有权。（2）传统的私人所有制。所有者可以是个体农民（土地所有权和经营权统一），也可以是地主。地主占有土地，而佃农则从地主手中租地耕种，并以实物、劳务或者货币形式向地主缴纳租金。（3）现代的资本主义私人所有制度。土地所有者一般是农业公司或按商业方式经营的种植园。（4）现代的社会主义土地所有制度。土地归国家或集体所有，由集体农庄、合作社的成员耕种。

土地制度同农业生产的发展存在着密切的关系。部落所有制是一种公有制度，但正是由于土地公有，导致放牧或开垦过度，休耕期缩短，土壤肥力下降，水土流失严重。而且这种制度对于外界的变化，特别是对新技术的反应微弱，导致农业技术落后和停滞。这种制度还导致部落成员的农业生产同外界隔绝，同商品生产体制无缘。

在地主占有土地的私人所有土地制度条件下，大地主可能占有大多数土地，大多数农民通过各种租佃才能利用土地；土地所有权的高度集中，收入分配就极不平等。农民被迫将产品的很高比例交给不劳而获的地主。这当然有违社会公正原则。这种不公正严重压抑农民提高生产率的积极性，而且经济上的不公正是同政治上的不公正相联系的。许多发展中国家的地主阶级，仍然享有各种政治特权，甚至政府在很大程度上受到地主阶级的控制。租佃制度使土地分割过细，无法进行河渠灌溉，严重影响农业机械化。而且这种制度下的地主和农民都不愿或不能采用新技术，因为地主受合同契约的影响不能就投资所增收益获得更多利益，佃农又无力进行投资，或缺乏租佃安排保证其从新技术的采用中获益。因此，发展中国家要促使农业发展，土地制度的改革是重要的政策措施。

从理论上，资本主义的土地所有制度和社会主义土地所有制度是现代土地占有制度，从而优越于传统的土地制度。但对于生产力水平极为低下的发展中国家来说，传统土地制度占有绝对优势，现代土地制度难以建立。从实践上看，在低下的生产力水平上推行现代土地制度，其效果也令人怀疑。

（四）农业生产的资源投入结构

在发展中国家，传统农业部门中土地和劳动是主要的生产要素，资本的使用量很少，使用的生产技术是传统的、落后的。在有限的资本设备中，大多数还是由农业部门本身通过劳动形成的，如简易的农用建筑、灌溉设施。

大部分发展中国家由于存在沉重的人口压力和缺乏非农业就业机会，再加上土地占有制度的缺陷使土地集中程度较高，从而造成了较严重的劳动过剩和土地的短缺（人均拥有土地数量很少）。这些国家不得不采取对作物加以精心照料的农业劳动密集技术以努力提高土地的单产水平。由于土地短缺，劳动力过剩，造成了地租水平较高而劳动的报酬很低，这又导致劳动者的工作积极性低落。

技术落后和停滞是传统农业的重要特征。传统农业技术是简单原始，是劳动密集型和自给自足的，可以从农业部门内部获得这种技术赖以实施的物资和服务，而不必依赖外部。所利用的资本投入设备，如简单的农具或运输和储存的工具，都是由家庭或者本村生产的。

（五）农业的自然风险与经济的不确定性

农业是深受不稳定的自然环境和经济上各种不确定性因素影响的生产部门。多数发展中国家处于热带和亚热带，在那里，自然环境比处于温带的发达国家不稳定得多。热带的气候条件往往是农业生产和人们的生产活动的不利因素，高温使人们消耗过多的能量和体力，变得无精打采，而热带明显的旱季和雨季之分使雨量不是太多就是太少。在旱季，太阳终日照射着大地，土地被烤得冒烟，终年高温也使细菌和害虫广泛繁殖。而雨季的狂风暴雨又将土壤的有机质冲刷而去，使土地的肥力耗竭。不稳定的自然环境造成产量的不确定性。在极端的大风、洪涝和干旱的情况下，农民甚至颗粒无收。而农产品产量的显著减少对于农民的生活会造成严重后果。

农业生产中的产量和价格的波动幅度很大。在农产品短缺的情况下，农产品的价格会剧升，按理对农民是有好处的。但是发展中国家的农产品，首先必须满足农民自给性消费，剩余产品才会进入市场交易。在歉收的情况下，农民可能不会有剩余产品出售，因而产量下降、价格上升对农民并不带来多少利益。相反，如果丰收造成剩余农产品大幅度增加，由于价格剧降，丰收后农民仍然得不到好处。

研究还表明，各种农产品间的需求交叉弹性相当高。这种情况加大了生产者所面临的价格的不确定性。而落后的交通条件、通讯条件，又使农产品的市场狭窄，农民只知道当地的市场价格，而且即使知道外地的价格比本地高，由于缺乏有效的交通网络，也无法将农产品及时转运其他地区。这加剧了价格和供求关系在各地区间的不均衡性。

二、发展中国家农业的现代化

农业发展的阶段与其结构的变动是有规律的，在一定的收入和生产力水平上，有其规律性的变化阶段和相应的结构。

（一）农业现代化的涵义

农业现代化是指用现代的科学技术和现代工业来为农业提供生产的技术手段

和物质手段，用现代农业经济管理方法提供农业生产的组织管理手段，把传统的封闭型农业转变为现代的开放型农业的过程。

农业现代化的基本特征是：(1) 生产工具的现代化。传统农业所使用的生产工具是手工工具、人畜力和自然肥料。现代农业则采用各种机械化的生产工具，以石油和电能为主要动力，并广泛采用各种化学肥料和农药，是由工业部门提供大量物质和能源的农业。(2) 农业生产技术的现代化。传统农业采用的生产技术主要来自农民的直接经验。现代农业则采用现代科学技术，根据农业生产发展及其变化规律指导农业生产，能动地利用自然和改造自然。(3) 农业生产的专业化、社会化和区域化。现代农业打破了传统农业自给自足的封闭式循环，实行专业化、社会化和区域化生产。农业生产结构也发生了深刻的变化，农、林、牧、副、渔全面发展，农工商密切结合，农产品的商品化程度大大提高。(4) 农业生产制度和农民生活方式现代化。农业现代化绝不仅仅是农业的投入、产出结构和技术构成的改组和变革，而是同时伴随着农村社会制度和农民生活方式的深刻变革。在现代化过程中，传统的封建土地所有制解体、消亡，而现代的适应商品经济发展需要的土地占有形式逐渐成为农业生产方式的基础。与此同时，农民的生活方式和生活水平都发生质的变化。

（二）农业发展的阶段

从传统农业向现代农业的转化是一个漫长和艰难的过程。这一过程大致分为以下三个阶段。

第一阶段是生产力低下的维持生存的自给自足的传统农业阶段。在传统农业中，生产与消费相等，没有净储蓄，基本上是简单再生产。农业土地占有制度是传统的部落公有制、传统的地主—佃农制度和小农占有制度。农民只种植几种农作物作为自己家庭食物的来源，产量和生产率都很低。使用的生产要素主要是土地和劳动，劳动工具简陋，生产方式原始，农业投入量很少。农民只有在农忙季节才能实现充分就业，其他季节的就业量不足。

第二阶段是传统农业向混合的多种经营农业转化的阶段。在这个阶段中，土地占有制度和农业生产制度发生了量变，现代农业生产方式开始出现并逐渐占有一定的比重。但土地占有和农业生产制度是二元的，即传统和现代农业制度并存。此时，农民不仅仅种植几种农作物，而是多种经营，种植一部分经济作物，经营简单的畜牧业。在季节性失业时，可以用其他的生产活动去填补空闲，增加收益。这一阶段的农业生产技术和生产工具都有改进，一些简单的机械和良种、化肥等逐渐得到推广。

第三阶段是专业化、现代化的商品农业。这种类型的农业是与国民经济其他产业部门的发展相适应、相联系的。在这一阶段中，农业生产的目的已不再是在自给自足的前提下仅仅将一些剩余产品出售给市场了，利润最大化已经成为经营的基本原则，生产主要是为了满足市场需要。这一阶段，农业生产按照专业化分工的原则进行，农场集中栽种一种特殊作物，所使用的机械设备是节省人力的大型高级的现代化设备。

我们把农业发展的三个阶段的特征概括为表 7—1。

表 7—1　　农业发展的三个阶段

特征＼阶段	自给自足的传统农业	混合农业	现代化农业
产品结构	一种主要粮食作物和多种辅助作物	多种经营	一种主要经济作物和多种辅助作物
生产目的	农用	农用及供应市场	供应市场
劳动时间	季节性	均衡使用	季节性
资本投入	低	中等	高
收入	低	中等	高
收入保障	低	高	中等（价格波动）
收入产值比率*	高	近一半**	低
农业的专业技能	专业化	多样化	专业化
对支持性体制的依赖	无	部分	完全

* 原文为“Ratio of Income to Valut of Output”，陶文达所著的《发展经济学》中译为“收益率与产值比”。

** 原文为“Approximstoly Half”，陶文达所著的《发展经济学》中译为“近一年”。

资料来源：韦茨：《从小农到农场：发展的革命战略》，20 页，纽约，哥伦比亚大学出版社，1971。

大多数发展中国家目前处于“混合农业”阶段。在 1911—1990 年的 80 年间，发展中国家的农业停滞不前，充分说明农业向现代化转型的艰巨与困难。

（三）石油农业、生态农业和现代生物工程农业

农业现代化是一个历史性概念。就当代而论，现代化农业就是指具有世界先进水平的科学化、机械化、社会化的农业。这种现代化农业是以石油农业为标志的，也就是说，农业生产广泛地使用化肥、农药、激素、塑料薄膜、农用液体能源等技术手段。

石油农业手段无疑对大幅度提高农业生产起了主要的推动作用。但单纯或主要使用石油农业手段时，也造成土地板结，肥力下降，土地、水源、食品污染，对其他动植物造成危害。正因为如此，发达国家正在推动石油农业向生态农业与现代生物工程农业的转型。所谓生态农业，是指农业各环节能相互衔接、依存和相互净化污染的农业生产系统。现代生物工程农业是指通过生物遗传工程，改良

品种，发展新品种，进而提高农业生产率的生产方式。对于发展中国家来说，农业现代化是个艰难的历史过程。发展中国家的国民收入水平低，劳动力过剩严重，不可能采用大规模的资本密集的现代农业机械设备。因此，对于发展中国家来说，可供选择的出路只有一条，将石油农业（如化肥、农药和杀虫剂等）、生态农业、生物工程农业（如杂交良种）结合起来，实现土地耕作的集约化，农业生产率是可以大幅度提高的。“绿色革命”的成功充分说明了这一点。

第三节　从小规模的农业向规模经营转变

发展中国家的农业，一般来说是传统的小规模经营的农业。这种农业的经营方式随着农业的现代化，农民收入提高使农民生活成本提高，需要规模化经营，以降低投入的成本，增加农业的效益。因此，在一个结构转型过程中，农业不断地从小规模的农业向适度规模的农业经营转变，是一个趋势。

一、农业小规模经营的不经济性

在发展中国家，土地的规模经济水平随着农业现代化的程度提高，在现代化程度提高时，规模不变，效益可能递增，这就是农业小规模经营的不经济。中国改革开放以后，包干到户虽然打破工分制式的平均分配，然而土地的分配却按人或者劳动力比例，好、中、坏搭配，分到各户的土地面积很小，分散各处。因此，不要说各户土地要素向专业农业户的集中，就是每户农民现有的土地要素也支离破碎，整合——规模程度非常低。

到了 2003 年，中国每个农户平均种 5 亩左右的地，南方的农民，每户耕种的规模在 3 亩左右。由于每户农民土地的规模程度过低，以及土地分散在各户，农业生产规模很小而不经济。许多地区，农业由于收益较低，在种养业内部和农村产业之中，已经成为一种经济地位较低的产业。有的农户将农业生产作为兼业或者副业，从农业中节省出大量的时间，精力和时间主要放在收益较高的其他生产经营项目上，土地粗放经营，有的地方甚至出现土地撂荒和变相撂荒的情况，影响了耕地的产出率。

如果农户支离破碎的土地要素能整合集中，实现农户现有土地的规模经营，再适度地使农户之间的土地集中，则可以节约大量的劳动成本，缩小产业之间的利益差距。根据中国浙江、江苏、北京、上海、山东及更多的省市推行农户家庭土地适度规模经营的效果证明，在同样的农产品价格条件下，当农户家庭经营的土地面积扩大到适度的规模（在现有技术条件下，中国南方每个劳动力约 20 亩左右，中国北方每个劳动力约 30 亩左右，如果采用机械作业，规模还可以大幅度扩大）时，每个劳动力的农业纯收入成倍高于当地土地经营规模较小的农户。这反过来也证明，中国目前农业土地经营规模过小，是制约我国农业经济增长的一个重要原因；而家家包地、人人种田，分散的土地吸收了过剩的劳动力，过剩劳动力在农业内部的滞存又适应土地的分散经营和制约着土地的集中使用。结果形成一种农业劳动力过剩→土地资源分散→规模小而不经济，效益不高而增长较慢→农业剩余劳动力过度滞存→土地经营分散→……的恶性循环。

持耕地还要几十年几亩地小规模承包不变观点的学者对农业未来发展的变数估计不足。实际上，农户因种农产品收益太低，生活和教育费用等不断提高，很难靠固定的几亩地维持生计。中国加入 WTO，由于农产品成本（特别是活劳动成本）太高，无法和国外农产品竞争，在其冲击下，太小规模的耕地家庭经营，肯定会大量破产。这样就会发生：或者不种地了，将地荒起来，或者转包给别人种，耕地方面的不规范转移和纠纷会增多。农村生活水平的提高、生活费用的上涨、农业生产资料价格的上涨、教育费用的上涨，农产品价格加入 WTO 后长期稳定甚至下降，成本却要不断上升，如果农户们还在几亩地上刨食，农民经济上必定破产无疑。出路只能是一方面转移出剩余劳动力；另一方面，农业生产逐步规模经营。

二、农业的规模经营

农业生产成本分为“不变成本”和“可变成本”两大部分，农业中的不变成本，如去购买种子、化肥、农药的人力交通费用，去出售农业产品的人力交通费用，以户为单位交的各种收费，通信费用，等等，并不按照土地多少而变化；当农业剩余劳动力不能转移时，其作为农业生产的活劳动成本，也成为固定甚至上升的成本。而变动成本，则是指化肥、种子、农药本身的成本。不变成本平均分摊每一单位产品中，形成产品的平均不变成本；显然，只要产量的增加不引起不变成本的变动，或者引起不变成本增加（不变成本并非绝对不变，一定情况时便会改变，如扩建厂房、增购生产线、增加人员等）的价值少于增加生产量获得的收益，这些情况下，单位产品中的平均不变成本便会降低，从而总成本也会降低；在市场价格一定（不变）的条件下，经营者利润增加。可变成本一般随产品数量变动而变动，似乎是个常数，其实也不然。因为很多情况下，产品增加所获得的增加收益与付给劳动者工资的增加额并不同步，而是后者少于前者；更何况每一单位产品中本来说包含一定的“剩余价值额”，所以，当产量增加时，单位产品中的可变成本亦会相应降低，只要销售价格不变，经营者的纯收益会增加。这就是为什么农业要规模经营的经济学原因。①

但是，在发展中国家小规模经营向规模经营转变时，在每个阶段上和不同的条件下，一般都遵循适度规模经营的原则。即在既定条件下求取合理、亦即适度的规模。具体地说，这种适度的“度”由这样几个因素决定：一是当地农业资源情况，特别是现有农用土地人均占有情况；二是当地的主要农作物和耕作制度，以及由此决定的一般农业劳动生产率情况；三是以农业为主业的劳动者的家庭人口、劳动力及其文化素质、管理水平。

农业规模经营主要使从事农业的劳动者（或以农为主的家庭）的收入不低于或略高于当地其他产业、行业劳动者的收入水平，以此来测算应该拥有的经营规模。例如，某地非农劳动者的收入情况如下：（1）2004 年，农民在外务工或者从事其他非农劳动的年收入为 9 800 元；（2）当地非农人口（包括工人和一般公务人员）劳动力年均收入为 1.6 万元。以上两项平均为年收入 1.29 万元，如果该地农民从事的农作物生产每 25 亩每年可获得 6 500 元的纯收入，这样，按照一个家庭两个农业劳动力计算，这个家庭适度规模经营的耕地面积便是 99 亩的耕地，他们的收入才会不低于当地社会平均劳动力的收入。这便是“合理”或“适度”的经营规模。可以看出，随着进城劳动力和其他在农村的非农业劳动力收入水平的提高，如果农作物价格不能提高，甚至下降，则适度经营规模的边界还要扩大。

第四节　农业土地制度的选择

土地是一种生产要素，在市场经济条件下，生产要素要在不同农户、企业、生产项目上不断地配置和再配置，生产要素需要流动，土地也需要流动。否则，就不是市场经济，而应当是别的什么经济了。农业从小规模的生产转变为规模化经营，土地的流转、租赁、兼并等，是必不可少的调节机制。那么，农村究竟应当选择什么样的土地制度呢？

一、土地流转

土地流转，指土地在不同所有者、不同租用者之间的流动，即所有权或者使

---

① 周策群：《适度规模经营：我国农业发展的必由之路》，载《广西社会科学》，1996（4）

用权的转移。从经济学上讲，在农业土地制度上，首先要确定农民对土地固定的产权，长期不变。中国的集体土地每十几年到几十年就要重新分配和调整。因此，在一个时间很短的期限内，土地转让是不值钱的。比如，买进使用年限越短的土地使用权，投资者越是不合算。

农村的耕地所有权或者长期的使用权可以在自然人和法人之间进行有偿流转。从农村转移去城市的人，可以将其土地有价转让给需要耕地的人；需要扩大土地规模的人，也可以通过转让获得耕地。从工业化和城市化过程，以及工农业发展及其比价变动看，长期的每家每户两三亩地，或者三五亩地，固定承包耕种，一般的农业生产和经营，从成本和收益核算方面讲根本不可能生存下去。而且，这种农业土地的收益越来越低和非农业收益越来越高的趋势，一定会驱使农民从土地上流出，流向城镇和城市。

在市场经济条件下，农业生产需要的是规模经营：耕地大面积生产和管理，劳动生产率提高，活劳动成本下降；农业的规模化经营，使得一些农业机械和其他设施的使用效率提高，农业机械化、电气化、水利化的分摊费用下降；农业规模化经营使得一家一户寻找客户、购买种子化肥农药、租用机械等等的谈判费用下降，规模化运输和仓储费用也下降；一些为农业服务的金融、商业和其他机构，因服务对象的规模化，其成本下降而收益提高；土地从收益低的种植户手中，转移到种地能手手中，土地资源的效率提高，土地资源得到了最优利用。一户几亩地的小规模生产是传统农业和自然经济时代的农业生产方式，它在现代市场经济中，是无法生存的，最终要消亡。农业现代化，必然要消灭农业自给自足和商品率很低的小规模家庭经济生产方式，这是大势所趋，无法以主观愿望来抵挡。

最为重要的是，耕地通过所有权或者使用权的流转，逐步集中到种地大户手中，耕地能规模经营，造就一大批农场主，这样中国的农业就有希望。而农村中其他过剩的劳动力，则要向城镇和城市转移，他们的土地通过有偿转让，集中给种田大户。总之，农业土地制度的设计和运作是一件复杂的社会经济工作，但是，农业土地制度模式，一定要适应农业社会向城市社会的转变，适应小农经济向市场经济的转变，适应传统小规模农业向现代大规模农业转变。否则，将会阻碍社会的进步和经济的发展。

二、土地的所有制度

合理配置农业土地资源和提高农业土地利用率，是农业土地制度最基本的功能。从经济学思路来看，农业土地资源有三种不同的所有制模式和国家管理方式：一种是国家所有、政府集中分配；另一种是私人所有、市场自由调节；还有一种是土地集体所有，集体耕种，或者承包给农民家庭耕种。到底何种体制能合理地配置和利用土地资源，经济学界进行过长期的争论。从各国的实践来看，极端公共所有、政府高度集中分配的模式，不适应由于社会经济结构随时变化而每时每刻发生的方方面面和成千上万有关土地事项的及时处理，不适应市场经济对资源分配的要求，土地资源配置的时间过长、效率过低、组织成本太高。集体所有，则产生了产权不清的问题，或者变成了村委会所有，甚至村长所有；而且在国家与集体之间进行土地交换时，集体处于不平等地位。而纯粹私人所有、市场调节的模式，因土地资源的数量有限性、面积不能扩张性、空间固定性等特点，而发生城镇和生产力不能合理布局、私人土地位置垄断性漫天要价、基础设施等公共性产品的土地价格太高等问题。从目前一些资本主义国家土地制度的安排来看，土地资源并不绝对是私人占有和市场调节，而大多是国家和私人两种模式的组合形式，只不过是国家所有和私人所有的比重、国家所有的内容、对私人所有的限制和计划市场两种调节方式的组合等不同而已。

三、农村土地制度体系

周天勇教授为城市化过程中的中国设计了一套农村土地制度，这种制度体系有利于农业土地的流转，实现农业的规模经营。并且，保证农民在土地上的利益不受损害。

第一，一般来说，农田和宅地，要么国有，但长期归农民使用；要么私人所有，私人使用。农村的广场、道路等用地，为村社所有。在土地实行国有制的国家里，国家购买赎回集体公共年期使用权（如村里的道路、乡镇企业用地、村社广场、集体林场、集体办公用地等）时，应当给予补偿，补偿量化到村社的每一个人。国家在交通道路等建设、城市按规划改造、国防用地等特别情况下，保留对所有土地占有权、使用权和处置权的强制收回权力。但对收回的土地，属公共利益用地的，对附带的财产要给以赔偿，对于农民的耕地还要给以特殊补偿。

第二，农民和投资者使用的耕地、林地、牧场、“四荒”、劣质地，实行国家所有、农民和投资者占有和使用的制度，对于农民宅基地，实行国有但居民占有和使用。

第三，农民和投资者使用的耕地、林地、牧场、“四荒”，[①] 对于已经和拟投资改造沙漠、秃山、退化草原、戈壁的用地，实行 999 年使用期制度；农民对土

① 农村已经承包的耕地、林地、牧场、“四荒”等，根据既定格局，减人不减地，增人不增地。

地的使用年期财产权，不因其转移到城市和城镇、户籍地点及性质发生变动而丧失；土地的年期使用权，根据所余时间的长短和对土地的投资大小，可视为一种有价值的财产。国家要从保护私人财产的角度出发，合理规定使用年期终止时财产的继承、归属和补偿，以及土地使用权的续租。

第四，农户土地使用年期财产权与社会保障挂钩。由于考虑到绝大部分地区的农民没有建立社会保障，因此，在国家赋予农民目前承包经营耕地和“四荒”长期使用年期权的同时，其作为财产视为农民社会保障的基础。到城市里务工农民的土地年期使用权不予收回；如果在城市找不到工作，或者工资收入很低，或者由于务工时间短而没能进入城镇社会保障，土地就是农民的最后保障财产；无论是国家购买赎回农民的土地年期使用权，还是农民与企业和其他个人之间进行耕地、“四荒”和宅基地交易，其中一部分收入要强制地建立个人账户，纳入养老、失业、医疗等保险基金；同时，国家拍卖城市以外土地所得收入，可考虑一部分用于建立农民的社会保障基金，用于偿还国家过去为工业积累而农村进行的不平等转移。

第五，发挥市场机制对土地资源配置的基础性作用。土地是生产要素，在市场经济体制中，土地使用年期是商品。农民的耕地、宅基地、“四荒”，投资者投资的山林、草场、农场、牧场、林场，都可以出租和交易，并可以抵押融资。

第五节　农业生产的组织形式

农业生产到底采取什么样的生产组织形式，农业经济学和发展经济学界进行过争论，是家庭农场好，还是公司制农场好，是集体农场合适，还是国营农场有优越性？从各国的实践看，国营农场和集体农庄，职工和社员出工不出力，效率太低，已经被绝大多数国家所摈弃。剩下的分歧是公司制农场好，还是家庭制农场好。

一、农业生产最优组织形式的比较分析

首先，农业的家庭经营与土地的规模经济不矛盾。从经济学上讲，土地的规模经营，不是指农业劳动力密集投入，形成规模，而是耕地集中起来，实现规模化生产。因为发展中国家农业的边际劳动力收益为负，已经大量过剩，不可能再将他们集中起来，形成劳动力的规模经济。如果将他们集中起来，结果是劳动力更加过剩的规模不经济。而耕地集中起来，规模经营，则会节约和降低农业的一

系列分摊成本，特别重要的是减少不必要的农业活劳动成本，大大提高农业的劳动生产率和经济效益。因此，在家庭这一生产经营单位不变的情况下，也可以将耕地向单个农户集中，实现家庭规模化经营。美国家庭农场，一般经营几千亩耕地，就例证了农业的家庭经营与耕地的规模化生产方式并不矛盾。

其次，农业土地规模化经营不是回到集体社队和集体农庄体制上。从农业的性质看，在技术日益提高和生产手段日益先进的条件下，土地规模化由家庭来经营，从生产方式上看，其活劳动成本和其他分摊成本最低，从管理上看，其交易成本也最低。如果目前农业中的劳动力数量不变，把他们集中起来，耕地数量也不变，将其集中起来，也是一种规模经营。但是，耕地上的劳动力数量没有发生变化，活劳动成本还是没有降下来。将人集中起来，变成集体经济后，交易成本则会大幅度提高。一些人在农业改革初时反对家庭联产承包，认为农业发展到一定程度时，还是要回到过去集体经济上去。实际这是根本不可能的事情，仅就种地放牧而言，如果没有其他的经营项目，从制度经济学上讲，集体经济管理的交易成本太高，道德风险太大。

再次，单就农业生产而言，公司制农场的交易成本太高，是不适于农业生产的组织形式。一些地方和国家，农民以地入股，形成土地股份合作社，或者农业公司。如果这个村庄除了农业而没有其他生产经营项目，土地股份合作社或者公司也是很难生存的。一是在农业耕地不增加的前提下，劳动力不转移出去，活劳动成本太高，低收益的股田制不可能给股民带来收益，没有收益希望的体制，是不会长久的。二是股田制的交易成本较高。种什么、种多少、怎样种的决策，要大多数股民同意才可。要有一个股田制的管理组织，这个组织的运作需要支付管理等成本。三是发展中国家工业化和城市化实际就是农业劳动力和人口从农村向城市转移，耕地上的农民是一个动态变化的状况，有些农民需要从耕地上转移出来，还有农村中的生老病死，婚嫁生子，耕地上的人口在农业内部也发生变化。如果将股田制固定起来，农民就无法从农村向城市转移，剩余的劳动力也就转移不出去；新出生的农民人口和新到劳动力年龄的人口就没有土地，婚嫁转移地点的劳动力也得不到土地。这就存在一个人口和劳动力变动与土地固定之间的矛盾，这也需要不断地支付土地不断调整的交易成本。

从制度经济学上讲，简单的生产方式，适应于简单的生产组织形式，这样简单生产的收益与简单的组织形式的成本相适应。如果简单的生产方式配以复杂的生产组织形式，则复杂的生产组织形式的交易成本高于简单生产方式的收益，组织无法长久地运转下去。在农业中，家庭经营的组织形式最简单，也最适应农业简单的生产方式，其交易成本最低。因此，不论经济发达到何种程度，农业生产经营的基本组织形式仍然是家庭。这也就是为什么像美国这样生产力很发达的国家，其农业生产经营的基本组织形式不是什么托拉斯，而是一个一个的家庭农场的最根本的原因。

二、家庭为主要形式的经营农场

家庭农场兼具小农经济和公司化农场的优点，同时又在很大程度上克服了两者的缺陷。第一，家庭农场产权结构比较简单，农场主及其家属是主要的劳动提供者，家庭收入直接取决于农场生产经营的好坏，一般不存在产权激励不足的问题，即使雇佣少量的家庭以外的劳动力，劳动监督成本也较低，这一点类似分散的小农经济，克服了公司化农场的致命弱点。第二，家庭农场以营利为目的，追求利润最大化，在市场竞争中优胜劣汰，产品商品率很高，生产经营具有以市场为导向的企业化特征。这一点与小农经济有很大不同，比较靠近公司化农场。第三，家庭农场作为一个营利企业，要在市场竞争中生存和发展，必须不断以大量先进生产资料装备自己，努力改进经营管理，采用先进农业科技成果，从利润极大化角度安排投入和产出，形成最佳经济规模，它们一般占有适度规模的农地和现代化技术装备。这一点既不同于小农经济，又与公司化农场有所区别。第四，家庭农场拥有生产经营自主决策权，相对于大种植园规模较小，可以随时根据市场变化而改变其经营方针或经营内容。正因为如此，世界各国的农业生产，基本以家庭农场经营形式为主。

中国农业规模经营的形式一般为家庭经营型，包括种田大户、家庭农场、联户农场等。这种类型的规模经营具有组织形式比较简单、经营规模相对较小、便于经营管理等特点。中国的集体责任田通过采用“两田制”（耕地分为“口粮田”和“责任田”的承包制）和投包制的办法，实行专业户或联产承包，土地向种田能手集中，采用农场式的经营管理，在自家劳动力参与生产经营的同时，依靠雇用劳动力进行经营，土地规模一般在50～100亩。经营者独立核算，自负盈亏。联产承包有明确的内部职责，实行有效考核。这种形式，吸收了联产承包制的“合理内核”，优点是责任明确，利益直接，机制灵活。一家一户势单力薄，抵御自然风险和市场风险的能力相对较弱，若不发展农业社会化服务体系，没有相应的风险保障机制，生产经营的稳定性就无法保证。

三、农业的社会化服务体系

农业的社会化服务体系，是指服务于农业生产的技术、种子、流通、水利等配套服务部分，社会化是指这些活动专业化、公司化和市场化。专业生产与农业的社会化服务是两个不同的经济形式。农业生产要家庭经营，但农业社会化服务需要较为复杂的组织体系。

首先，有关政府主管农业的部门和准政府的有关农业组织，是农业社会化服务体系的一个重要环节和组成部分。这些部门和组织，要为农业提供非营利性的公共性服务。其提供的公共性服务越多，农业生产获得的外部经济越明显。比如，政府主管部门要制定农业发展的战略、规划，包括农业生产和贸易的规则。再比如，政府要有一个国内外各种农业产品价格、供给与需求量等市场信息中心，及时向社会发布有关信息，使农户在各种新闻媒体，包括互联网上能够得到这些信息，据此来指导自己的种植、买卖等决策。还要有一个技术信息发布中心，提供国内外各种农业技术专利信息，使农户能较为经济和及时地从各种新闻媒体上了解技术动态，以选择自己需要的技术。要在网上及时公布国家、政府和准政府组织有关农业生产、技术、流通的各种法律、法规、技术标准、政策等，使其透明化、公开化，使农户知道哪些行为是合法的，是政府鼓励的，甚至会得到政府的帮助；并且清楚哪些是违法（例如私自改变耕地用途）的，是政府限制的，甚至会遭受政府的惩罚（比如在农产品中违规超标使用农药，将受到处罚）。

其次，鼓励准政府性的各级各类民间农业协会的发展，管制一些水利、电力等涉农机构和单位的行为，为农业及时提供价格合理甚至收费优惠的准公共服务。鼓励前者发展，可以在农民中形成农业技术的示范、模仿和学习效应，使技术传播的成本大大下降。管制后者，则实行社会听证制度，核实其财务成本，并监督国家拨付的补贴的使用情况，保证给农民提供价格合理的服务。

再次，农村金融信用和其他专业合作社组织，组织农民，用专业合作的组织形式，降低外部交易的成本。随着农业经济的发展，在鼓励农民自愿入股、劳动和利益合作的基础上，在农村中引导农民自然地形成各种农业合作组织，为农业生产、农产品加工和农产品流通提供农业内部自给性的准公共服务。一个特例是，农村农民自愿组织起来成立的各种农民技术协会，仅以保本互助为主，而不以赚钱为目的，也属于农业内生的社会化组织，其提供的也是农业内生性准公共社会化服务。

最后，对农业提供私人服务的经济单位。比如小麦玉米收割、农村运输、各类农业技术等专业户，农业技术服务、良种销售、优畜配种等公司，对农民的农产品销售、财务法律、资金融通等贸易公司、中介组织和金融机构。这些单位提供的服务，按照等价交换的原则和供求关系的调节进行，提供服务的单位至少要追求资金的社会平均水平利润，接受服务的农户要按质按价付费。虽然这种服务是收费的私人服务，但是，农业生产越是规模经济，这些服务越是专业化，它们的服务也越能规模化，其服务的价格相对也就会越来越低，农业生产、加工和流通在这种社会化的私人服务中，就会得到更多的利益，获得更大的发展。

第六节　消除农村贫困

贫困是指这样的状况：(1) 缺乏必要的食物、住房、医疗和教育，从世界银行的标准看，绝对贫困为每日消费不足 1 美元，相对贫困指每日消费不足 2 美元；① (2) 他们在疾病、经济动荡和自然灾害面前显得十分脆弱，并且还经常遭受国家和社会的不公正待遇；(3) 在一切涉及切身利益的重大问题上，他们基本上没有发言权。中国在 1978 年时，农村有 2.5 亿人口处于贫困状态。经过 20 多年努力，按照中国的贫困线标准，2000 年时，贫困人口减少到了 3 000 万人以内。但是，如果按照人均收入 850 元人民币的标准计算，2003 年中国农村还有 9 000 万贫困人口。

一、消除贫困的不同思路

那么，怎样消除贫困呢？解放以来，特别是改革开放以来，我们在理念上，在实践上，都探索了不同的思路和方式。

(一) 救济式扶贫与开发式扶贫

救济式扶贫的对象是那些丧失劳动能力的个人和家庭，以及由于不可抗拒的自然灾害或不利的宏观经济条件的冲击而暂时陷入贫困状态的个人和家庭。它所使用的方法主要是目标明确的补贴计划和社会安全保障网络。扶持贫困人口工作的对象是那些具有劳动能力和劳动愿望的个人和家庭，他们由于所在地区的自然条件恶劣和基础设施短缺而长期处于贫困状态，而且在没有外部帮助的情况下，将永久性地处于贫困状态。开发性扶贫的方针是鼓励贫困家庭在国家的扶持下，以市场需求为导向，依靠科技进步，开发利用当地资源，发展商品生产，解决温饱进而脱贫致富。其基本途径是重点发展有助于直接解决贫困人口温饱问题的种植业、养殖业和相关的加工业；在小区域性的小集镇和小城镇中，积极发展既能充分发挥贫困地区资源优势、又能大量安排贫困户劳动力就业的资源开发型和劳动密集型企业；贫困地区劳务输出，引导贫困地区的劳动力转移；对极少数生存

① 当然每个国家还要考虑它的购买力平价因素，在有的物价水平较低的国家和偏僻地区，每日 2 美元的消费很可能相当于物价较高都市的 4～6 美元。

和发展条件特别困难的村庄和农户实行开发式移民。开发性扶贫的中心是帮助贫困人口形成自我发展的条件，并以此为贫困人口脱贫致富的基础。①

（二）人口固定在农村式扶贫与人口集中和流动式扶贫

一些发展中地区和发展中国家在农村扶贫过程中，总是想将农村人口固定在农村中进行扶贫，这种将人口固定在农村禁止其流动的扶贫，结果是：(1) 由于扶贫，人口的生存环境得到一定的改善，人口死亡率下降，预期寿命延长，但是人口的生育的直接和机会抚养成本都很低，导致农村人口爆炸性增长，形成越扶人越多，人越多越穷，越穷生育成本越低，人口增长越多，人越多扶贫的负担越重的恶性循环。(2) 在农村中的人口越多，由于其生活、生产用能源基本上是自然能源，对草木等植被破坏越大，而且人口增长对土地、草原等资源的压力更大，导致山林被开垦，草地沙化。(3) 对许多山村分散的扶贫，路电水等要实现村村通，投资成本非常高，而且学校、医疗、邮电等事业的成本也相当高，但效率很低。

因此，需要人口集中和流动式扶贫。(1) 将不适应居住并且严重破坏生态环境的农村人口迁移到适宜于人类生活和生产的地区。即迁移到生态、环境和资源，以及经济发展可以容纳较多人口的地区，进行迁移式扶贫。(2) 将小村子并成大村子，大村子往公路等交通便利的地点搬迁，将大村子集中为小集镇，发展小城镇，人口向小城镇集中；这样，交通、水电、学校、医疗、邮电等设施的投资相对成本下降，服务效率提高，并且人口集中后就业机会增加。(3) 促进农村劳务输出，并鼓励农村人口向城市迁移。如中国四川等地农村剩余劳动力向广东、北京等地流动，在家基本闲置的劳动力得到使用，收入回流四川农村。一些外出的劳动力在外学到了技术，有的在城里安家落户，成为城市人口。

二、传统扶贫的经济学分析

传统的扶贫可以说是救济，村村通，村村有。即对贫困户给钱给粮，县乡村村通公路、通电、通自来水、通电话和邮政、通电视，村村有学校、医疗站、邮电所等。这从经济学上讲，成本太高，产出可能不能回报投入，是极不合算的。

我们假定有一个 20 户人家的村子，要从乡所在地向这个村实施“五通”，距离为 20 公里，假如每公里最简单的公路需要投资 20 000 元，公路总投资需要 400 000 元；假如每公里电线设施投资需要 10 000 元，需要总投资 200 000 元；自来水工程投资每公里假如为 8 000 元，需要总投资 160 000 元；我们假定不先

① 康晓光：《90 年代我国的贫困与反贫困战略分析》，载《改革与理论》，1995 (11)。

通移动通信，只开通固定电话线路，投资每公里为 5 000 元，投资为 100 000 元；建设一个电视插转台，假如最低为 50 000 元；这个山村“五通”需要的总投资为 910 000 元人民币。这 910 000 元，如果是贷款，利率是 7%，年利息为 63 700 元；如果不计大修，维护正常运转的费用年需要 100 000 元计；如果全部“五通”固定资产寿命期为 20 年，年需要分摊折旧 45 500 元；年需要支出的总的维护、折旧和利息费用为 209 200 元，每户需要分摊的费用为 10 460 元。贫困山村的农民人均年收入也就在 1 500 元左右，即使这个小山村的人不吃不喝，全部用来进行“五通”也不够用。

从经济学上讲，有一个聚集经济的问题。人口越是在空间上聚集，“五通”的相对投资和维护成本越低；而人口越是在空间上分散，其投资和维护的相对成本就越高。假如我们是向一个 3 000 户 10 000 人口的镇进行上述“五通”，结果就大不一样了。假如投资是 1 000 000 元，利息、折旧、维护费用每年为 220 000 元，每户分摊的费用只有 73 元，同样的投资使 3 000 户人受益。

这两个案例，基础设施投资聚集与分散相比，差别非常大。这个 3 000 户的镇，如果分散为 20 户人家的 150 个村，本来各种设施可以各修 1 条就行了；现在各种村村通设施需要各修 150 条，需要有 150 个变压器，电线的线路损耗也相当大；需要更多的水泵将水压到许多个远距离的村庄里；需要 150 个插转台和转播站；需要 150 个邮递员和若干个邮局；本来一个镇时，修 20 公里路就可以了，现在需要几百甚至上千公里公路，才能实现村村通。

在农村还要村村有，建学校、卫生院、文化站、邮局、村委会、派出所等等，3 000 户集中在一起也可以建，3 000 户分散为 150 个村也需要建设，3 000 户小镇的建设和行政管理费用比 150 个 20 户村的建设和行政管理费用至少要节省 50 倍。

三、农业小额信贷

金融机构对农户发放的小额度的农业信贷，为农业小额信贷。有时由政府担保，或者政府贴息，有时联户担保，有时由政府支持，由政策性银行信用放款。在发展经济摆脱贫困过程中，资金有着十分重要的作用。与财政投资和社会捐赠相比，信贷则是一种最为有效、公平和可持续的资金来源。理论上讲，农业银行、农村信用合作社等是为农民提供信用服务的主渠道，但实际上农民很少从这些机构获得贷款，贫困农民则更难。从某种意义上讲，缺乏资金既是贫困的结果，又是贫困的重要原因。因此，如何落实贫困农户所需的生产和经营资金就成了扶贫工作中的一个关键问题。

小额信贷扶贫是国外在实践中不断探索而逐步形成的一种具有重要推广价值和实际意义的扶贫模式。小额信贷扶贫模式起源于20世纪60年代末期，经过30多年的发展，在国外已有相当成功的事例，并形成了比较规范的操作程序，积累了相应的经验，尤以孟加拉国的“乡村银行”最为成功。1994年，中国社会科学院农村发展研究所“扶贫经济合作社”课题组，借鉴孟加拉国“乡村银行”经验，在河北易县进行实验，开创了中国小额信贷扶贫的先例。几年来，小额信贷在全国各地的实践取得了良好的效果，显示出较强的生命力。

就已有的实验来看，相对区域扶贫开发项目贷款来讲，农村小额信贷扶贫的作用与机理还突出地表现在以下几个方面：一是能够有效调动贫困农户的积极性，项目的成功率高，扶贫效益好；二是农户整借零还，还贷率高；三是扶贫资金周转快，实现了流动使用；四是有利于提高农户的生产经营能力；五是利息由少到多，扶贫资金可以实现持续运转。总之，从尽快解决绝对贫困农户温饱问题和提高现有各类扶贫资金的使用效益来看，在贫困地区，特别是特困地区，广泛推广农村小额信贷扶贫模式不失为一种良好的选择。

从已有的各种扶贫模式看，小额信贷模式是解决贫困农户资金需要最实际、最直接的一种模式。这种模式能够有效地克服区域性扶贫或开发式扶贫过程中对贫困农户特别是对特困农户的忽视，实现“扶持贫困人口”的扶贫宗旨。

小额信贷作为近几年比较流行、收效也比较大的一种新模式，从一个全新的角度来尝试扶贫活动，它以信贷支持为条件，通过组织建设，把贫困农户联系起来，充分发挥自主决策和连环监督的作用，融激励机制与约束机制于一体，能够有效地行使扶贫职能，发挥扶贫的功能作用。但是，这种扶贫仍有其不足之处：一是难以改变贫困环境；二是难以实施开发性的扶贫项目；三是忽视和弱化了各种扶贫机构和部门在扶贫活动中的积极作用。①

第七节　农业发展政策

国家实行的农业政策，是促进或者抑制农业发展的重要措施或者原因，农业政策如何，关系到农业是不是稳定，而农业是不是稳定，则关系到整个国民经济能否健康稳定发展。农业发展政策是国家各级政府为了促进农业发展，保证发展目标顺利完成而制定的措施和策略。主要包括农业财政政策、农业信贷政策、农

---

① 赵昌文，郭晓鸣：《贫困地区扶贫模式：比较与选择》，载《中国农村观察》，2001（3）。

业价格政策、农业科技教育政策。这些政策往往互相结合，互相联系。如农业投资不仅需要财政的支持，而且要有一定的农业信贷政策相配合。同样，投资政策和信贷政策同科技政策也紧密联系，国家为了推广农业科学技术就需要进行一定的投资和信贷扶持；为了稳定农产品价格，也需要投资政策和信贷政策的积极配合。

一、农业财政政策

农业财政政策指国家对大中小型水利工程、大规模造林、草原建设、农业科研和技术推广、支农、扶贫、农村优抚救济等方面的投资和补贴措施。

农业财政政策对于发展中国家的农村发展起着重要作用。首先，发展中国家的农业发展水平落后，低收入的农民没有进行较大规模农业工程建设的能力，而收入较高的地主阶级则将其大部分收入用于挥霍浪费，就是进行储备也往往不是生产性的（购买黄金、珠宝或窖藏）。农业生产经营的分散性（生产资料、财力、劳动力的分散）和土地的分割性，使任何较大规模的农业建设工程难以通过个体的力量进行。就是在社会主义国家，农业生产单位和土地经营规模已经较大时也不例外。在这种情况下，只有通过国家的财政投资，并由国家出面组织，才有可能进行较大规模的农田、水利、草原等建设工程。其次，农民既无从事农业科研和技术推广的财力，也不具备农业科研和技术推广所需要的知识能力。只有通过国家财力的支持和帮助，建立国家农业科研和技术推广机构，才能有效地促进农业的技术进步。再次，发展中国家为了促进工业化的发展，往往采取提高工业产品价格、控制农业产品价格的“价格剪刀差”政策，使城乡收入分配的格局不利于农民，从而制约了农村发展的潜力。为了抵消这种不合理的价格政策后果，国家必须在财政上给予农业发展以积极的支持。最后，由于发展中国家社会经济制度上的原因，发展中国家的乡村收入分配两极分化有不断扩大的趋势。一部分农民的生活往往处于最低贫困线之下，如果国家不给予救济和扶持，这部分农民甚至不能维持起码的温饱，可能会产生严重的社会政治问题。

发展中国家在农业财政政策的运用方面，仍存在不少问题。首先，一些国家把农业的落后视为工业化的必要代价，对于农业财政政策的必要性存在认识和观念上的错误。因而，农业财政支出水平过低，造成农业发展速度缓慢，这反过来又制约了工业的发展。世界银行的研究表明，发展中国家的农业发展和工业发展存在着高度相关的关系。凡是不重视农业发展的国家，其工业发展速度也很低，欲速则不达。其次，农业财政政策偏好进行大规模、高资本和技术密集的投入结构，不少国家的政府把农业建设工程视为大规模水电站和水利设施的同义词，忽视中小型农田水利工程建设。同时忽视发展中国家自身农业的特点，盲目引进成本高昂的机械设备和化肥，忽视适合发展中国家特色的半机械化设备、良种和成本低廉的农家有机肥料的使用。再次，一些发展中国家的农业财政政策不合理，过分重视救济贫民，不重视生产性农业工程建设和农业科研和技术推广，属于一种“输血型”的财政政策。因此，发展中国家有必要调整农业投资的项目和结构，使输血型的经济转变为造血型的经济，以促成农业发展的良性循环。发展中国家的农业财政政策应重视“成本—效益”分析，尽量选择成本较低而经济和社会效益较高的投资项目，不应只管投资的数量，而不问投资的效益。

二、农业信贷政策

发展中国家的农业信贷政策，主要是发展和完善农村的金融组织机构，制定合理的利率，同时应引导民间资金市场的发育。

农业信贷政策对于发展中国家的农村发展起着十分重要的作用。第一，完善的和较发达的农村金融机构可以把储蓄转化为投资，促进资源更合理的分配。一般认为，发展中国家尽管存在着大量储蓄潜力，但由于缺少一个有效和发达的资金市场，从而使社会丧失了许多可以产生巨大社会、经济效益的投资机会。第二，一个有效的农村资金市场是实施金融政策所必需的。如果占支配地位的农业经济的大部分都独立于有组织的金融体系之外，那么金融政策不可能是成功的。第三，发展中国家的农村金融市场是二元结构的，现代金融部门是由有组织的银行和信贷团体所组成，而传统金融部门是由民间信贷组织所组成的。在传统部门内，地主、商人和典当商等向农民发放高利率的生产和消费贷款，具有浓厚的封建特征。如果现代金融部门不够完善和发达，传统金融部门必然占据资金市场的统治地位，而传统金融部门由于其利率很高，造成借贷者的资金成本很高，不利于促进农业的发展，常常造成农民破产，加剧农村收入分配的两极分化。而且，传统金融部门的贷款投向非生产性贷款的比重过高，在生产性贷款方面，由于其贷款规模有限，也不可能提供大规模农业建设工程所需要的资金。这些缺陷都必须由现代金融部门的信贷政策予以弥补。第四，农业信贷政策的完善有助于发展中国家民间资金市场的发育。

发展中国家的农业信贷政策在具体运用过程中，存在着一系列缺陷；第一，农村的信贷组织与机构不完善，不健全。现代金融部门的比重过小，传统部门的比重过大。第二，农业信贷的投向不合理，农村银行和信贷组织的大部分信贷资金往往倾向于贷给大地主。因为他们拥有更多的担保品（土地和设备），而小农和无地的劳动者在这方面处于不利地位。第三，现代金融体系的利率可能过低，不能充分反映发展中国家资本稀缺的现实。低利率不能刺激储蓄者的积极性，同时造成资金供不应求的局面。但如果提高利率又使农民的信贷成本更高，不利于农业生产的发展。这是一个令人左右为难的问题。第四，如果金融机构由国家经营，在利率、贷款条件上可以给普通农民更多的扶持，但实际上由于地主阶级在政治上的优势地位，可能使地主同国营金融机构勾结起来，结果仍然使农民在取得贷款的数量和条件上处于不利地位。而且国营金融机构的官僚主义可能使其经营缺乏动力机制，资本市场也难以发展。

上述缺陷大多是政治体制性的缺陷，要完善农业信贷政策就必须进行体制变革。对于像中国这样的社会主义国家来说，上述缺陷通过社会主义制度的变革大多已经得以消除。但必须看到，中国的信贷市场和政策也仍然存在着许多不足，农村信贷市场不发达，民间资金市场没有充分发育，未能充分重视投资项目的“成本—效益”分析，信贷投向带有盲目性和政府命令的特点，这些都是需要进一步改进的。

三、价格政策

农业发展政策中最重要的是农产品价格政策。研究表明，发展中国家农产品交换价格的不合理是导致资源配置状况不利于农业发展的最重要的因素。而农产品本身特点决定的其产量和价格的周期性剧烈波动也是制约农业发展的重要因素。因此，要有效地利用市场机制促进农业发展，必须解除对农产品价格的行政管制，同时采取措施保证农产品价格和供给量的稳定。农产品市场的竞争结构本身对于农民是不利的，由于农业生产者的数量大大超过市场中商人的数量，结果单个生产者的讨价还价能力很弱。在由国家控制农产品价格的情况下，农产品市场就形成买方独家垄断。此时，农民不得不按照购买者提出的任何价格出售，则农业经济的发展状况使政府面临相互矛盾的困境：一方面农业生产的基础地位使政策必须给农民较大的刺激使其为市场生产更多的农产品，另一方面政府为实现工业化必须加速资源向其他经济部门转移。这两个相互冲突的目标使政府不得不面临对立的调节措施的选择；发展中国家政府为了得到工业化的资源和降低工业发展成本，往往要采取不利于农业部门的价格管制政策。如果国家不在其他方面采取促进农业产量的措施，无疑将严重地打击农民生产的积极性。但是解除价格管制又无疑将严重地阻碍工业部门和其他经济部门的发展。

对于发展中国家来说，也许没有两全其美的价格政策。关键的问题是，发展中国家的农业政策绝对不应牺牲农业以致动摇农业的基础地位。因此，工农业产品的定价不应存在过分的差距；应严格控制这种差距的扩大趋势。同时，政府应采取一系列行政、经济手段，尽量弥补价格政策造成的消极影响。

价格政策的另一重要内容是通过政府干预使农产品价格保持稳定。蛛网理论揭示了农产品价格和产量的呈反方向的剧烈波动，产量高时价格极低，而产量低时价格极高。因此发展经济学家和农业经济学家都建议建立“调节性库存储备”和“调节资金”。第一种方法是在大丰收年份供过于求时，由国家以高于市场价格的价格收购农产品，提高市场价格；在歉收年份供不应求时，抛售原先库存的农产品，以压低价格，达到价格稳定和平衡供求的双重目的。第二种方法是不进行物资储备，而是在农产品价格较高时，政府向农民征税以积累资金，而当市场价格相对较低时，则支出资金补贴生产者。从理论上说，“调节资金”方法避免了储存的各项费用，更为可取。但实际上，通过“课税”建立调节资金在发展中国家是难以进行的。发展中国家的农业生产多为自给性的，只有剩余产品才在市场上出售。但歉收年时不可能有多少剩余产品出售，而且农业税的征收也是极为困难的。因此，第一种方法对于发展中国家来讲可能是一种更恰当的选择。

四、科技教育政策

科技教育对于农业的长期发展是非常重要的。这主要是因为科技教育不但提高农民的科学技术水平，而且有助于培养农民的现代商品经济观念和社会生活观念，使农民有可能以自觉、积极的行动成为农业创新主体，使用先进的农业技术和化学肥料、药剂，采用改良后的农产品良种。农业科技教育政策的具体措施是加强农业科研教育的投资，实施农业振兴计划，加强农村扫盲与职业教育工作，推广先进的农业生产技术等等。

五、WTO 框架下的农业政策

农业问题在乌拉圭回合的谈判中具有非常重要的地位。自从乌拉圭回合（1986—1994 年）中第一次将农产品和农业问题纳入世界贸易多边谈判，它就几乎决定着多边谈判的整个进程。乌拉圭回合农产品协定从 1995 年 1 月 1 日生效，发达国家承诺在 2000 年底前的 6 年里完成，发展中国家承诺在 2004 年底前的 10 年内完成。乌拉圭回合农产品协定由 12 部分和 6 个附录组成，农业领域的保护分为市场准入、国内支持（国内补贴）、输出竞争（出口补贴）等三个部分。

（一）市场准入

削减和废除市场准入的保护，是通过各国实施的关税、进口数量限制等国境措施来降低保护水平，建立公平的、市场指向型的农产品贸易体制。市场准入的具体内容：

(1) 关税化。即把农产品贸易中存在的关税以外的国境措施（包括进口数量限制、可变进口税等）原则上无一例外地转化为关税。具体做法是，使用1986—1988年的平均值，根据内外价格差额计算出各个产品的关税数额，把国境措施转变为关税形式。

(2) 关税减让。征收正常关税的农产品，如果属于已经承诺减让的农产品，按照实际税率减让，如果属于尚未承诺减让的农产品，按照1986年9月1日乌拉圭回合开始时的税率征收关税；实施关税外措施的农产品，转换成关税，其税率要在6年里平均削减36%，各个产品最低削减不低于15%。

(3) 准入规则。农产品进口壁垒转换为关税后税率还要保证一定程度的进口量。因此，农产品协定制定了市场准入规则。一是为保证一定程度的进口量，要维持和扩大现行的市场准入水平；二是对尚无足够数量进口的农产品，规定最低限度的准入，在实施期的第1年，进口量要占国内消费量3%，第6年扩大到5%。

(4) 特殊措施。进口数量限制等的关税以外的国境措施原则都要转换为关税。由于日本、韩国等国家的强烈要求，部分农产品可以采取特殊措施。如果满足以下3个条件：1986—1988年的进口不满国内消费量的3%；不支付输出补贴；没有采取有效的生产限制措施，可以在一定时间内采取特殊措施，即暂时不用把农产品转换为关税。满足这3个条件，农产品的市场准入从第1年的4%扩大到第6年的8%，在6年内不实施关税化。日本的大米作为特殊措施的对象。如果发展中国家适用特殊措施，市场准入从第1年的1%扩大到第10年（最后一年）的4%，韩国的大米适用这个规定。6年实施期结束后，如果继续特殊措施，必须在第6年进行交涉。

(5) 特别紧急措施。农产品的非关税壁垒转变为关税后，如果进口急剧增加，并对国内产业造成了影响，对部分产品进口数量的增加或者进口价格的降低，可以无代价地追加征收关税。

（二）国内补贴

国内支持是市场价格支持，是直接支付以及其他补贴形式的国内保护。在农产品协定中把国内支持分为削减范围内的“黄灯补贴”和削减范围外的“绿灯补贴”。属于“黄灯补贴”的所有国内支持以1986—1988年的补贴为基准，换算成具体的数额作为削减基准，在6年内必须削减20%。削减范围外的“绿灯补贴”，如果价格支持在农产品生产总值5%以下的则不需要削减。这里的“黄灯补贴”和“绿灯补贴”，是把国内支持的限制通过交通信号颜色来表示。“黄灯”表示要引起注意，属于削减范围内的；“绿灯”表示可以放在削减范围外。“绿灯”的国内支持指用于农业、农村基础设施、农业生产者的退休、农地的转用及投资补助的机构调整方面的支持政策。免除国内资助承诺的范围：(1) 特定产品的国内资助不超过相关年度该农产品生产总值的5%。(2) 非特定产品的国内资助不超过相关年度的农业生产总值的5%。根据生产调整计划给予的直接收入补贴：根据农作物播种面积，产量（畜产的牲畜头数）支付的补贴；支付的补偿不超过基本生产85%的补贴。

（三）出口补贴

如果国内产品输出时的价格比国际价格高，同外国产品就没有价格竞争力。为了把输出价格压到国际价格同等程度，就要对输出农户支付输出补贴。国际价格同国内价格的差额部分就是输出补贴。这部分输出补贴，以1986—1990年为削减期间，支出额基础为36%，补贴的输出量基础为21%，分别进行削减。就发展中国家而言，必须在10年内将有补贴的农产品出口数量减少14%，出口补贴预算开支减少24%；基期未进行补贴的出口农产品，不得实施新的出口补贴。

此外，协定还明确规定：卫生及植物检疫，各国采用的卫生及植物检疫措施原则上应以国际标准和建议为基础，不应构成不公正的歧视，从而对农产品国际间的流动造成隐蔽性的限制；规定争端的仲裁机制，允许对违反世贸组织规定和不服从裁定的国家进行报复性贸易制裁措施。

思考题

1. 简述农业对经济发展的贡献。
2. 论述扶贫的不同方式及其成本和效果。
3. 为什么说家庭农场是农业生产最适合的组织形式？
4. 试述农业财政政策。

第八章

工　业　化

工业化是经济发展的核心，经济结构的转变过程最重要的是工业化过程。与工业化相伴随的是人口城市化、经济货币化和生产的社会化。

第一节　工业化与经济发展

一般来说，工业化是推动一个国家或者地区从经济不发达到发达这样一个过程的最重要的动力。

一、工业化对经济发展的推动作用

工业化是现代经济社会中生产技术革命引起的一种经济转变过程，在这种转变过程中，一个传统农业（除手工业外）的经济社会急骤演变成为一个现代工业占据统治地位的社会，现代工业生产方式成为占统治地位的生产方式，伴随而来的是市场结构、银行制度、生活方式等的一系列革命性变革。

长期以来，不少人一直将工业化视为经济发展的同义词。的确，工业化在一系列方面推动了国民经济的发展。第一，工业化过程提供了现代生产方法，使生产率大大提高，创造了比传统社会多得多的财富，从而使人均国民收入成倍增长；第二，工业化创造的产品，品种之丰富，数量之庞大，为人类社会前所未有，使人们不再满足于基本的生活需求，转而享有丰富多彩的高层次物质和文化消费，从而提高了人们生活的质量和福利水平；第三，工业化创造的巨大国民收入反过来又创造了巨大的市场需求，给工业化生产带来了广阔的市场容量；第四，工业化改变了传统社会的产业结构，且收入的提高和工业消费品的供给改变了居民的消费结构和生活方式，消费结构和生活方式的变革又从需求方面不断推动产业结构的高级化；第五，工业化为经济发展提供了交通、能源基础，提供了原材料、机器设备、厂房、通讯等，从而为将经济发展向前推进奠定了物质基础；第六，对于后起的发展中国家来说，进口替代工业化，将逐渐增强自身独立发展经济的能力，逐步摆脱对发达国家控制的国际市场的依赖，节省外汇，实现稳定、均衡发展；第七，工业化的发展导致城市化的进展，而两者互为推动，工业化产业和城市第三产业的发展容纳和吸纳着传统农业转移出的劳动力和人口；第八，工业化改变着人们的工作方式、生活方式、文化观念以及精神面貌，促进上层建筑和意识形态发生有利于经济发展的变化，从而为经济发展提供政治、法律制度，保证和精神方面的刺激力量。

工业化对于经济发展是重要的。根据大多数国家经济发展的经验来看，都曾经历了工业化这一社会、政治、经济剧烈变动的历史阶段。因而，对于发展中国家来说，工业化似乎成为经济发展的必由之路。但我们必须看到，工业化和发达、富裕并不存在必然联系。最显而易见的例子是，那些耕地、草场、矿产、旅游资源丰富的国家可以按生产的国际分工和比较利益原则，生产初级产品进入国际市场循环，获取丰厚的外汇收入，推动本国国民收入的增长，并进口丰富多样的工业制成品。因此，它们并不一定非要走工业化的道路，至少不必发展门类齐全的工业体系。例如，新西兰并不是高度工业化的国家，但无疑属于发达的资本主义国家，其畜牧业和农业的高度发展使新西兰人民能够达到像高度工业化的美国、日本、西欧国家同样程度的生活水平。再就是一些袖珍小国，如马耳他、摩纳哥，也可以凭借旅游资源甚至发行邮票和多种多样的娱乐设施，享有较高水平的生活。因此，并不是说所有的国家都必然通过工业化来实现其经济的有效发展，除工业化道路，实质上还存在其他的途径选择。

二、强迫推进工业化的后果

虽然工业化同经济发展之间并不存在必然联系，但是，许多现象很容易使人们将两者联系起来，人们经常提出的一系列的发达国家，如美国、英国、法国、德国、日本都是高度工业化的国家，而贫穷国家，如缅甸、印度都是农业占主导地位的国家。因而，把工业化视为经济发展同义词的观念，确实已经广泛流行，甚至在人们头脑中根深蒂固。所以，发展中国家经常把贫困的原因归结于本国的工业化程度过低，而在独立之后立即开始不遗余力地推行工业化战略。

强调发展工业本身，对于大多数发展中国家并无错误，但是，过分强调工业化，则使事情走向其反面。如果工业化是成功的，将使人民的生活水平发生质的跃迁，同时工业化将带动其他产业部门共同发展；相反，如果工业化既不能促进人民生活水平的提高，又不能对其他产业部门的发展提供帮助，那么这种工业化只能说是得不偿失的。

政府为了尽快实现工业化，往往将经济资源优先配置于工业部门，而置农业部门于不顾。这种将牺牲农业作为工业化不可避免的代价，使用一切手段加快工业化进程的做法，其后果首先是造成人民福利水平的下降。

在这种工业化中，政府必然广泛地运用其政治力量推进工业化的进程。事实上，大多数发展中国家的工业化，尤其是社会主义国家，由于绝大部分生产都是由政府来组织进行的，政府所起的作用是很大的。政府可以接管全部分配，通过国民经济计划将资源优先投向工业部门的生产，并通过价格的调整将农业部门的资源转移到工业部门。实际上，社会主义国家工业化进程不但较之发达国家大为缩短，更比同时起步的其他发展中国家迅速得多。但是，如果这种工业化是通过牺牲人民的消费水平和消费自由来达到的，会产生一系列严重的经济、政治问题，引起人民的不满，甚至引发政治危机。

牺牲农业强迫推行工业化，还会产生更为严重的后果，即农业生产落后造成粮食短缺，引起工业化停滞不前。在发展中国家，粮食缺乏是工业化极为严重的限制因素，政府也许可以运用价格调整，诱导生产那些人民并非迫切需要，甚至根本不需要的工业消费品。但是，如果国内并无足够的粮食可供消费，则没有一个政府的工业化计划能够顺利进行下去。

因为发展中国家一般都是农业生产占主导地位的国家，只要有足够的资源运用于农业生产，粮食通常都能自给自足；因而假如在工业化程度等于零的情况下，最低食物需求曲线通常会低于生产可能性边界。但是，随着工业化程度的提高，人民生活的最低食物需求量将增加。这是部分属于自给自足农业的发展中国家的二种显著特性。再一个重要原因是工业化带来的初期经济发展将引起人口增长。工业化将更多的人由农业转往工业就业，自农村移向城市居住生活。这些离开农村的人，将放弃过去消费的那一部分粮食，其留在农村家属、亲友原先极低的人均粮食消费水平将有所提高，移居城市者的粮食需求，要由农村出售给城市的农产品和进口的农产品来满足。

工业化超过这一限度，农产品（食物）成为短缺之物，社会就会出现饥荒。

我们也许可以在想象中假定有更多劳动力愿意而且可能留在工业部门，并且工业生产力也会进一步发展。但是如果留在工业部门中的劳动力由于缺乏粮食而死亡，则此种想象就毫无意义。

因此，对于发展中国家来说，减缓最低食物需求量上升，是推进工业化的重要保证。其办法首先应是降低人口增长速度，其次是动员整个社会限制消费。然而这两个措施对发展中国家来说都是十分困难的，其效果只能是间接而又缓慢的。

三、两难处境：农业与工业能否并重发展

我们可以从理论上论证工业化必须以农业发展为条件，农业与工业并重发展，工业化才能成功。但是从发达国家工业化的经验来看，牺牲农业发展工业，是标准的工业化发展模式。发达国家工业化成功的原因在于：（1）发达国家是在世界大多数国家处于农业文明阶段时，率先走向工业化的，这就使其工业产品能够很容易地打开国际市场，出口到各农业国家；（2）最早发展工业的国家，处于全球性农业文明的包围中，自然不怕出现粮食危机，它们可以以其特有的工业品出口换取粮食。

对发展中国家来说，困难首先在于其工业化是步发达国家后尘而开始的。因而其产品的出口，必须同发达国家的产品在世界市场上展开竞争，这对于大多数发展中国家来说，其结果几乎是不言自明的。其次，发展中国家的人口压力，使其粮食供给成为重大问题，使其不可能牺牲农业靠进口粮食发展工业，更何况其工业品出口市场是不容乐观的。第三，在工业化的同时兼顾农业，就要分散发展的资源，进一步削弱工业发展的能力。第四，后起的发展中国家，易受发达国家消费模式的影响，产生示范效应，消费早熟，更易使其最低食物需求曲线斜率提高。

因而，发展中国家工业化成功的道路有两条。第一条道路是：解决人口问题和压低国内消费水平，尽量将资源转用于生产用途；第二条道路是：将其产品成功地推向世界市场，换取外汇以进口必需的农产品和先进的机器设备和技术。如果既不能做到第一个方面，又不能走第二条道路，则农业与工业并重发展，只能是一厢情愿的乌托邦空想。

第二节　二元结构转型：刘易斯模型

在所有发展经济学家中，刘易斯最早研究了经济发展的整个过程：传统的单

一农业的落后经济，由于工业化的推进发展到二元结构的发展中经济，并随着工业部门的逐渐壮大，二元结构经济逐渐过渡到稳定增长的工业化发达经济。刘易斯把经济发展问题归结为工农业两大部门之间的关系问题，系统地分析了二元结构消长和变动的过程。他的杰出贡献，使他在1979年度获得了诺贝尔经济学奖。

刘易斯认为，绝大多数发展中国家的经济已经由传统的单一农业经济发展演变为农业部门与现代工业部门并存的二元结构经济，这种二元结构经济有下列特征：

(1) 经济中存在着两个部门：传统的占优势地位的农业部门和现代的发达的工业部门。

(2) 农业部门是以传统的自给自足型农业为主体的产业，大量使用的是土地等非再生性资源，其规模不可能随着人口增长而持续扩大。因此，持续增长的人口对农业部门形成不可逆转的巨大压力，并造成整个经济收益递减的趋势。另一方面，农业部门的技术进步，基本上建立在传统的经验积累的基础上，变化缓慢，远不足以抵消人口增长对有限资源的压力造成的收益递减趋势。

(3) 工业部门是以现代工业为主体的产业部门，大量使用厂房、设备等资源，其规模随着生产的发展和资本的积累不断扩大，其速度可以远远超过人口的增长。从而就业人口拥有越来越多的生产资源并与之相互作用。另一方面，工业部门拥有先进的生产技术，且技术革新的速度较快，因而工业部门的人均产出高于传统的农业部门，从而引起人均收入的持续增长。

(4) 在传统农业部门中，劳动力供给是无限的，即劳动供给弹性是无穷大的，大部分发展中国家的农业部门都存在大量可供利用的劳动力。由于劳动力无限供给，造成：在仅能维持生存的农业部门，实际工资率是不变的，不会上升；超过实际需求的劳动，其边际生产力等于零。

(5) 农业部门的工资与劳动的边际生产力无关，而是由维持生存的“制度工资”原则决定的，因而工资始终高于农业劳动边际生产力。而在现代工业部门，工资与劳动的边际生产力有关。工业部门的劳动边际生产力，决定对劳动的需求量。但由于传统农业部门的劳动供给对工资变化反应的弹性无穷大，因此假定工业部门的工资并不随着劳动需求的增长而增长。

刘易斯模型的中心含义是：现代工业部门的资本积累引起了工业部门的扩张，工业部门的扩张引起工业部门劳动就业需求量扩大，从而吸引剩余劳动力从农业部门向工业部门转移。剩余劳动力从农业部门向工业部门的转移对经济发展是至关重要的。这是因为劳动力转移后，农业部门中的劳动力与土地的比率发生了变化，消除了过剩的劳动力，而现代工业部门则得到了它为增加产出所需要的额外劳动力。因此，对于不发达经济来说，通过建立和扩大以现代工业为主体的现代资本主义部门，将不发达部门经济内部处于隐性失业状态的劳动力转移到工业部门，使之与土地等非再生性资源脱离，转而与现代工业部门中的资源相结合，这样，当现代工业部门的扩张将整个经济内的过剩劳动力吸纳尽净时，工业化将使收益递增取代收益递减趋势，整个经济就转变为稳定增长的发达经济，从而二元结构就转化为工业部门占主导地位的一元结构。可是，目前大多数发展中国家都没实现这种转变，而这一转变对于经济发展又是最重要的。

这一过程将一直持续到所有的剩余农业劳动力被吸收到工业部门为止，由于农业部门不再存在剩余劳动力，农业劳动对工业的工资变动并不完全具有弹性了，工业部门要想扩大生产，增雇工人，就必须与农业部门展开竞争，以提高实际工资吸引工人到工业部门就业。由于工业部门的增加以及实际工资趋于上涨，农业商业化也必然开始了。

刘易斯模型告诉我们，工业化和经济发展的进程，取决于工业部门的劳动边际生产力提高的幅度。资本积累的数量越大、速度越快，则边际生产力提高的幅度也就越大，从而工业部门吸收的劳动力的数量也就越多，吸收速度也就越快。

刘易斯模型简明扼要地概括了工业化和经济发展的过程，并大体符合发达国家经济发展的历史经验。但是，这一模型在前提假定和理论上也存在一系列的缺陷。

许多发展经济学家（如托达罗、费景汉）注意到，发展中国家经济深陷于二元结构状态，剩余劳动力不但在农业部门存在，而且在城市也同样存在，城市的剩余劳动力必须在工业部门内吸收，这对劳动力由农业向工业的转移过程起了阻滞作用。这种现象产生的原因我们可以归结为工业部门对资本密集技术的偏好，使这一部门吸收劳动力的能力低于其增长速度；由于工资提高，影响了工业部门利润率和资本积累能力，削弱了工业部门对劳动力的需求数量；人口增长使劳动力供给过量，从而对决定劳动力需求的储蓄、投资产生不良影响。

费景汉和拉尼斯认为，经济发展是否完成的标志在于工业化程度和劳动力在工农两部门的再分配程度。成功发展的标准就在于工业劳动增长率超过人口增长率。这样才能保证劳动力源源不断地由农业部门转移至工业部门。只有在人口增长速度较低，资本积累程度较高和技术选择上注意使用劳动密集型技术的情况下，才可能在较短的时期内把农业过剩劳动人口全部吸收到工业部门中去，最终实现工业化。

第三节　工业产业结构的演化

如果说，分析经济发展的国民经济产业结构变动可以使我们了解工业化导致的第一、第二、第三次产业产值和劳动力比例的演变规律，了解工农业两大产业部门的相互关系，那么，分析第二产业内部，即工业的产业结构则可以使我们获得工业化演变过程的完整、全面的信息，了解各工业部门在工业化过程的不同阶段对推动经济发展所起的作用，掌握工业结构的演变规律和发展趋势。

一、工业结构的含义及其演进过程

（一）工业产业结构的含义

工业产业结构可以理解为各工业产业在生产中所占比重及其结合的状态。划分工业结构可以从不同角度进行。最常见的划分方法有：

（1）按产品的最终使用方向划分，可将工业分为生产资料工业和消费资料工业两大部门。与此相近的划分是将工业区分为重工业和轻工业，前者包括冶金及金属材料、运输机械、机器制造、化学工业；后者包括食品、纺织、皮鞋、家具等工业。

（2）按行业部门划分，可划分为制造业、采掘业和矿业等部门，其中最主要的是制造业部门。狭义的工业实际上就是指制造业，目前世界通用的制造业分类标准将工业划为下列部门：食品饮料、烟草加工；纺织、服装、制革；林木加工与木制品；造纸和印刷出版；化工、药品、石油加工、煤炭加工、橡胶制品、塑料；非金属矿产品；冶金工业；金属制品、机械和设备。

（二）工业产业结构演进的一般过程

工业产业结构演进的一般过程区分为下列几个阶段：

（1）同农业关系密切的以轻工业为中心的消费资料发展阶段。一般来说，工业化是从轻工业起步的。发达国家的产业革命，首先是发生在纺织工业中，大多数发展中国家的工业化，也是从轻工业开始的。在发展的初期，纺织、农产品加工、卷烟、酿造等产业部门首先从农业中分化出来。但少数后起国家，如前苏联、中国等国的工业化，表现的工业产业结构演化同一般过程存在明显的偏差。

（2）以重工业为中心的发展阶段。产业革命直接推动了重工业部门的发展进程。在以纺织、食品为中心的轻工业发展的基础上，能源、钢铁、机器制造、化工等部门迅速发展起来。随着工业化的进展，重工业在工业中的比重迅速上升。

发达国家在20世纪90年代时的重工业比率大都在60%～65%之间，但大多数发展中国家的这一比率只在30%～40%左右。

（3）工业结构的“高加工度化”，即工业结构表现为以原材料工业为中心的发展阶段向再次加工、组装工业为中心的发展阶段演进。这一阶段建立在能源、钢铁等工业发展的基础之上，一系列高加工度工业，如收音机、自行车、缝纫机、电视机、电冰箱、汽车发展起来。如果说第二阶段的工业发展主要是资本资料的发展，对人民生活没有直接影响的话，这一阶段的工业化则直接发展了一系列耐用消费品的生产，使人民的消费数量和消费质量有了质的提高。

（4）工业结构向集约化发展的阶段。这个发展阶段的趋势不仅表现为工业各部门采用愈来愈复杂和高级的技术、工艺和实现自动化，而且表现为以技术密集为特征的尖端工业的兴起。这一阶段，精密仪器制造、航空、航天、核工业、电子计算机等工业迅速发展，被描述成“工业化社会”向“高工业化社会”或“超工业化社会”、“信息社会”的转变过程。这一阶段，科学技术日益成为工业结构演进的最重要的推动力量。

如果从工业化发展过程的资源结构角度看，整个工业化过程可以区分为：（1）劳动密集型工业为主的阶段；（2）资本密集型工业为主导部门的阶段；（3）技术密集型工业为主导部门的阶段。

工业演进的一般过程是根据大多数国家经济发展的实践得出的经验规律。由于各国的国情的巨大差异，对这个一般过程不能绝对化。大国和小国、内陆和海洋国家、资源丰富的国家和自然资源稀缺的国家、国内市场广阔和国内市场狭小的国家，其工业结构肯定不同，其工业结构演变过程也会在一定程度上偏离上述一般过程。即使同样为资源丰富的大国，由于社会制度不同，也会使工业化过程的时间和结构演变趋势发生巨大差异。如中国、前苏联充分利用计划经济的优势，在工业化开始阶段，即将资源优先投入重工业部门，建立起较完整的现代化工业产业结构，从而使重化工业、高技术工业迅速发展起来。但即使如此，工业产业结构的演变规律的作用也同样不可忽视。如果一个发展中国家的工业产业进化顺序不正常地前后错位，产业结构就会畸重或畸轻，产业间形成瓶颈，会影响进一步的经济发展。如改革开放前中国的工业，重工业过重，轻工业过轻，导致人民生活没有和工业化发展同步、协调。只是在改革开放之后，这一缺陷才逐步得到矫正。

二、工业产业结构成长不同阶段的主导产业

工业发展的每一个阶段都存在着不同的主导部门。这种主导部门的特征，首

先是其本身具有高增长率，其次是通过前向和后向联系，能够带动其他工业部门的增长。工业化发展阶段的更替表现为主导部门按一定的次序变化。罗斯托断定，“现代经济成长实质上是部门的成长过程”，并认为，主导部门通过一种效应影响带动了整个经济增长。工业结构成长总是从某个部门采用先进技术开始，采用先进技术的部门能够降低生产成本、增加利润和积累，在其自身规模迅速扩大的同时增加对其他一系列部门的产品的需求，从而扩大了市场。同时，该部门又为其他部门的发展提供生产资料，奠定物质基础。主导部门为中心的工业部门的发展，将扩大为对各个地区的经济成长的影响，从而带动整个国民经济的发展。但是，一旦主导部门的先进技术及其影响已经扩散到各个相关部门和地区之后，其历史使命也就完成了。这时就需要新的主导部门替代旧主导部门的地位。新的主导部门通常是由旧的主导部门的带动而发展起来，并迅速成长为带头的产业部门。以纺织工业为例，纺织工业的发展，引起一系列部门的发展。通过回波效应，引起纺织机械制造、厂房建筑、动力、原料等工业的发展，通过前瞻效应，引起交通运输及重工业部门的煤、钢铁、机械的发展；而在经济发展的空间方面，侧效应又引起纺织基地城镇建设、交通沿线建设和工人居住区的形成。发展到一定阶段后，随着新技术、新市场的出现，新的主导部门形成。新的主导部门采用新技术再影响其他部门，带动国民经济持续增长。于是，新的一轮发展阶段开始了。

当然，主导部门不是孤立的单一部门，而是一个主导部门同它有联系的若干部门一起构成一个主导部门的综合体系。罗斯托认为在经济发展的各个阶段出现的五种主导部门综合体系是：(1)“起飞”准备阶段的主导部门体系，主要是饮食、烟草、建筑材料等工业部门；(2) 非耐用消费品制造业综合体系，其中最重要的是纺织工业；(3) 重型工业和制造业综合体系，如钢铁、煤炭、电力、通用机械等工业部门；(4) 汽车工业综合体系；(5) 生活质量部门综合体系，主要是服务业、建筑业。

罗斯托认为这五种主导部门综合体系反映了成长阶段由低级向高级发展中的主导部门变换的序列。他根据自己的理论认为，在发展中国家里，发展水平较低的国家的主导部门属于第一种综合体系。发展程度中等的国家的主导部门则属于第二种综合体系。发展程度较高的国家，则属于第三种综合体系，二战后的西欧和日本的主导部门被列入第三种综合体系，至于美国的主导部门则属于第五种综合体系。

对于罗斯托的成长阶段与主导产业理论，前四种主导部门在工业化的不同阶段确实存在，都对工业化的发展起过带头作用。我们应看到，罗斯托的主导产业理论是根据其经济成长阶段的划分而来的，有其固有的局限性。在追求生活质量阶段，固然第三产业有巨大发展，但整个社会前进的动力是来自新技术革命。罗斯托恰恰是忽视了高技术产业发展的主导作用，因而其理论是错误的。现代工业结构的主导产业部门不是服务业，而是高技术产业。没有高技术产业，经济继续繁荣和发展是不可能的。

三、工业结构的重工业化——霍夫曼定理

德国经济学家霍夫曼对工业化过程中的工业结构演变规律进行了独创性分析。他在1931年出版《工业化的阶段和类型》一书中，根据约20个国家的时间序列数据，分析了制造业中消费资料工业和资本资料工业的比例关系的变动规律。霍夫曼的结论是：在工业化发展过程中，消费资料工业的发展与资本资料工业的发展所构成的比例关系呈逐渐下降的趋势，这一趋势反映了工业化结构趋向于“重工业化”的发展趋势。这一结构变动趋势是通过两大部门的净产值之比的变化来表现的，这一比例即为“霍夫曼比例”。“霍夫曼比例”随着工业化的发展不断下降，这一规律被称为“霍夫曼定理”。

霍夫曼还根据消费资料工业同资本资料工业产值之比的变化趋势，把工业化过程分为四个阶段：（1）第一阶段，霍夫曼比例为5(±1)，这一阶段的消费工业生产在制造业中占统治地位，资本资料工业很不发达；（2）第二阶段，霍夫曼比例为2.5(±1)，这一阶段，资本资料工业发展较快，但其规模仍比消费工业规模小得多；（3）第三阶段，霍夫曼比例为1(±0.5)，此时两大部类的规模旗鼓相当；（4）第四阶段，霍夫曼比例小于1，此时资本资料工业的规模大于消费资料工业规模。

霍夫曼定理揭示了工业化发展结构演变中两大部类的比重变化，揭示了工业化发展以消费工业为起点，向重工业化方面发展的趋势。许多人认为，霍夫曼定理证明，生产资料优先增长规律是决定工业结构变化的普遍规律，就工业化和现代化总过程来看，经济建设以重工业为中心是社会化大生产的客观规律。但也有不少经济学家提出了质疑。梅泽尔斯认为，霍夫曼没有考虑工业发展过程中的产业之间生产率的差异，因而仅仅根据霍夫曼比例是无法说明工业化水平的。如新西兰和韩国的霍夫曼比例相同，但很难说两者共处于同一工业化阶段。

库兹涅茨干脆否认霍夫曼定理的存在。他宣称：“在美国的经济发展过程中，看不出存在什么霍夫曼定理。”因为他发现美国的资本形成占GNP的比例是长期稳定的，社会最终产品中耐用资料和建筑材料的比重长时期内没有上升趋势。因而他断言，资本资料工业优先增长毫无根据。

日本经济学家盐野合佑的分析完善和发展了霍夫曼定理。他指出，霍夫曼的错误在于其产业分类法是不科学的，排除了既非消费资料又非资本资料的中间资料，霍夫曼在无意识中使用的是重工业和轻工业的划分。固然，资本资料工业和消费资料工业的比例长期内稳定不变，但是如果从轻重工业的比例关系看，重工业比重增长是一切国家都存在的普遍现象。其中重要的原因就在于重工业中包括了诸如汽车、家用电器等耐用消费品工业，而这些工业 20 世纪以来迅速膨胀。但是，当人均国民收入超过 300 美元时，霍夫曼比例将逐渐稳定不变。当前一些发达国家重工业比率已达 60％～65％的水平，人均收入与重工业比率之间已无多大关系，因此，重工业化的过程也并不是无限的。理由同重工业比率上升一样，耐用消费品的普及，使机械工业增长缓慢，从而使重工业亦趋于停滞。可见，霍夫曼定理的适用范围是有限的。

第四节　工业化发展战略

工业化发展战略是指发展中国家实现工业化选择的途径。本节研究的工业化发展战略是指发展中国家建立工业部门体系的选择的战略方法，即如何分配一定量的资本、劳动与自然资源等生产要素于各种产业部门和生产单位，以便使稀缺的生产资源发挥最大的经济效益，以尽快实现工业化，促进经济发展。

一、平衡增长的大推进发展战略

（一）平衡增长的基本含义

平衡增长是最早提出的工业化发展战略理论。早在 1953 年，罗森斯坦·罗丹发表《东欧及东南欧工业化问题》一文，提出了“大推进”的平衡增长工业化战略。其后，纳克斯、席托夫斯基、刘易斯等又对其理论进行了发展。

平衡增长论者认为，为了实现工业化，摆脱发展的“低水平均衡陷阱”，必须对范围广大的各种工业，同步地平衡地投入资本，并且投资的规模必须足够大，从而使各部门和各企业得到平衡增长。如果仅仅对一种工业投资而不对其他工业作相应的投资，则工业化肯定不会顺利实现。只有各部门齐头并进的大规模投资，发展中国家才能从资本供给（储蓄）和资本需求（投资诱因）的两难处境中解脱出来。

（二）平衡增长论的要点

（1）强调需求的重要性，即必须通过各部门的平衡增长，互相提供产品市场，保证投资的有效需求。

纳克斯强调，发展中国家工业化的困难基本上不在于资本设备的技术形式，尽管资本设备的技术形式会加重困难。困难在于实际低收入水平下不可避免地会出现需求缺少弹性，即购买力的缺少会束缚任何个别工业的投资引诱。

罗森斯坦·罗丹强调，需求是不可分的。如果投资只集中于某一部门或行业，那就必须有充分的国内市场或有保证的国外市场，这一部门的产品才会有相应的需求，而发展中国家的产品出口的困难是明显的。在其他部门没有得到投资的情况下，这一部门的产品除小部分为该部门的投资所创造的收入购买外，大部分因没有产品市场而积压，从而对该部门的投资必然失败。因此，只有在各个部门同时进行广泛的大规模投资，使之互相提供产品需求，形成广大的市场，工业化才能顺利成功。

(2) 强调资本供给足够大的规模对于工业化的重要性。罗森斯坦·罗丹认为，资本供给同样具有不可分性。这首先是社会分摊资本（社会固定资本）供给的不可分性。社会分摊资本是指基础设施资本即交通运输设施、水电设施、教育体系等。这些基础设施如果达不到一个最起码的规模，社会生产能力就不可能形成，因而必须用全面的大规模投资的方法使社会分摊资本达到这个起点规模。

(3) 储蓄的供给也具有不可分性。他认为，随着国民收入增长，储蓄虽然也会增长，但却不是均衡地不断地增长，相反，它们的增长是阶段性的跳跃增长。在收入增长达到某一个限度之前，为了保证一定的生活水准，储蓄的增长是很有限的。只有当收入的增长越过那个限度之后，储蓄才会急剧上升，才会使更大规模的投资成为可能。因此，投资的规模必须大到足以保证收入的增长超过一定的限度，否则储蓄将不够充分，使工业化进行的必要投资受到储蓄缺乏的阻碍。

莱宾斯坦的"临界最小努力命题"（或称关键性的最低限度努力理论）对进行大规模投资的论点给予了支持。莱宾斯坦根据低水平均衡陷阱理论（这一理论同纳克斯的贫困恶性循环学说有异曲同工之处）认为，如果投资规模过小，那么投资虽能提高收入水平，但收入水平的提高将导致人口增长速度提高，使人均收入水平下降。只有在大规模投资足以克服诱发性及自发性抑制收入提高的因素之后，经济才能摆脱贫困恶性循环。只有规模投资大到使经济增长率高于人口增长率并维持足够长的时期，才能摆脱低水平均衡陷阱。

（三）平衡增长论的工业化方案

平衡增长论者设计了三种工业化方案：

第一种方案：消费品工业（轻工业）的大规模全面投资。即根据消费需求的种类和数量及变化模式，各消费品部门的投资保持横向的平衡。

由于大批生产不同消费品的新企业同时建立，这些企业就有可能出售各自产品，于是就业机会增加，总收入提高，这就是平衡增长的“收入效应”。在此基础上，由于生产规模扩大，现代工业企业将获得内在的规模经济，使产品成本和价格不断降低。这使现代工业部门以其价廉物美的产品把消费者从生产同类产品的手工业那里吸引过来，变传统部门的市场为现代部门的市场。于是，发展中国家的现代部门有可能突破市场狭小的限制而谋求进一步的发展。

这一方案的实行必须具备两个前提条件：(1) 实行此种方案的国家有能力从农产品出口换取资本和投入物品的进口，因此可以不考虑重工业的发展；(2) 该国家必须具备一定的交通运输、电力等基础设施的供应，因而对基础设施的投资也可以不予考虑。

第二种方案：包括基础设施部门和消费部门在内的平衡增长方案。

第三种方案：大推进方案。即同时在消费品工业部门、基础设施部门和生产资本资料的工业部门进行大规模投资。由于生产资本设备的重工业是由处在各种不同生产阶段的各类企业构成，因而其内部各生产单位彼此提供产品，形成了一种全面的投入产出关系。并且重工业还为消费品工业和基础设施部门提供各种投入品，和它们也同样形成投入产出联系。这样，重工业部门同其他两部门齐头并进的发展会带来显著的外在经济效应，对于打破资本需求方面的恶性循环障碍，十分有效，因此，“大推进”是实现工业化的有效方案。

(四) 对平衡增长理论的评价

如何看待平衡增长理论呢？该理论固然强调了部门比例关系对发展的竞争性，但存在着一系列缺点。

(1) 平衡增长论过分夸大了资本对工业化和经济发展的重要性。罗丹是个明显的“唯资本主义者”，他甚至将工业化定义为“在农业生产和非农业生产中日益相对地少用劳动而多用资本”。事实证明，“不发达”是一种综合病症。谋求发展必须从资本、人力资源、人口、资源配置和结构改造等多方面制定和实施综合措施。仅仅考虑资本积累和投资是远远不够的。

(2) 平衡增长论的论点理由并不充分。首先，社会分摊资本并非完全不可分，如电站有规模大小之分，可以先发展小型电站，然后再进行大规模的水电工程。其次，工业品市场并不一定需要各部门平衡增长，产生收入效应而形成。如果发展中国家能够出口农副产品、发展旅游业，那么外汇收入会增加，从而逐步形成工业产品的市场需求，为建立工业准备投资和市场条件。再次，平衡增长论者明白大规模投资非单纯依靠民间力量所可行，因而支持政府采取行动。而政府的过激措施，可能造成经济失调，反而实现不了平衡增长。

（3）平衡增长理论的应用，需要具备大量的资源，各部门齐头并进的发展所需要的各种资源恰恰是发展中国家所缺乏的。发展中国家发展的能力有限，不可能同时举办很多的发展项目和计划。一个国家如果有能力采取平衡增长战略，那么它肯定不可能是贫穷的国家。

二、不平衡的工业化战略

平衡增长理论遭到以赫希曼为首的不平衡增长战略论者的批评和反驳。赫希曼在 1958 年出版的《经济发展战略》一书，系统地批判了平衡增长论，提出了不平衡发展战略。

（一）不平衡发展战略的基本理论

赫希曼指出：经济发展实际上是循着由主导部门的发展带动其他部门的发展，由一个企业的发展引发另一个企业的发展方式进行的。从表面观察一个经济在两个不同时点上的成就，可以发现它在各方面、各部门均有进展，似乎这是由平衡增长所造成的。但实际上平衡仅仅是不平衡发展的结果。这种情况的产生是由于下面的事实造成的：利润率是不平衡的标志，在自由竞争企业制度下，利润促使投资投向高利率的行业和部门，因而投资又会使利润率逐渐下降。但同样的投资可能提高其他行业、部门的利润率，因而导致平衡的破坏。例如行业 A 的扩充产生有利于行业 B 的外在经济效应，行业 B 因此扩充。在每一阶段，行业都享受到因前一阶段扩充所产生的外在经济的利益，同时并产生新的外在经济，其他行业从而将获益。因此，投资有促使行业平衡发展的趋向。

赫希曼为了论证非平衡增长的可行，把社会生产区分为两大部门：社会固定资本生产部门（即社会分摊资本部门）和直接生产部门。他认为，无论是将投资倾斜于社会固定资本部门还是倾斜于直接生产部门，都同样能够使经济得以发展。

统计与历史研究显示，交通运输、能源、教育等社会固定资本的投资在总投资上占有重要地位。经济学家普遍认为能源及交通设施的投资是任何地区经济发展的先决条件。赫希曼对此不以为然，他认为，社会固定资本投资的重要性被过分强调了。社会固定资本对于经济发展的重要性毋庸置疑，某些社会固定资本被认为是直接生产部门发展的先决条件，在扩展其他经济活动之前，必须先建立基本交通设施。但在一个相当大的限度内，社会固定资本部门与直接生产部门彼此并不存在一定的技术比例关系。在社会固定资本部门规模一定的条件下，直接生产部门的规模可以有很大的不同。换言之，直接生产部门的发展可以在一定的限度内不受社会固定资本部门规模大小的影响。

从整个经济的角度看，生产目标在于用最少量资源从事社会固定资本供给和直接生产活动，从而生产出更多直接生产活动的产品。

（二）两种发展顺序

赫希曼认为，发展中国家真正缺乏的不是资源本身，而是利用资源的能力，因而假定：（1）社会固定资本与直接生产活动不能同时一齐扩充；（2）可以导致最大的诱发其他经济活动的发展顺序应优先采用。

可以看到两种发展顺序：一种是由增加社会固定资本的供给开始，另一种是由扩充直接生产活动开始。第一种发展顺序为社会固定资本的超前发展模式，而后一种则为社会固定资本的短缺发展模式。如果我们从扩展社会固定资本开始，现有直接生产活动的生产成本将较低，且其投资可能因企业家对利润的提高做出反应而增加。而如果先着手扩充直接生产活动，此项直接生产活动的成本很可能大幅度提高，参与直接生产活动者将会发现，此时扩展社会固定资本设施，可能获得大量经济利益，其结果社会上将自发产生扩充社会固定资本设备的压力。

这两种发展顺序均能产生投资诱因和压力，其相对效益如何，一方面决定于企业家创新动机的强弱，另一方面决定于负责社会固定资本的政治当局对公共压力做出的反应。在社会固定资本并不充足的情况下，对直接生产活动给予的津贴、保护、资金融通甚至直接从事投资等种种支持，较之通过投资于社会固定资本，间接对直接生产活动鼓励，也许能产生更大效益。

（三）确定主导部门的基准

不平衡发展战略决定了必须选择投资的最佳主导部门和项目。那么究竟把投资优先投向哪些部门和项目呢？发展经济学家对此问题的研究形成了确立主导部门的多项基准，主要有：（1）赫希曼基准，即应投资于最大联系效果的部门和项目。（2）收入弹性基准，即集中发展收入弹性高的工业部门。（3）生产率上升基准，即把生产率上升快的产业或者技术发展可能性大的产业，作为重点来加以发展。（2）、（3）两项由日本经济学家筱原三代平提出，故又称为筱原二基准。

1. 赫希曼基准。赫希曼认为，各部门（企业）之间存在着多方面的投入产出关系。任何一个部门（企业）的设立和发展，都会通过投入链和产出链对其他部门产生“联系效应”，促使其他部门产生和发展。投资的联系效应通过各部门的投入产出关系，经由两条路线传导到其他部门：一是通过各部门对其他部门的供给联系（产品成为其他部门的中间投入品）发生作用，二是通过各部门对其他部门的需求联系（从其他部门获得中间投入）发生作用。经由供给联系所发生的投资联系效应称为“前向联系效应”，经由需求联系的发生的投资联系效应称为“后向联系效应”。

可以利用里昂惕夫投入产出表计算各产业部门的中间投入比率（总产值中中间产品所占比重）来确定前向联系效应，计算各产业部门的中间需求比率（即该产业部门生产过程中所需要的中间产品占总产值的比重）确定后向联系效应。计算公式如下：

$$前向联系效应=\frac{该产业向其他产业提供的中间投入品产值}{该产业的总产值}$$

$$后向联系效应=\frac{该产业从其他产业获得的中间投入品产值}{该产业的总产值}$$

1958 年，钱纳里等运用上面的公式，对美、日、挪、意四国 1958 年的投入产出表进行计算，得出了各产业部门前后向联系效应值，见表 8—1。

表 8—1　　不同产业部门的联系效应

	部门	后向联系	前向联系		部门	后向联系	前向联系
中间制造品，前向、后向联系效应都高	钢铁	66	78	最终制造品、前向联系效应低，后向联系效应高	谷类加工	89	42
	非铁金属	61	81		皮革	66	37
	纸制品	57	78		木制品	61	38
	石油产品	65	68		服装	69	12
	煤制品	63	67		运输设备	60	20
	化学品	60	69		机器	51	28
	纺织	67	57		食品加工	61	15
	橡胶	51	48		造船	58	14
	印刷	49	46		其他工业	43	20
中间初级产品，前向联系效应高，后向联系效应低	金属矿产	21	93	最终初级产品，前、后向联系效应均低			
	石油与天然气	15	97		渔业	24	36
	煤矿	23	87		运输	31	26
	农林业	31	72		服务业	19	34
	电力	27	59		贸易	16	17
	非金属矿产	17	52				

防根据计算结果，可以把全部产业分为四大类，即：(1) 中间投入型初级产品产业，这些产品的前向联系效果大，后向联系效果小；(2) 中间投入型制造产品产业，该类型产品前向和后向联系效应都较大；(3) 最终需求型制造产品产业，该产业的产品前向联系效应小，后向联系效应大；(4) 最终需求型初级产品产业，这种类型产业的产品，前向和后向联系效应都小。

主导部门的确定，主要依据投资是否对其他产业部门的生产活动有较大的诱发力量。从理论上说，前向和后向联系效应较大的产业（如钢铁产业），都可以成为主导产业。但赫希曼认为，主导产业的确定，应优先选择后向联系效应大的部门。这是因为，前向联系不可能以纯粹的方式出现，它必然伴随着需求压力所造成的后向联系而产生。换句话说，前向联系效应发生作用的前提是现存或预期的市场需求的存在。因此，发展中国家在着手工业化时，应从最终需求型制造业入手。

赫希曼认为，如果国内还不存在中间投入型制造业，那么一个国家只有两条可供选择的工业化道路：(1) 发展将国内生产或者进口的初级产品加工成最终产品的制造业；(2) 将进口的制成品加工成最终产品的制造业。发达国家历史上的工业化早期基本上是循着第一条道路进行的。对于发展中国家而言，由于面对同19世纪欧美国家工业化截然不同的国际经济条件，可以既发展利用当地资源的纺织、食品加工、建材等最终产品制造业，同时，也可以直接从已经工业化的国家引进资本设备，对进口的工业制成品进行最后的加工，等到国内中间产品市场足够大时，再开始从事中间产品制造，直到最后发展基本材料部门。整个国民经济的基本体系从而得以最后确立，工业化也就大功告成。

应该说，除上述赫希曼提出的两条工业化道路，还存在第三种方式。即：(3) 充分利用发展中国家丰富的矿产和农业资源，从发展基础材料工业开始工业化。发展中国家固然不存在较大的矿产品市场，但在开放经济条件下，可以将矿产品出口换取的外汇用以发展矿业机械制造产业以及其他产业，从而带动一系列其他产业发展起来。

从发展中国家工业化的实践看，资源贫乏但开放程度高的小国，一般遵循第(2) 条道路进行工业化。而矿产资源丰富的国家，如石油输出国家，则遵循第(3) 种方式的工业化。而资源丰富的大国一般以第 (1) 种方式为主。

2. 收入弹性基准。收入弹性是指收入增加后引起的对某产品的需求量增加的比率。各种产品的收入弹性差别很大，如劣质品，当收入提高以后，对其需求量会下降，弹性值为负。而高档消费品，收入越高，对其需求量就越大。因此，收入弹性的差别会影响对各类产业产品的需求。随着经济发展和国民收入的提高，无论国内的需求结构还是外贸结构都会不断变动。因此，选择投资项目或者主导产业的标准就必须根据不同产业产品的收入弹性大小来确定，应集中发展收入弹性高的产业。因为高收入弹性产品的市场有较大的潜力。

3. 生产率上升基准。这一基准的提出是基于提高产品在国际市场上的竞争能力。如果要使产品在国际市场上拓宽销路，产品的成本应较低，而质量较高，一句话，使产品具有较高的国际竞争能力。因此，必须将那些生产率上升快的产业或技术发展可能性大的产业作为主导产业。

选择主导产业，应从各国的具体国情出发参考赫希曼基准和筱原二基准，进行全面权衡，尤其注意三基准的同时兼顾，即注意选择那些收入弹性高，且联系效应强，同时生产率上升速度快的产业作为主导产业。

思考题

1. 工业化对经济发展的推动作用表现在哪些方面？
2. 简述刘易斯的二元结构转型理论。
3. 简述工业产业结构演进的四个阶段。
4. 什么是霍夫曼定理？
5. 什么是投资产业的赫希曼基准和收入弹性基准？

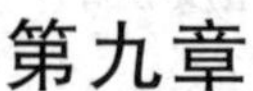

城市化与经济发展的空间状态

经济发展是工业化的同时城市化的过程，城市化是经济发展的重要方面和内容。工业化要以城市化为条件，而城市化的动力则是工业化。一个不发达国家或者地区，脱离工业化的城市化，将有城无市，或者有城而无企业；而脱离城市化的工业化，则会拉大城市居民和农村居民的收入差距，并且人口城乡分布、劳动力就业结构与三次产业结构将发生重大的偏差，导致结构错位的低效率。因此，城市化是经济发展的重要组成部分。

经济发展的一个必然现象是，人口、市场、企业、基础设施在地理上的集中过程，即城市化过程。城市化是指从以人口稀疏并且相当均匀遍布空间、劳动强度很大且个人分散为特征的农村经济，转变成为具有基本对立特征的城市经济的变化过程。城市经济的特征是密度大，商品和服务生产专业化，在家庭、企业和政府之间以及每种群体内部存在着紧密的相互依赖性，以及高水平的技术、革新和企业管理。城市化由于其本身特性而导致空间集中，而密度大又导致经济活动者密集。这种趋势与生产专业化一起，产生了显著的、普遍的相互依赖性和外部经济。

第一节 城市的起源和发展

农村社会为什么向城市社会转变，城市为什么起源、发育和发展，为什么会呈大小不等的城市体系状分布，这是一个发展经济学、特别是城市经济学的理论之谜，也是一个基础性的学术问题。只有从经济的内因方面将其分析和解释清楚，才能真正认识城市化的不可抗拒性，才能不片面地强调重点发展小城镇，或者主要发展大中城市，才能正确地选择合乎规律的城市化道路和政策。

一、城的起源之一：降低保护财产安全的成本

生产力的发展，是财富剩余和积累的前提；而产业和职业的分工，是产生私有制和阶级的基础。生产和消费资料向有世袭地位和竞争能力的阶层、职业和产业集中，于是财产的安全成了寻找一种有效制度保护的需求。

在古代，即使两个在内部成员中都实行原始共产主义劳动和分配制度的部落之间，都会有利益的冲突，即互相掠夺人口和财富，以壮大自己的实力，并多分配有限的资源。而私有制条件下，则更是这样。他们需要在壮大武装力量、修筑城墙和城池、发动战争武力征服对方等等之间进行选择。而博弈的结果，可能都选择一种损失最小、最经济的制度来保护财产。

我们假设有一个部落首领兼奴隶主，其财产安全可选择两种保护模式：一是不建设城墙，全部雇专门保护其财产的保安人员，需要500人，每人一年的住所、装备、培训、生活等等，需要开支500公斤粮食，共计需要支出保安方面的粮食25万公斤；如果以30年为期，其需要保安的财产规模不变，所雇的保安人员也不变，需要支付750万公斤粮食的财产安全成本。二是建设城墙，将所保护的财产在空间上围起来，建设城墙需要500人从事两年的建筑工作，按每人每年500公斤粮食消耗，建城费用需要支付50万公斤粮食；这样需要的保安人员大为减少，管城门和巡逻城墙的有20人足够了，每年支付1万公斤粮食，以30年为期，需要支付30万公斤粮食。共计支付其财产安全的直接成本只有80万公斤。而假如前面的500人中由于建了城而节省的480人可以年人均生产粮食700公斤，除去吃用，每年每人可给奴隶主交150公斤粮食，则30年中还可给奴隶主创造216万公斤的粮食收益。这样算下来，建城后节省的人力粮食收益与财产安全需要消耗粮食成本相抵后，部落首领还多得136万公斤粮食的收益。

显然，如果从经济学上讲，全部用保安人员来保护财产的开支如果小于建设城池，则城池这种制度就不会出现。这一经济学的比较，可以验证小到一个庄园，中到一个部落，大到一个国家，其居所和财产用城来保护，要比用大批的专门守护人员来保护，直接成本要低得多，并且节省了巨额的机会成本。于是，城墙、护城河、城门、远望角楼、烽火台、吊桥、护城的武装人员等等，一整套的城池制度便被创造出来，提供给大大小小的庄园主、酋长、国王等等，用以保护他们的财产。

有关专家认为，根据考古的证实，可以确认中国在 4 000 年前的夏代就出现了最早期的城市。中国最早的城市传说和记载，从现有的史料看是鲧城和禹都。关于鲧城，史书上说，昔者夏鲧作三仞之城，诸侯背之，以卫君，造郭以守民，此城郭之始也。最早的美索不达里亚文明的创造者，苏美尔人，也在两河流域各部落的争斗中建设了许多城堡，用来防卫。公元前 3 000 年时，苏美尔地区已经出现了 12 个独立的城市国家，其中的乌鲁克，占地 1 100 英亩，人口达 5 万人。从中不难看出，城池作为一种制度出现，其一个重要的功能，的确是为了安全，其实就是城中君王和居民财产的安全；从经济学上讲，这种制度可以降低获得财产安全的成本。

二、城的起源之二：协作费用、规模收益和外部经济

居民、手工业作坊和店铺等等，是城市的重要内容。那么，为什么民居、手工业作坊和店铺等等，会在地理上集聚在一起呢？从经济学原因看，有以下几点。

（一）降低协作费用

从城与乡的关系来看，城是工商业和农业分工的地理形式；就城内部来看，民居、统治阶层、手工业者、商人等集中在一起，城也是便于他们分工和协作的地理集聚形式；而城则是大大降低分工和协作费用的地理形式，这是城特有空间聚集经济的内容之一。农业和游牧业是用地较多的产业，因此，在地理上看，是一种分散的经济。而工商业则是用地较少的产业，从空间上看，为了节约土地和便于协作，是一种需要集中的经济。分工必须要有协作，没有协作，也不可能产生分工。但是，协作是有成本的，有协作的信息、交通运输、谈判等成本。在交通通讯不发达的古代，只有分工者在地理上集中，才能大大降低这些成本。比如，集中在一个城里，制马鞍的才能最快地找到铁匠，找到皮匠，而且知道谁的手艺最好，为他的马鞍进行配套。再比如，如果铁匠和皮匠居住都很分散，制马鞍的人要从一个很远的地方去购买铁件，到另一个很远的地方购买皮件，他的运输成本就很高，而且运输这些部件的机会成本也很高。而集中在一起，则节省了这些运输费用，并节省了时间。还比如，在协作过程中，如果铁匠作坊有 10 个，不在一个城里，而是分散在许多乡村中，互相离得又很远，制马鞍者购买铁件，要与 10 个铁匠一个一个地谈判，才能知道谁的货最好，谁的价格最低，谁的交货时间最短。这样，协作的谈判成本极高。于是，铁匠、皮匠、马鞍制造等分工者，发现他们在地理上就近居住，在协作中会节省大量的信息寻找、运输和谈判

费用，时间效率也大为提高。这就是生产者和服务者们在地理上集中一起的经济原因。

（二）生产和服务规模化

只有人口、作坊和店铺的集中，一些需求才能规模化，进而使生产和服务规模化，而生产和服务的规模化使提供产品和服务者的固定和分摊成本大大降低，生产和服务量高于最低盈亏点规模①，并且规模越来越大，使生产和服务者获得规模扩大带来的收益。这是城市聚集经济的第二个内容，也是城起源的重要原因之一。分工的形式是专业的生产和服务，人口聚集后形成的规模化需求，也即人口、作坊和店铺等在地理上集中的城的形式，是专业化生产和服务的一个前提条件；而规模化生产和服务又吸收了更多的人口、作坊和店铺到城里来，进一步使分工和专业化获得更大规模的需求，城的规模也进一步扩大；并且，随着人口、作坊和店铺的越来越多，新的规模化的需求不断出现，从而出现新的分工和行业；需求和生产及服务，互为条件，互相推动，相互作用，使城的规模越来越大。比如，在一个很小的村庄里，酒店这种专门的行业是无法生存的，因为它面对的社会需求几乎为零；而在一个城里，节日、婚娶、送丧、祝寿、升官、中举、迎来、送往、朋聚、旅客等，对酒店的需求规模足够使酒店业获得利润，这样酒店这种分工的行业才能生产和发展起来。酒店、作坊、店铺等等就这样因追求规模化需求而趋于集中，逐步地在地理上形成城这样一种空间形式。

（三）形成外部经济

人口、作坊、店铺等在地理上的集中，形成外部经济效应，而居民、作坊和店铺追求这种外部经济，又不断地使其在地理上集中，在空间上形成城，并使其不断地扩大。从供排水、道路、信息、购物等活动来看，居民、作坊和店铺在城中，更容易获得这方面的服务和供给；而在分散的农村中，不可能提供便利的供排水、宽敞的道路，也不可能有充分的信息，并且购物也极不方便。城中的这些基础设施，也可能是城中公共机构（如城的管理部门）提供的，也可能是酋长或者皇家提供的，或者是私人建设的，然而，城中的所有居民和其他工商业者虽然没有投资和支付成本，却都分享了这些基础设施和服务，这就是集中给他们带来的外部经济。一些手工业者、作坊主、店铺老板等，发现在城中，比在农村更容易和更多地得到这种不需要自己支付成本的外部经济，使得他们在地理上集中，形成城，并使其规模逐步扩大。

---

① 即盈亏临界点规模，在这盈亏规模点以下，生产和服务不能有效地摊销一些固定成本，在此以上则每单位所含的各种分摊成本越来越小，使生产和服务的规模收益递增。

因此，狭义的有关城的空间聚集经济，可以看成是集中后分工协作费用的节省，规模生产和规模服务的收益递增，以及人口、作坊和店铺集中后形成的外部经济。人类社会和经济活动的聚集经济，是城起源的重要推动力。①

三、市的起源：降低互相交易的费用

上面我们从经济学的原因上分析了作为城的要件的城墙的起源，作为城内容的人口、作坊和店铺在城中的集中，但是，一些城市最初并没有城墙，也没有定居的人口和固定的作坊及店铺，而可能是一个小村子，或者连村子也没有，只是日起而聚，日中而市，日落而散，后来因市而兴，逐步有了居民定居，有了固定的店铺，再有了前店后作坊等等，成为一定规模的城市。因此，上面关于降低保护财产安全成本和获得聚集经济之原因，还不能完全说明为什么人们要到一个固定的地点来集中交易，从而形成集市。不说明这点，就不能完全从另一个方面解释清楚许多城市最初的起源。

不同的分工形成不同的生产行业，而不同生产行业之间的产品要进行交换，需要有四个方面的成本，一是信息搜寻费用，包括对要交换产品的价格、质量和数量等信息的了解，需要花费时间和代价。二是协商谈判费用，交易者之间相互要进行了解，要讨价还价，最后签订合同。三是交通运输费用，其费用的大小在数量一定的情况下，一般取决于运输距离，距离越长，成本越高。四是产品的仓储费用，产品要堆放、保管、装卸、防盗等等，也需要消耗土地、劳动力等资源。总起来，就是交易成本。

我们设想这样一种分工和集市兴起的历史过程，首先是农业和牧业的分工导致了茶马互市的形成。人类历史上，农业和牧业之间第一次进行了分工，于是牧业产出的畜皮和毛等要与农业生产的粮食和茶叶等产品进行交换。如果游牧者和农业生产者各自深入到农业和牧业的各个村庄和牧场去搜寻信息，一家一户地进行询问和讨价还价，而且一家一户都到很远的地方去从事数量很少的产品交换，一户需要一个保镖，一户需要一个堆放物品的场地；这样，搜寻信息、协商谈判、货物安全、交通运输和仓储保管等费用十分高昂。

---

① 杨小凯在他的新兴城市化理论中描述了分工演进与城市起源的关系，他看到了城的出现，会节省农业与工商业之间的交易费用（杨小凯：《发展经济学：超边际与边际分析》，271～289页，北京，社科文献出版社，2003），但是，他没有揭示的是，城的出现最深层次的原因是，除了节省城乡分工的协作费用外，城更大程度上能使城内各种分工的协作费用大大下降。并且，城的起源，并不是单纯源于农业和工商业的分工，而且还源于保护财产安全的成本、城内协作费用降低，集中后的规模收益递增，以及集中后获得的外部经济。

在长期的农业产品和牧业产品的交换过程中，需要交换产品的牧民和农民发现，如果大家都到农业地区和牧业地区交界的一些固定地点来交换，各自不需要走很多的路、花很多的时间，就可得到许多各方面的信息，寻找信息的时间和费用大大减少；而且，一家谈判未果，可就近与另一家协商，谈判费用也大大下降，同时卖者之间充分竞争；产品向一个地点集中运输，并集中仓储，也节省了运输费用和仓储费用。[①] 于是，农业和游牧业交界的一些地点，慢慢演变，约定俗成，就形成了固定的集市。再后来，有人设销售店铺，有人设旅馆，有人开酒店，商人集中而居，城市得到发育。

人类历史上第二次大分工，使手工业从农业和牧业中分工出来，这样加速了市的进一步发育和形成。一部分劳动者从业余从事农牧业生产工具和农牧民生活用具的制造，变成了专门进行犁、家具、鞍、帐篷、锅等制造的手工业者。这样既提高了产品的质量，又提高了劳动生产率。手工业与农业和牧业相比，其特点是摆脱了对土地资源的依赖，可以在空间上用地较少、高度集中而得到发展。而手工业者发现，如果他们分散地在各个乡村进行加工和生产，他们的作坊建在乡村中，那么，他们产品的销售就离市场较远，运输费用很高，谈判费用也很高，分工的各行业之间无法进行协作。而如果他们在地理上集中到一起，各种交易费用大大减少，而且协作起来则很容易。于是，手工业者们集中到容易将产品卖出去的固定的市中设立作坊，集而成市。

商业又与农业等进行分工，从农业、牧业和手工业等这些物质生产行业独立出来，其交易要求的集中特性，又要求商业在地理上比手工业更加趋于集中。我们可以设想，在农业区和牧业区交界的集市上，出现了专门的商人，在市中设购销店和仓库，将农业和牧业产品收购集中，再批发给到农业地区和牧业地区去销售的零售商。于是，收购、运输、仓储、加工、批发、零售等等，这些与交换有关的商业发展了起来。各种产品的店铺林立，出现了专门的仓库，也出现了大车店等。因此，商业的专门化和发展，使城市进一步得到了发育和发展，并且完善了其市的空间功能。

上面我们描述了农业与牧业分工→手工业与农牧业分工→商业与手工业、农牧业分工的历史演进过程中城市起源和发展的经济学动因。其实，在古代，作为

① 杨小凯和赖斯在 1994 年论证了为什么集中交易可以改进交易效率这样一个经济学上的命题，他们发现如果有许多村，没有集中的市，让它们各自之间自由交易，则网络线距离过多、过长，而分散交易的成本很高；如果将这些村的交易都集中到一个市上时，由于交易网络距离和交易次数明显下降，则交易费用大大减少（见杨小凯，张永生：《新兴古典经济学和超边际经济分析》，121～123 页，北京，中国人民大学出版社，2000）。

降低保护财产安全成本的城的起源动因，与作为集中后降低协作费用、规模收益递增和获取外部经济的城的起源动因，与降低交易费用的市的起源动因，互相作用，相互推动，共同促进了城市的起源、发育和发展。

四、理论启示：乡村就地工业化和城市化道路的谬误

研究城市起源的经济原因，现实意义是证明现代人们选择的缩小城乡差距道路的正确与否。长期以来，学者们和政府官员们总是有一种思维的定式：即可不可以不让农民进城市，就地发展农村，从而缩小城乡差别，实现现代化。比如，中国过去曾经提过“离土不离乡、进厂不进城，乡村工业化”；现在也有学者说，中国人口的70%是农民，因此实现小康要加大对农村的投资力度，要大力发展农村，这样才能实现小康社会。如果以城市起源理论来判断这些看法，虽然其出发点是善意的，但如果真正实施起来，将会误国误民，造成巨大的损失。

乡村就地城市化是中国较权威的社会学家费孝通先生在20世纪前期提出的中国农村就地工业化和城市化的道路。当然，改革开放以来，“乡村工业化”形成的乡镇企业发展，在中国20多年的经济发展中起了非常重要的作用，并且吸收转移了近1亿农业剩余劳动力就业。然而，中国农村乡镇企业，其进一步发展，供水、供电、治理污染、产品销售、运输等方面，遇到了基础设施等供给不足，其扩大后职工生活、就学、就医、居住等诸多困难，这样在吸引劳动力和人才方面障碍重重，即外部不经济情形越来越严重；乡镇企业进一步发展需要上规模，提高素质，改变其产品和产业结构，其资本有机构成逐步提高，这样在乡村中发展，会有投资收益率低、劳动力素质低、技术和管理人才难以供给、专业协作困难等问题；经济增长从总供给不足约束转向总需求不足约束，竞争加剧，一些城镇集体企业和国有企业经营方式逐渐转变，乡镇企业生存发展的空间相对缩小，在乡村中建设一个企业，生产什么都可以卖得出去的时代已经过去。

农村居民生活方式改变、农业的逐步现代化和乡村分散的工业化，大面积地排放出大量的“三废”，由于分散而无法规模化，低成本对此进行处理，会使江河湖海和土地受到严重的污染，并且日后恢复的时间很长、成本很高。由于乡村工业化，家家点火、村村冒烟、厂厂排污，而且点多面广，一村建一污水处理设施，规模小而不经济；百十个村建一污水厂，规模也太小，并且管线投资成本、运营成本和维护成本都太高。因此，分散的污染，因规模太小而无法低成本得到较为经济的处理。这是改革开放初，一些国内外学者们建议中国政府实施抑制城市发展、离土不离乡、进厂不进城、乡村工业化方针政策没有考虑到的一个严重的并且影响深远的不良后果。

从经济学上看，农村就地工业化和城市化的特征是单位分布密度太小、太分散，商品和服务生产的专业化无法在分散的地域上进行，在家庭、企业和政府之间以及每种群体内部几乎不存在紧密的相互依赖性，并且在农村无法实现高水平的技术进步、工艺革新和企业管理。农村由于其本身特性而导致空间更加分散，而密度小又导致经济活动者分散。这种趋势与生产的无法专业化一起，形成了显著的、普遍的不能相互依赖和外部极不经济。

总之，从空间方面定义，经济发展是人口、市场、企业、基础设施在地理上的集中过程，即城市化过程。因而，农村人口向城市转移和集中，是经济发展不可抗拒的经济规律。如果以户籍制度和农民、市民等级身份制度将农民阻碍在农村不让其转移，分散经济的低收益和集中经济的高收益，将会使城乡差距越拉越大，最后，导致的社会不稳定，将造成难以估量的社会、政治和经济损失。而人口从低收入地区向高收入地区、从乡村向城市的流动过程中，在劳动力资源过剩闲置改变为较充分利用的同时，地区和城乡间的收入差距也得到了缩小。因此说，一个反城市化的社会和政府，将是不明智的社会和政府。

第二节　向城市网络型结构转变

按照第一节中城市起源、发育和发展的经济学解释，是不是一个国家所有的人口、生产力和基础设施等都集中到一个城市中，经济学上看是最优的，最终会不会只形成一个超大规模的城市？显然，这与城市分布的实际情况不符。最优规模聚集经济理论分析认为，在城市规模初始扩大的阶段，规模边际收益递增要比规模边际外部成本递增快，城市规模扩张到一定的阶段后，规模边际收益开始递减，而规模边际外部成本递增。因此，形成一个最优的城市规模段。

从目前的文献分析看，现有的聚集经济分析方法不能从理论上和数据上证明两个难题：（1）不能证明一些特别大的都市，其聚集不经济会大于聚集经济，也不能说明所有的城市都会衡定在一个优化的规模段内。1 000 万人以上规模的城市，只要它要素继续聚集的边际收益仍然大于其聚集的边际负收益，要素价格机制仍然会源源不断地调节要素继续向其聚集。这说明仅仅靠聚集经济分析方法还不能满足解释这种现象的需要。（2）小规模城市有没有其存在的经济合理性。即按照聚集经济理论，全国的人口和生产力会向一个地方集中，全国会没有乡村、小镇、小城市、中等城市和大城市，所有的人口都会生活和工作在一个特别大的都市中吗？显然，这是不可能的。小规模城市的存在也肯定有其经济上的合理性。

我们可以想象，当一个发展中国家从传统的农业社会向现代的产业社会转型，人口从农村向城市流动时，它在空间上演变的格局及其过程和结局是什么样的呢？这样我们将聚集经济分析方法作为发展经济学的一个分析工具，并完成它所要说明的问题后，再引入新的能解释这种实际变动过程和结局的分析工具，即网络经济的分析方法。

一、网络经济与结构转型

如果通过网络经济方法的分析，我们可以证明：二元结构的转型，从空间上看，转移和聚集经济的作用会使全国的人口和生产力向小城镇、小城市、中等城市、大城市、特大城市和都市等城市体系集中，结果是形成各层次结点及其相互连接的城市网络体系。

对网络经济的定义和认识是不一致的。目前对网络经济的定义大多都认为，它是指基于信息和数字技术而形成的经济。狭义的网络经济，是指计算机和信息互联网经济；有的学者也将网络化的金融、商业和交通等服务业，称之为网络经济。乌家培曾经给网络经济下过定义，认为网络经济就是有别于游牧经济、农业经济、工业经济的信息经济或知识经济，由于所说的网络是数字网络，所以它又是数字经济。① 如果将网络经济的分析方法引入经济发展的分析，这些定义片面在于，都没有从网络经济的一般性、空间性和复合性方面去讨论问题。

从空间上看，分析二元结构人口和生产力的网络式转型，需要对网络经济的内涵重新进行定义。原始社会、奴隶制社会和封建社会中，游牧经济、农业经济、城池式的手工业和低级商业经济，都是在相对小的自然和封闭体中存在。从空间上讲，这种经济状态可以称之为互不联系的隔离式和散点式的经济。但是，网络也在这些社会中发育和生长着，如出现连接村与城池的小路，修建城池与京城的驿道，开挖运输盐粮的运河，及利用自然的江河来水运等等。然而，这些低级网络并没有改变经济总体上的隔离和封闭性质。

汽车、火车、轮船、飞机等运输工具和运河、港口、公路、铁路、高速公路、油气管道、电力输送线、普通电话线、机场、光缆、移动通信网、卫星接收等交通设施的先后发展过程，就是传统的乡村和封闭的城池社会向逐步开放和网络化的二元结构社会转变的过程；而这些网络的进一步发展，则会使二元结构社会进一步向一元结构的现代产业社会转变。

---

① 乌家培：《网络经济及其对经济理论的影响》，载《学术研究》，2000（1）。

那么，什么是网络经济呢？从经济学的意义上定义，应当是当要素向由线和结点组成的网络投入和转移时，其边际收益递增，则为要素增加的网络经济；而网络内部的要素，如劳动力、资本、技术和设施等，从边际收益低的某一结点向另一边际收益高的结点转移时，或者网络线路被优化整合，网络的总体收益就会递增，这就是网络内要素转移和线路被整合形成的内生性网络经济；流动物在网络中，在市场或者合理运送价格的调节下，以优化的路线进行流动时，其成本最低，形成网络交换和流动的经济性。它们均为网络经济。

二、网络经济与网络不经济的内在原因

那么，网络的经济性质是由什么形成的呢？网络具有三元素，即互联线、在网线上的流动物和被连接的结点。当各结点之间的人、物、能源、信息等流动物在线上互相交流时，会发生线的运送成本。从经济的成本和收益角度，我们提出这样一些假说。

当点与点之间的距离较小，或者虽然距离较远，但是点与点之间流动物流量足够大时，网络投入的成本低于网络获得的收益，网络才能形成；而当点与点之间连接线的距离相对较远，且运送的流动物流量较小时，网络的投入成本较大，而收益较小，在市场机制条件下，网络是不会形成。可以推理，如果在空间分布上，结点规模小，网络稀疏，网络传输的流动物流量小，网络的收益就低；如果结点规模大，网络密集，网络传输的流动物流量大，则网络的收益就高。

将时间因素考虑进去，当网络交流所用的时间所费的机会成本，小于人们利用这些时间提供其他的某种生产及服务所带来的收益，或者享受休闲而获得的消费正效应，网络则会形成；否则，其交流时间的机会成本如果大于人们所用这些时间在其他的生产和消费中获得的收益，网络则不会形成。这种网络经济对不同规模结点组成的网络体系的意义在于：由于网络节约了分工和协作的时间和成本，使不同规模的结点在网络的连接下，都具有了其存在的经济性。

网络出现的经济原因为：当一个规模相当于 N 个小结点规模加总的大结点的内部收益减去内部协作交易成本后，其净收益大于各个结点收益减去之间的运输和网络等成本后净剩的收益之和，由 N 个结点组成的网络就会形成。

下一层结点的流动物，一般情况下，以上一级结点为中心集中进行交流，其成本小于网络中所有同等结点之间进行互联互流；其经济性主要来源于交换内容的规模化和运送距离的缩短。一个区域较大的地区，将所有的交流物集中到一个中心交换，由于距离较远和集中密度太大，会产生集中过度而不经济；而一个次级区域中的各点通过其中心交换流动物，如果再向其他区域交流时，将其在次级

中心集中的流动物，通过更高一级的中心交换，可以避免上述距离过远和过度集中的不经济。因此，比如从城市网络来看，一个大区域的网络结构特征是：乡村围绕小城镇，小城镇围绕小城市，小城市围绕中等城市，中等城市围绕大城市，大城市围绕特大城市，而一国可能有规模比特大城市还要大的都市，为其全国的各种网络中心。对这一点，杨小凯在模型上进行过论证，这里不再赘述。①

从上述分析中，我们也可以总结出网络经济的反面——网络不经济：

首先，网络经济是一种供给与需求同时作用的经济，会发生供给与需求不平衡的不经济。(1) 网络结点规模小、线长、流量低而不经济，即网络稀疏不经济；网络的投入成本大于网络的运营收益。也可以称之为网络设施的供给大于网络的需求而不经济。(2) 网络线路过度拥挤发生阻塞而不经济，即网络过度密集而不经济；这时，人、物、能源、信息等交换内容因流量太大，线路容量太低，或者交换中心堆积的量太大，导致交换时间加长，甚至使网络瘫痪。也可以称之为网络的需求大于网络的供给而不经济。网络供给与网络需求平衡的经济为：②

$$\frac{\mathrm{d}Yn}{\mathrm{d}Cn}=\frac{\mathrm{d}Yc}{\mathrm{d}Qc}$$

也即，当网络的边际收益 $\mathrm{d}Yn/\mathrm{d}Cn$ 等于网络运输量边际收益 $\mathrm{d}Yc/\mathrm{d}Qc$ 时，不会发生网络供给不足的不经济或者网络供给过度的不经济。

网络也会发生网络结点之间非中心远距离或者小规模互联互交的不经济。如村村之间、小城镇与小城镇之间联网，导致互相交流的时间延长、距离拉大、交换规模过小，因为网络分散、紊乱联接造成投入大收益低而不经济。③

网络就总体而言，还会发生交流物流动路线不优化造成的不经济。如有的路线上流动物过于拥挤，有的路线上流动物过于稀疏；或者可以替代的不同的交通方式上，有的设施过剩，运输物不足，有的设施不足，运输物过多。这就需要价格杠杆和综合优化的运输调度来进行调节，使网络最优化运行。

三、向现代化的空间经济形式——城市网络结构转型

公路网、高速公路网、铁路网、电力网、油气管道网、水运网、航空运输网、自来水网、邮政服务网、商业网、煤气管道网、固定电话网、移动通信网、

① 杨小凯：《经济学原理》，327～332页，北京，中国社会科学出版社，1998。

② 网络收益从供给方面看，为 $Yn=Y(C_n)$，网络设施 C 为自变量；从需求方面看为 $Y_c=Y(Q_c)$，网络运送量 Q 为自变量。

③ 杨小凯：《经济学原理》，327～332页，北京，中国社会科学出版社，1998。

闭路电视网、金融服务网、国际互联网等，都是近代到现代网络经济的形态。而由各种流动物体交通连接方式和其集中的结点形成的城市网络体系，则是各种网络形态组合形成的空间复合网络经济体系。这样，我们就可以分析各层次城市的最优规模及其网络体系。

如果将一个城市放在一个国家或者区域的城市网络体系中，这个城市的最优规模决定于它在城市网络体系中的位置和功能；而且，各种交通信息网络的形成，改变了城市的分布和其最优规模的条件。处于城市网络体系顶级中心位置的城市，是本体系中最大的经济中心，集中、交换和流出的物体规模要大一些。因此，其最优规模的边界范围就较大。而外在经济体系次级和低级中心结点上的城市，其集中、交换和流出的物体量相对逐级要小一些，其最优规模的边界范围就较小。网络对时间和交易成本的节约，使过去必须集中在一起时，才能出现的聚集经济，现在可以由分散布局的规模不等的数个城市的网络经济所弥补。

不同规模等级城市和城镇的交易者，对某种产品的越层交易，通常是不经济的，这决定了不同规模等级城市和城镇存在的经济性。每一种商品和服务根据其特点的不同，有它不同的销售半径。如饼干在村里的小商铺就可以买到，高级一点的皮鞋可能要到县城去买，高级轿车可能要到省城去购买，而企业要寻找新的技术专利可能需要到都市去。如果镇里的消费者，专门到北京购买皮鞋，则为越层交易的不经济；而作为销售商，如果将销售半径较大的轿车等产品，在镇上的店铺里销售，可能因购买力弱和购买数量少，资金占压成本太大，会发生亏损，为越层销售的不经济。

按照上述理论，城市以不同等级城市的中心放射状体系分布。但是，由于下述一些原因，城市网络体系是放射状体系和网格状体系的复合体系。一是两个城市体系中的低端末梢离得很近的小镇和小城市之间，可能不通过体系的上一级中心而互相交流。如湖北北部和河南南部交界的两个县城之间，许多交换就可不通过郑州和武汉进行交换。二是城市间的专业分工协作，如钢铁城市与制造业城市之间的协作，其交换没有必要通过上一级的中心城市去交换。三是运输距离、时间和成本方面的原因，济南和石家庄之间的交换没有必要通过上一级的北京去交换。这样，就形成了城市体系的网格状分布形态。

从动态的结构转型经济角度分析，在整个城市网络体系发展的长时期过程中，每个网络结点上的每个城市的最优规模是动态变化的。在农村社会向城市社会的结构转型的过程中，总的趋势是，每个层次结点上的城市，其最优规模都是从相对小到相对大，规模都在扩张，到城市化完成后相对达到静止；也不排除，一些交通位置、资源条件等发生变化而衰败的城市，可能其最优规模从大往小变化。而当工业化和城市化完成时，人口和生产力网络体系的末梢结点——乡村，将会趋于消亡：一些变成小城镇，一些乡村因分散不经济而衰败，其人口和生产要素流出和集中到小城镇和各级城市之中。① 一般来说，二元结构转换过程中的城市网络体系变动过程为：根据聚集规模的不同，都市、特大城市、大城市、中等城市、小城市、小城镇、小集市、乡村，从大到小，其边际收益率一级大于一级，我们设聚集规模的大小按数字序号排列，要素从规模边际收益相对低的聚集点向规模收益相对高的聚集点流动。② 有：

$$\frac{dY_1}{dU_1}<\frac{dY_2}{dU_2}<\frac{dY_3}{dU_3}<\frac{dY_4}{dU_4}<\frac{dY_5}{dU_5}<\frac{dY_6}{dU_6}<\frac{dY_7}{dU_7}<\frac{dY_8}{dU_8}$$

←———————— 要素流动 ←————————

这就是经济发展从分散的乡村到集中的城市、从封闭的农村和城池到开放的互联的城市网络结构转型的动力机制。

当现代化，即工业化和城市化完成后，较分散和较小的聚集点乡村已经消失。从静态经济角度分析，可能存在这样一种格局，即在市场机制对要素转移的调节下，小规模居住和生产点的分散不经济挤出要素，现代交通和信息技术一定程度上弥补小规模聚集点聚集经济的不足；大规模居住和生产点的聚集经济和不经济吸引和挤出要素；而各种要素边际收益水平调节各种要素在大中小城市和小城镇中的转移和配置，不断形成网络体系中各大中小城市和小城镇各自在不同时点上的最优规模。显然，网络状的各规模等级城市之间存在着投入产出关系，设乡村 U_8 和小集市 U_7 已经消失，并不考虑进出口，国民经济总产出模型为：

$$Q=W+F$$

即国民经济总产出 Q 为各规模聚集点中间产品 W 与最终产品 F 之和。当

$$\frac{dY_1}{dU_1}=\frac{dY_2}{dU_2}=\frac{dY_3}{dU_3}=\frac{dY_4}{dU_4}=\frac{dY_5}{dU_5}=\frac{dY_6}{dU_6}$$

即各等级城市和城镇的规模边际收益相等时，整个国民经济产出最大化：

$$\mathrm{Max}Q=\sum_{i=1}\left(\sum_{j=1}W_{ij}+F_i\right)$$

---

① 如美、英、法等国，最低规模的居民聚集区为小城镇，相当于中国目前的农村这样的聚集区已经消失。

② 城市规模收益函数为 $Y_i=Y_i(U_i)$，对其求导，得城市规模边际收益式 dY_i/dU_i。

即实现都市、特大城市、大中小城市、小城镇等网络体系资源流动和各结点资源配置的瓦尔拉斯均衡。

第三节 经济发展的极点

在经济发展的空间中，一个大中型企业的建立，一个城镇的形成，往往会成为经济发展的极点（简称发展极），带动周边地区的发展。法国发展经济学家弗朗索瓦·佩鲁首先于 1955 年提出了发展极理论，随后英美经济学家在此基础上又提炼出了增长点理论，使二者在理论上相得益彰，相互补充和完善，并被越来越多的发展中国家用来解决各种不同的区域发展与规划问题，尤其是被应用于落后地区的城市系统中。

一、佩鲁的发展极理论

发展极（development poles）是强调资源配置应集中在某些具有创新能力的行业和产业部门，并由此带动其他经济部门成长的发展理论。佩鲁提出的这个理论对于发展经济学中经济发展的空间状态，尤其是区域发展模式和要素配置原则的丰富和多样化，产生了重要影响。它的核心是，在经济增长中，由于某些主导部门或有创新能力的企业或行业在一些地区或大城市的聚集，形成一种资本与技术高度集中、具有规模经济效益、自身增长迅速并能对邻近地区产生强大辐射作用的发展极，发展极地区的优先发展，可以带动相邻地区的共同发展。

发展极概念的出发点是抽象的经济空间，而非普通意义的地理空间或者几何空间，它是指“存在于经济单元之间的经济关系”。佩鲁从广义角度，将它分为三种表现形式：一是作为计划内容的经济空间，即当一经济单元制定和执行计划时，或是作为某种产品或原料的提供者，或是作为其购买者，同其他有关单元建立起各种经济关系，构成一项计划内容，这就是它的计划经济空间。二是作为受力场的经济空间，即某些经济单元具有向心力与离心力，形成各种经济中心，每一中心都能发挥吸引力与扩散力，并形成特定的作用范围，从而构成其特定的经济空间。每个中心的作用范围互相交叉，不受地区和国界限制。三是作为匀质整体的经济空间，即当采用收入水平、主要经济活动形式、人口状况等具体标准来衡量和分析各个经济单元时，一个单元的经济空间表现为可比的结构元素。佩鲁从经济空间的第二种形式（即作为受力场的经济空间）入手，论述了他的发展极理论。他指出，应当以非总量的方法（即非收入增长总量指标）来安排发展计划，将国民经济按地理幅员分解为部门、行业和工程项目。佩鲁认为，按照这一解释，经济是在每个部门、行业或地区按不同速度不平衡增长的。某些主导部门和有创新能力的行业集中于一些地区或大城市，以较快的速度优先得到发展，形成发展极，再通过其吸引力和扩散力不断地增大自身的规模并对所在部门和地区发生支配影响，从而不仅使所在部门和地区迅速壮大发展，而且带动其他部门和地区的发展。

佩鲁认为，发展极是由主导部门和有创新能力的企业在某些地区或大城市的聚集发展而形成的经济活动中心，这些中心具有生产中心、贸易中心、金融中心、信息中心、交通运输中心、服务中心、决策中心（如政府所在地）等多种功能，恰似一个"磁场极"，能够产生吸引或辐射作用，促进自身并推动其他部门和地区的经济增长。发展极具有"支配效应"和"创新"的特征，即它能形成一定的作为受力场的经济空间，对周围的地区发生支配作用，或者通过不断地技术创新和制度创新，对其他经济单元施加影响，迫使其产生相应的变化。发展极具有吸引作用和扩散作用，一般表现在两个方面。

（1）技术的创新与扩散。发展极中有创新能力的企业不断地进行技术创新，推出新技术、新产品、新组织与新生产方法，并且，一方面从其他地区或部门吸引来最新技术或人才，另一方面又将自己的新技术推广或扩散出去，对其他地区产生技术影响。

（2）资本的集中与输出。发展极中一般拥有大量的资本和生产能力，为了自身发展的需要，它可以从所在地区和部门吸引、集中大量的资本，进行大规模投资；同时，也可以向其他地区和部门输出大量的资本，通过支持这些地区和部门的发展，来满足自己发展的需要（如原材料、农产品、半成品等方面的需要）。佩鲁在探讨了发展极的本质内涵后，还利用熊彼特的"创新"理论提出了发展极的形成所至少需要的三个条件。

第一，必须存在有创新能力的企业和企业家群体。因为企业家是经济增长的主体动力，他们具有创新精神，敢于冒险，能够进行技术和制度的创新。由于他们的作用，不仅有创新能力的企业能够不断发展、壮大，而且能通过其影响而产生一批追随、模仿创新企业的新企业，即"增长企业"。这些增长企业在发展极的影响和作用下，又可形成一种"增长中心"。

第二，必须具有规模经济效益。这就要求，发展极所在地区或城市不仅要聚集大量的企业、部门，而且要集中相当规模的资金、投资、生产规模、技术、人才等，以形成规模经济。

第三，需要适当的周围环境。发展极的建立需要大量的资金、技术、人力、机器设备、熟练劳动力等要素的供给及基础设施等，也就是需要有一个良好的投资和生产环境，才能吸引厂商、投资、人才和技术。

发展极理论的政策主张集中地反映在区域发展模式上，它认为以总量指标衡量发展中国家的计划结果是不经济的，资源配置应主要集中在发展极；如果没有发展极，就要创建发展极，因为在主导产业和有创新能力的部门共同作用下，"点束式"极点增长及其带动作用要比"平面式"板块增长在资源配置上合理得多，在经济效益上合算得多，在用于基础设施建设方面的"社会分摊资本"要少得多。

佩鲁的发展极理论提出后，引起了许多国家的发展经济学家的重视。佩鲁发展极理论的出发点是抽象的经济空间，它所关心的主要是发展极的结构特点，尤其是产业间关联效应，但忽视了增长的空间方面，这是佩鲁发展极理论的最大缺陷。针对佩鲁发展极理论的这种缺陷，一些英美发展经济学家就此将"发展极"作了补充和发展，提炼出了"增长点"理论，使发展极理论趋于完善。

二、增长点理论

增长点理论，又称为增长极（Growth *P*oles）理论，它是指生产要素在一定地区的分布和聚集会产生高速增长的若干点状空间，并由此带动其他地区经济增长的发展理论。具体地讲，生产要素在不同空间的分布和集聚，以及服务业随之而至的地理空间上的集中，往往使经济流程在若干点状空间具有高速增长的可能性和现实性，从而形成了经济的增长点。这种吸引力，至少在一定时期会增加地区之间在收入和创新能力上的悬殊差异。增长点的重要特点主要体现在以下两个方面。

（一）增长点的"扩散效应"

所谓增长点的"扩散效应"，是指经济增长的势头会随着增长点内部人力资本的提高，规模效益的扩大，技术进步的加速，创新群的集结，从增长点向其周边地区扩散，从而带动和促进周边地区的经济增长和发展。这种效应还可以表现为先进的产业把其增长势头通过信息、技术、管理等要素的传递机制和对资源、市场的需求向相对落后的产业扩散。所以，"扩散效应"不仅在空间上，并且在经济结构内部都可以得到充分的体现。

（二）增长点内部的"亲和力"将引致外部经济效果

在增长点内部所产生的"亲和力"将引致出两种重要的"外部经济效果"。首先是，每一个企业得到熟练和半熟练工人、白领职员或技术工作人员的可能性大大提高。换言之，在厂商密集集聚的区域中，人力资本将得到较为充分的利用。其次是，厂商和行业的集聚，几乎会使每一个厂商都能分享到资源供应、维修服务、技术咨询、基础设施集中所产生的好处。也就是说，外部经济成本（包括社会区成本）要比非增长点低得多。

发展极与增长点这两个概念虽然很接近但也存在区别：第一，发展极偏重于具有创新能力的企业的作用，而增长点则着重强调外部经济效果的作用。第二，发展极侧重于发展极的形成对所在地区及其他地区发展的带动作用，而增长点则着重强调作为增长点地区自身的经济增长。

三、发展极政策与实证研究

发展极作为一种政策工具，早已在区域规划和发展计划中得到了实际应用。发达国家的发展极战略主要是为了控制大都市地区的进一步集中，对衰退的老工业区实行产业结构转换，对前资本主义占统治地位地区实行现代化政策。

在发展中国家，发展极战略主要应用于三个方面：落后地区的现代化战略，与自然资源开发相关的城市化问题以及对首位城市过度膨胀的控制。在大多数发展中国家，落后地区的现代化主要通过在落后地区建立中心城市，并使之作为这类地区的增长中心来实现。而这类城市又通常采取三种主要方式：(1) 为农村服务的增长中心；(2) 行政管理中心，通常为区域以至国家首府；(3) 工业城市发展极，即拥有大规模推进型工业部门的城市中心。其中最为普遍的是第三种方式。这主要运用于亚洲、拉丁美洲等一些新兴工化国家落后地区的开发。与地区自然资源开发相伴随的城市化问题，通常是在资源开发区建立起出口导向的城市，即把区域发展极的建立与区域出口基地相联系。发展中国家首位城市过度膨胀问题，往往是因为缺少从首位城市过渡到小城市的中间环节。这种情况在二战后独立的发展中国家比较普遍。为了弥补这一缺陷，不少国家尤其是拉美国家采取了建立次级增长中心的办法，即通过选择具有发展潜力的小城市或地方集中投资，使其在一定年限内发展成为国家级中等城市，以完善城市体系。

第四节　经济发展的梯度

发展中国家一般人口众多、地域广大，经济贫困不仅表现在人均收入低、生活水平低等方面，还表现在各个地区发展不平衡，普遍存在地区性贫穷、落后的局面，为了改变这种局面，促进各地区经济增长，一些发展经济学家研究了地区增长问题，并主要倡导实行地区不平衡增长战略。在这一战略的研究中，经济发展的梯度理论被提了出来，并得到广泛的研究和应用。

一、经济发展梯度的本质内涵与梯度划分

为了解决发展中国家地区经济发展不平衡问题，就需要绘制地区经济发展梯度图，来表明在国家或地区范围内，经济发展水平由高到低的梯度变化状况。换句话说，梯度主要被广泛用来在地图上表现地区间经济发展水平的差别，以及由低水平地区向高水平地区过渡的空间历程。编制这类地图的最简单方法是在每个基层行政单位（例如县）中心附近，标出该县人均国民收入数，然后把数值相同的点连接成线。从这种外表与地形图近似的梯度图上可以清楚地看到，在高收入地区与低收入地区，也就是在经济高度发达地区与最落后地区之间，总会存在几个中间梯度。所不同的仅是在有的地区，经济发展水平在短距离内出现很大的升降，梯度变化急剧，形成陡峭的山崖；在有的地区，则变化缓慢，形成很长的缓坡。

但发展经济学家们随之便发现，仅按人均国民收入来确定地区经济发展并不确切，比如有些地区因拥有某种重要资源而致富（如石油产区），有些地区甚至靠赌博等行业而大发其财（如美国赌城拉斯韦加斯）。事实上，这些地区绝对算不上是经济高度发达地区。可见，只有采用能综合反映地区国民收入水平、生产力发展水平、科技水平的指标，才能真正衡量出一个地区的经济发展实力，也就是它所处的梯度。例如，德国发展经济学家采用多元分析法，按多项经济发展指数来区分地区经济发展水平的梯度。为了把高梯度地区与中梯度地区区别开来，采用高度技术密集型产业部门产值在GNP中所占比重，获得高等学位的人员在区域职工中所占的比重，近几年获得专利项目在全国所占比重等指标。为了把中梯度地区与低梯度地区区别开来，应用区域失业率、区域中贫穷线以下的户数所占比重、初级产业部门产值在GNP中所占比重、每千人中外迁人数、人均住宅面积等指标，然后用多元回归法求出对应各项指数的权数，把每个区域各项指数的加权数相加起来就可以求得该区域的经济发展综合水平。

二、经济发展梯度转移论的渊源及其主要内容

经济发展梯度转移论的渊源是工业生命循环阶段论，其实质是把经济发展的地区差异看成是工业生命循环阶段在空间上的表现形式。工业生命循环阶段论是由美国哈佛大学著名经济学家弗农等人提出来的，他们认为，各工业部门，甚至各种工业产品都处在不同的生命循环阶段上，它们也和生物一样，在发展过程中必须经历创新、发展、成熟和衰老四个阶段。例如，纺织、钢铁、造船等行业在

资本主义发展的早期曾经都是欣欣向荣、充满生机的创新部门，在产业革命中起过先锋的作用，但现在已成为衰退部门。今天的创新部门是电子、航天、办公自动化设备、新材料、生物工程等部门。为了判断一个产业部门所处的发展阶段和它今后的发展前景，英国经济地理学家埃斯塔尔根据美国从1947—1967年21年间各产业部门职工人数的增长率，工业增加值的增长率与工业部门在国家业结构中的比重的升降状况，给各个工业部门进行评分。凡得分在10～7分之间的部门均归入兴旺部门，得分在6.9～3.5分之间的为停滞部门，得分在3.4分以下者为衰退部门。大致说来，兴旺、停滞和衰退部门在工业生产生命循环中所处的阶段如图9—1所示。

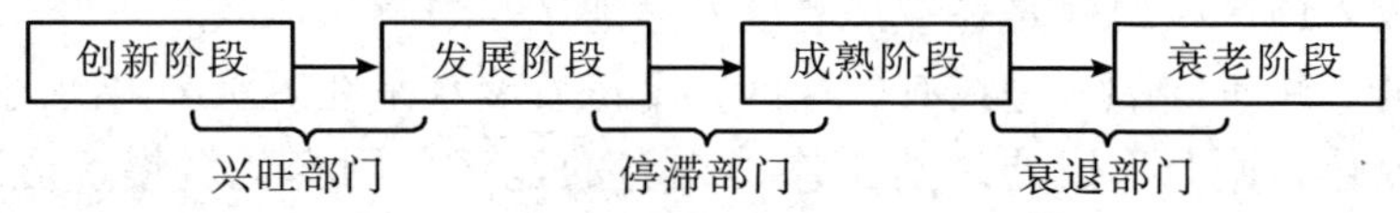

图9—1　三种工业部门在工业生命循环中所处的阶段

经济发展的梯度转移理论就是建立在工业生产生命循环阶段理论的基础之上的，其主要内容是：

(1) 一个地区（乃至一个国家）经济发展的盛衰主要取决于该地区产业结构的优劣，而产业结构的优劣又取决于其中各个部门，特别是主导产业专业化部门在生命循环中所处的阶段。如果一个区域的主导产业专业化部门主要是由处在创新阶段的兴旺部门所组成，不但说明它今天的经济欣欣向荣，而且说明它在今后一个时期内仍然可以保持住发展的势头。这种地区因此属于高梯度地区。反之，如果一个地区的主导专业化部门都由那些处在成熟阶段后期或者衰老阶段的衰退部门所组成，则地区经济必然会呈现出增长缓慢、失业率上升、人均收入下降等种种不祥征兆，甚至已经陷入严重结构性危机之中。这种地区属于低梯度地区。

(2) 创新活动包括创造新产业部门、新产品、新技术、新思想、新的产业经营与管理方法等，它们是给区域经济注入生命力、推动它向高梯度发展的惟一力量源泉。它们大都发源于高梯度地区，然后随着时间的推移，生命循环的衰化，有序地从高梯度地区逐步向低梯度地区转移。

(3) 梯度转移主要是通过城市等级系统，以它们作中介，层层向外扩展。创新在空间上的扩展主要有局部范围扩展与大范围扩展两种形式。局部范围扩展指的是创新活动由发源地大致按距离远近、经济联系密切程度，向周围邻近地区转移。大范围扩展则是指创新活动由发源地按全国或区域城市等级系统的顺序，蛙跳式地向广大地区扩展。如发源于中国上海的创新活动向武汉、广州、重庆、天津等相距数千里之外的同等级或低一个等级的城市转移。这时，决定转移去向的就不是距离远近，而是接受并消化创新产品能力的差距。梯度划分正是这种差距的反映。以后随着产品生命的成熟与老化，销售范围的普及，它们的生产还会顺序向第三、第四梯度上的城市，甚至向乡镇、农村转移。农村地区的许多创新活动也往往是先反馈到城市系统中，然后通过这个系统扩展到全国。

三、梯度转移的经济和政策机制

产业在地区间的梯度转移，特别制造业从高梯度产业国家和地区向低梯度产业国家和地区转移，其后面的动因是国家之间、地区之间贸易的市场机制调节所致。核心的是土地和劳动力的价格变动，还包括资源供求及运输成本等因素。当然一些产业的转移，也与政府生态环境保护标准的提高有关。

（一）土地价格变动与产业转移

土地是地理上固定的在空间上不能移动的资源，一个地区产业发展，需要用地的企业越来越多；围绕产业的发展，劳动力集中，居民也越来越多，居住需要的土地也越来越多，于是不断增长的土地需求与固定的土地供给之间发生矛盾，导致土地价格不断上涨。结果，用地多，土地价格上涨后影响到其效益的产业，不断地被土地价格的上涨调节出此地，向外地价格比较便宜的地区转移。这就是土地价格上涨引起的产业在空间上的转移。

从世界性的产业转移来看，日本、韩国、新加坡等国的制造业向中国等东亚发展中国家转移，中国香港制造业向中国内地转移。一个很重要的原因，就是土地的价格上涨。一些土地资源投入需要较多的企业，新的投资项目无法在本地继续生存，于是向中国东南沿海地区转移。

（二）劳动力价格变动与产业转移

劳动力虽然可以流动，但是在国与国之间受到国籍的限制，在地区与地区之间也在某种程度上受到文化、语言等的制约。因此，一个国家或者一个地区产业投资很多，经济较为发达，工资和社会保障水平也相应较高，使产业的劳动力成本不断上升。一些劳动密集型企业由于成本提高而效益和竞争能力受到影响。于是这些企业受本地劳动力成本不断上升的挤压，向外地劳动力较为便宜的地区转移。但是，劳动力成本上升对于国与国之间的产业转移影响较大，而对一国之内地区与地区之间的产业转移影响力不强。这是因为一国之内劳动力是可以自由流动的。当一个地区的劳动力成本上升时，其他地区价格便宜的劳动力便不断地向这个地区流动，从而抑制其成本的上升。比如，中国的广东等地区，如果没有四川等地的劳动力源源不断地向这里流动，其产业的劳动力成本就会大幅度上升，于是其需要用劳动力较多的制造业就会向湖南、四川等地转移。然而，由于人口是流动的，不断有从四川和湖南来的便宜劳动力流入，因此，产业因劳动力成本的变动在地区之间的转移，受到这种劳动力自由流动的延缓。

（三）资源型转移

一个地区原来有某种矿产资源，但是随着大规模的开发利用，资源逐年减少，直到枯竭，这种资源的价格上升，资源供应量下降，如果从外地运资源来加工运输成本较高。于是这些资源型产业便再向有资源但还没有开发利用的地区转移。这种由资源数量、运输成本和价格变动导致的资源型产业的空间转移，称之为资源供求变动导致的产业转移。比如，一些煤炭资源，先是在交通便利和经济较为发达的地区得到开发利用，后来由于资源枯竭，逐步转移到经济发展低一个梯度的地区。这些地区产业发展需要的能源增多，于是煤的价格上升，煤的资源又开始减少，于是煤资源的开发又转移到更低一个梯度的地区。

（四）生态环境保护标准与产业转移

一些发达国家随着经济发展，公众对生态环境质量的要求越来越高，政府对于企业排污的标准也越来越严格，甚至一些产品被禁止生产。而一些发展中国家对于空气、固体废物、水体等的污染控制标准还不严格，甚至有的发展中国家和发展中地区，急于发展经济，对环境标准放得较宽。这样，发达国家和发达地区的一些污染严重的产业便向这些生态环境标准较低和控制较松的发展中国家和发展中地区转移，包括木材生产、造纸、化工、印染等产业。发展中国家和发展中地区对于这种污染型产业的转移，应当予以严格地控制，而不应当什么都要，都引进来。否则，经济在发展，污染日益严重，最后要花很多的成本治理，甚至有的污染是不可逆损害，结果得不偿失。

四、梯度发展的动态理论

梯度理论创立之初曾经是一种静态定位理论。其目的是想把世界各国、各地区都固定在特定梯度上，以维护现存的资本主义秩序，使富国永远富庶，贫国永远贫困。但实践结果并非如此，资本主义发展不平衡的结果导致了一些原来站在最高发展阶梯上的国家、地区逐渐衰败下去，沦为第二流，甚至第三流的国家、地区，而另一些原来处在较低发展阶梯上的国家、地区，却能后来居上，成为最发达的国家、地区。这些事实促使人们进一步研究造成区域发展梯度变化的原因。研究结果表明，在资本主义条件下，地区经济发展的总趋势是贫富两极分化加剧。在有关这方面的研究中，最有权威的是迈达尔的“累积因果论”。之后，经过许多经济学者的补充和发展才逐渐探明了资本主义条件下造成地区两极分化的机制，他们把这种机制归结为极化效应、扩展效应与回程效应的综合作用。其中，极化效应作用的结果会使生产进一步向条件好的高梯度地区集中。扩展效应则倾向于使生产由高梯度地区向外扩展，促进低梯度地区发展。回程效应的作用则会是通过削弱低梯度地区来促成高梯度地区的进一步发展。在这三种效应中起主导作用的是极化效应。因此，它们综合作用的结果只会扩大、而不会缩小地区间两极分化。

（一）极化效应的作用

极化效应的意义在于任何一个区域不管什么原因，只要它的发展达到了较高的水平，就会具有一种自我发展的能力，可以不断地为自己的进一步发展创造条件。这时即使原先赖以发展的优势已经丧失，它仍可以发展。因为首先，较高梯度的国家或地区已在经济发展中逐步积累起五个方面的优势，即强大的科技力量，完善的交通通讯与信息系统，完备的基础设施与优越的协作条件，雄厚的资本，集中的消费市场，这些有利条件的结合，使得发达地区对代表世界经济发展潮流的兴旺工业部门，如电子计算机、航空与航天、有机合成材料等的布局最具有吸引力。它们都是技术密集型行业，要求布局在信息灵通、技术力量强、协作条件好的地区。其次，经济发展梯度水平越高，就越有可能从规模经济中获益，从而大大增强自己的竞争能力，使之在竞争中处于更为有利的地位。另外，乘数效应还会进一步促成生产分布的极化。由于兴旺的技术密集型工业，规模大的钢铁业、石化业、建材业等日益向发达地区集中，势必要求一系列为它们服务的生产性与非生产性行业（如运输业、公用事业、银行保险业等）也在这些地区相应发展，并进而引起人口的增长，而人口增多又会引起一系列为居民服务的行业相应发展，从而促成人口的进一步增长。其极化过程如图 9—2 所示。

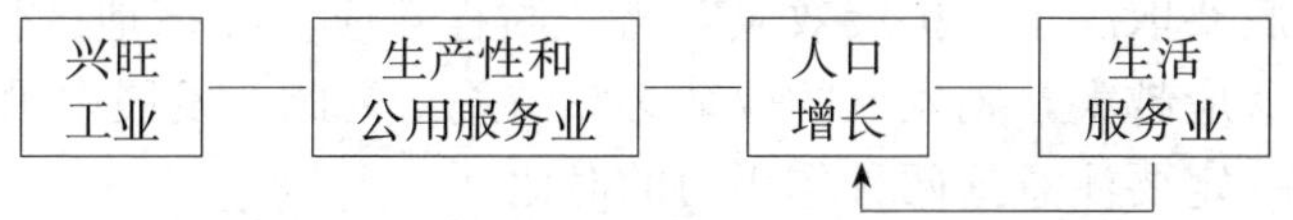

图 9—2 极化过程中的乘数效应图

所以说，一个地方一旦因某种原因发展起来。就会在上述几个方面的作用下，像滚雪球一样越滚越大，并有可能在那里形成高度发达的城市、城市群，直至绵延千里的城市密集带。

（二）扩展效应的作用

在城市与城市带经济发展梯度上升过程中，周围地区的经济也会在它们的带动下，有程度不同的发展。没有扩展效应的配合，极化效应是不可能进一步加强的。在扩展效应下，那些处于低发展梯度的国家或地区，可以在初级行业及其产品初步加工工业、简单劳动密集型工业、污染严重工业、军事工业、旅游观光等第三产业等方面得到较快发展，并将因地区间支出的转移而得益。比如由于先进地区经济的发展，国家税收增大，因而可以拿出更多的钱来支持落后地区的发展。由于城市可以提供的就业机会增多，周围地区，包括欠发达地区与农牧业区进城工作的人也会增多。他们向家乡汇回的款项，对落后地区的经济发展，往往能起到一定的作用。

（三）回程效应的作用

回程效应是在极化效应的作用下，相对于扩展效应而言的。它是指那些处在高梯度上的发达地区在极化效应作用下，其投资环境将因而不断得到改善，竞争力日益加强，从而迫使低梯度地区处于相对劣势。由此而产生的回程效应至少会在资本形成、人才流动和竞争能力对比等三个方面通过削弱低梯度地区来壮大高梯度地区的力量。首先，在资本形成上，发达地区在扩展效应作用下投入低梯度地区的大量资本、贷款，到了一定时期都要还本付息，支付利润。若不发达地区没有能力不断改善其投资环境，吸引外地投资者继续投资，这一大笔钱将源源不断地汇回发达地区。同时，低梯度地区人们和企业的积累资金也会因种种原因和渠道流向经济繁荣的高梯度地区。其次，在人才流动上，低梯度地区一方面极为缺乏大量发展人才，另一方面许多靠发展基金培训起来的科技和管理骨干，又成批流向高梯度地区，人才匮乏严重。再次，在竞争能力对比上，发达地区可以在经济繁荣过程中，不断扩大产业规模，改善生产条件，开展创新，增添新设备，提高劳动效率，从而加强对国内外市场的控制，更有能力摧垮不发达地区的新生企业，使之难以提高其落后的产业结构，经济发展雪上加霜。

由此可见，在发展中国家或地区总体经济发展中，低梯度地区可能从中获得的利益归根结底要取决于“扩展效应”与“回程效应”在该地区作用力的对比。一个地区扩展效应越大，则发展的业绩必然越差。为此，发展中国家在制定区域发展战略时，一定要注意这两种作用力的对比。

五、处在低梯度上的国家和地区的发展战略选择

大多数发展中国家和地区处于低梯度上，因此，根据梯度理论研究其发展战略选择问题具有深远的现实意义和历史意义。一般而言，按照梯度发展理论，一个落后地区要实现经济起飞，就必须循阶梯而上，不可超越。它首先应该重点发展它占有较大优势的初级产业、劳动密集型产业，尽快接过那些从高梯度地区淘

汰或外溢出来的产业，如钢铁、纺织、食品、采煤等。这是因为：

(1) 不发达地区完全可以凭借劳动力低廉、资源丰富等方面的优势，依靠发展这些部门来扩大出口，减少进口，创造利润，积累资金。

(2) 这些部门对不发达地区来说，可能仍是工业发展中的空白，或仅处于草创阶段上。而在地区经济发展的过程中，这些是最基础的部门。通过它们的发展可以加速工业的聚集与城市化过程，积累办厂和管理工厂的经验，培训人才，为地区进一步发展奠定基础。

(3) 只有顺着这个方向发展，才能最容易地取得发达地区的资金援助与技术转让，因为这种发展战略不但对不发达地区，而且对发达地区也是有利的。

(4) 在一个科学文化与经济基础都很落后的地区，不去发展这些它们占有一定优势的基础工业，而想一步登天，超越发展阶梯，把主要力量用于发展本地区没有多大市场和其他方面的优势的大型电子计算机、集成电路、有机合成材料、光学仪表等技术密集型工业，并在这样一些竞争最尖锐领域，与最发达地区展开角逐，其结果只能以失败而告终。

当然，这并不是说，不发达地区只能处在发展梯度的最底层，保持一个衰败的产业结构，它们完全可以主要依靠自己的努力，并尽量争取外援，从最低的发展梯度向上攀登，进入世界先进行列。二战后日本、新加坡等国的振兴都说明了这一点。

第五节　工业布局

工业布局是指工业生产能力在国土上的布置格局。长期以来，工业布局多以工业区位理论为指导，迄今为止工业区位理论经历了三个发展阶段：即立足于单一工业或工业中心，着眼于成本和运输费最低的古典区位理论；立足于一定地区或城市，着眼于市场扩大和优化的近代区位理论；立足于整体国民经济，着眼于地域经济活动最优组织的现代区位理论。

一、工业布局指向

一般来讲，在工业布局过程中，当需要确定最优工业区位时，首先假定拥有某种区位优势的地点都会对工业区位（P）产生一种引力，而最优区位就在引力的合力为最大的一个方向上（见图 9—3）。这个方向就是工业布局指向。大致说来，工业布局指向可以分为以下三大类。

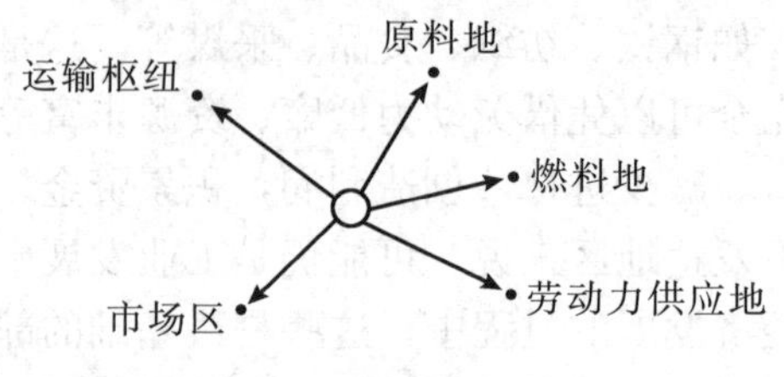

图 9—3　区位因素引力场

（一）运输指向

运输指向针对的是这样一些工业部门，它们的生产成本差别主要是由运费造成的，如钢铁、制糖等。这类工业的最优区位通常都在运费最低点上，因此被称为运输指向或者运费最低点指向。

为了判断一家运输指向的企业究竟应该指向原料地还是市场区，以及这种指向的强烈程度，韦伯提出了原料指数 MI 的概念。

$$MI=\frac{生产中耗用地方原料的重量}{制成品的重量}$$

其中，公式分子中的地方原料是指只分布在少数地点的原料。

如果计算结果 $MI>1$，则说明这一企业在布局上是原料地指向的。

如果 $MI<1$，则说明这一企业在布局上是市场区指向的。因为这种工业在加工过程中只需要耗用不到 1 吨的地方原料就能生产出 1 吨产品。之所以会出现这种情况，主要是因为在加工过程中原材料失重小，而与此同时，在成品中又加进了广布原料（即广泛分布在各个地方的原料，如空气、水、沙子等）的重量。如果 $MI=1$，则说明这一企业可以灵活布局。这时究竟把工业布局在原料地还是市场区就主要取决于这两个地点在其他方面的区位优势。例如纺织业的原料指数就接近于1，但在布局上更倾向于市场区。因为只有这样才能更好地与农业相结合，并根据市场需要灵活地调整产品的花色品种。

但在实际工作中，有许多工厂，其原料、燃料产地与市场区分散在许多点上。在这种情况下，显然不可能单纯根据原料指数来确定其布局指向。为此，韦伯又提出了用区位多角形来求得引力最大的方向的方法。如假定有一片匀质平原，平原上交通网密布，那么货运收费标准都完全取决于货物重量与运输距离之积。

由于韦伯的许多假设与实际状况并不相符，所以是艾萨尔德、胡佛等人又设法改变了韦伯的区位三角形模式，提高了它的实用性。这些改善大致可以概括为两个方面，一是增补了促使生产指向原料地或市场区的其他重要因素。二是用换算重量代替自然重量。从而可以充分估计不同货物因运价差别对工业布局的影响，并据此进一步考虑运输网分布状况对工业布局的影响，因为完全按投入产出物件的自然重量来计算运输成本的话，其结果可能与实际情况相差甚远。为此，胡佛等人提议用一种经过换算的重量代替自然重量。

在实践中，运输指向的工厂固然有不少布局在原料地、燃料地或者市场区，但更多的则聚集在运网中的大小节点上，如港口、码头、铁路与公路枢纽上。尽管在有些节点的周围地区，既无原料，又无燃料，但却可以凭借由此向四方辐射的交通线，广泛联系许多重要的原料、燃料产地与市场区，从而建立起自己的区位优势。

（二）劳动力指向

在产品生产成本中，占最大比重的是劳动费用而不是运费或其他费用的工业部门，在布局上即属劳动力指向。

韦伯曾指出，可以根据一个工业部门或一家工厂每生产单位重量产品所需耗用的劳动费用大小来判断它在布局上是否是劳动力指向的，并为此提出了劳动费指数的概念。

$$劳动费指数=\frac{劳动费(元)}{制成品重量(吨)}$$

应该说，用劳动费指数作标准来判断一个产业部门在布局上是否为劳动力指向，在韦伯时代是可行的，但在今天，则并不能说明问题。这是因为现代产业的生产劳动已明显地分离成简单劳动与复杂劳动两种不同的范畴，并相应形成简单劳动密集型与技术密集型（复杂劳动密集型）两类不同的产业部门，它们在布局上有着完全不同的指向，前者要求布局在拥有大量廉价劳动力的地区，后者要求布局在拥有高质量专业劳动力的地区，两者不容混淆。因此，在现代布局学中，一般都按照部门工业总产值中工薪支出所占比重，增加值中生产工人工资所占比重，增加值中非生产工人所占比重等三项指标来确定一个工业部门在布局上是否为劳动力指向，是简单劳动密集型（廉价劳动力指向），还是技术密集型（特种技术劳动力指向），以及指向性的强烈程度。

一般地，简单劳动密集型工业具有以下特点：(1) 单位产品成本中劳动费所占比重较大，这类行业的资本有机构成普遍较低，生产中大量使用人工劳动；(2) 生产技术比较易于掌握，对工人技术素养要求不高，工人工资一般较低；(3) 产品主要是低质廉价的。

所以，这类工业在布局上指向拥有大量廉价劳动力的地区，通常是一些经济、文化与技术都比较落后，但人口稠密、失业率又高的贫困地区。

技术密集型工业的特点是：(1) 单位产品成本中劳动费所占比重较大，这主要是因为这类工业产品的精密度要求很高，加工过程复杂，很费工时，而且它在生产中耗费的主要是高质量的专业技术劳动，因此在产品成本中人工成本所占比重很大；(2) 生产技术复杂，科技人员与熟练工人在职工中所占比重大，总的工资水平高；(3) 产品高质高价；(4) 它代表国家与地区生产发展方向，能有力推动地区全盘经济发展。

所以，技术密集型工业在布局上指向拥有高质量的专业技术劳动力的地区。与简单劳动密集型工业聚集的地区不同，这种工业聚集的地区不是低工资地区，而是高工资地区；不是落后贫困地区，而是发达地区。在该地区有一支强大的、配套的专业队伍，科学文化发达，已建立起一系列的协作企业事业单位，有较好的科研与生活环境等条件。

(三) 其他指向

除运输指向、劳动力指向以外，在工业布局上还有其他一些特殊指向：(1) 廉价电力指向。属于这一类指向的企业主要有电化学工业、电冶金工业、原子能燃料生产产业等。在这些行业的生产成本中，电费占着最大比重，因此通常布局在能大量提供廉价电力的大电站附近。(2) 港口指向。属于这一类指向的企业有利用进口原料加工的工业、出口产品加工工业、船舶修造业、水产及其加工工业等。(3) 水质指向。属于这一类指向的企业有一些对水质有特殊要求的软饮料（矿泉水、酿酒）工业等。

二、地域工业布局的最优组织

在社会经济发展突飞猛进的今天，工业区位的选择，已由单个企业的布局，相关企业的成组布局，资源综合开发利用的集团项目集中布局等方面的工业区位研究，逐步深入到一些工业部门或相关工业部门的跨区域生产体系联合加工的研究，从而形成地域工业布局最优化组织的区位理论。这主要在于工业生产发展不仅要求单个企业、成组企业和集团企业布局的经济效益，还要求进一步根据产业链的有序联接顺序加工利用，建立起地域工业生产体系，以寻求与生产、生活、生态相联系的更加宏观的经济、社会、环境三大效益。

在地域工业布局最优组织中，以固定式生产与流动式生产间的横向联合具有代表性。合理组织生产工艺的异地顺序加工与布局体系是一个不完整的工业地理空间过程。在国外（如日本）已出现建材业与建筑业之间的生产联合，即在水泥粉磨站继续组织混凝土加工，一方面根据建筑工地要求，通过混凝土运输搅拌车，按时定量供应工地水泥料浆；另一方面，在粉磨站建立按标准模数或订货规格预制钢筋混凝土构件，供给工地安装，从而减少分别向工地运送水泥、砂石的运输量。既取得经济效益，又可保持建筑工地的环境，全部流程是在电子计算机控制下的现代地域工业生产布局最优组织。

三、高科技产业布局

20 世纪 70 年代以来，大批科技成果迅速进入实用与商品化阶段，以电子技术、新材料和生物工程三大领域为主体的高科技产业得到了迅猛发展，近几年来，我国高科技产业也出现良好的成长势头。

（一）高科技产业布局类型

高科技产业包括微电子、新材料、生物工程、新能源、激光技术、海洋和空间资源开发等多个产业部门。目前，高科技产业构成的园区大致可归纳为三种组织类型。

（1）组织型。它是以自由港、自由贸易区、出口加工区为基础，以吸引外资、开发经济为目的而建设的科技工业园区，多分布于发展中国家和地区。如韩国和我国台湾的新科学工业园。

（2）技术型。围绕某一两种高科技产业、数所理工科大学和研究所而建立起的高科技园区，基本上是自由构造成的“科学——技术——生产联合体”，是目前发展速度最快的一种类型，最典型的代表是美国的硅谷。

（3）科学型。它以国家投资为主，以发展基础科学，储备高等教育人才，研究新技术方向为目的，构成“教学——学术研究——高技术成果”三结合的科学联合体。如日本的筑波科学城、俄罗斯新西伯利亚科学城等。

（二）高科技产业园区的构造与布局

高科技产业园区的构造与布局表现为组织科研生产联合体，采取横向联合集团式构造的总体布局形式，用以实现高科技产业的开发。从客观发展过程分析，大体有三种构造布局方式：

（1）围绕历史悠久的智密区构造高科技产业园区，是一条开发园区的捷径，因为这里基础条件好、起步快、竞争能力强。美国的硅谷、武汉珞珈山至喻家山地区、北京中关村等均属此类构造方式。

（2）围绕新建智密区构成开发性和高层次创新的高科技园区。这种规划式园区投资大、起步慢，但在发展中会出现新的突破。如日本二战后兴建的筑波科学城、法国的南法兰西岛科学城等即属此类。我国正在建设与发展中的以中国科技大学和若干科研所为中心的合肥大蜀山科学城，亦为这种规划方式。

(3) 以经济技术开发为宗旨构成的移植式科技工业园区。发展中国家大多在沿海有利的口岸地区，筹建大学、科研所，吸引外资开发高科技产业，规划全部移植式科技工业园区。如我国深圳科技工业园即属此类。

总而言之，建设高科技园区已成为发展高科技产业的一个总趋势，它代表了21世纪新兴产业和工业布局的发展方向。

思考题

1. 为什么地理上分散布局的经济成本很高？
2. 发展极形成的三个条件是什么？
3. 简述梯度发展中的“扩展效应”和“回程效应”。
4. 什么是工业布局中的运输指向？
5. 简述城市起源和发展的经济学原因。

第十章

对外开放与经济发展

对外开放是发展中国家发展经济的重要方式。早期的许多发展经济学家认为，发展中国家应当实行进口替代的工业化战略，对外开放在他们的发展思想中所占的地位很轻。但到20世纪中叶，大多数实行进口替代工业化战略的国家经济发展很不理想，而一些实行开放的、出口导向工业化战略的国家却取得了成功。但大国如何既保护民族工业，又不至于导致封闭，是一个值得研究的问题。因此，选择何种贸易战略对发展中国家具有重要意义。

第一节　对外贸易理论

西方经济学在对外贸易方面进行了大量的研究，而一国的对外贸易往往与它的经济成长联系在一起，于是形成一些关于对外贸易与经济成长关系的理论和战略。

一、自由贸易理论

在经济学说史上，最早有关对外贸易的理论或常识都出自重商学派的著作。重商主义者认为，贸易的吸引力在于它提供了国际收支顺差的机会。出口是一件好事，因为它促进了工业，并引起贵重金属黄金和白银的流入（重商主义者认为金银即是财富)。进口却是一种负担，因为它减少了对国内工业品的需求，并且使金银流失。重商主义者的政策建议是，出口与生产应由国家保护和补贴以便加以鼓励，而进口则应由保护主义的措施加以限制，特别是那些具有战略意义的工业部门。

重商主义者的这些观点并非是毫无道理的。当国内生产供给大于其需求时(这是资本主义国家经常出现的一个严重的经济问题)，增加出口或减少进口的作用是显而易见的。外贸顺差，由于金银流入而引起较多的货币供给，对于经济增长所起的作用有时也是很重要的。重商主义者的主要理论缺陷是其结论仅在某些情况下而不是在一般意义上是正确的。

就如同在经济学其他许多领域中那样，对外贸易的要旨是由亚当·斯密在其力作《国富论》中所开创和建立起来的。斯密用非常简洁和直观的理论证明，两国之间的自愿交换将会给双方都带来利益。他认为当两个国家都集中生产它们享有绝对利益的商品，即集中生产其成本绝对低于另一个国家的那些商品，然后进行相互间的交换，则两国同它们不进行贸易时相比较，都能够消费更多的商品，得到更多更大量的财富。这就是国际贸易理论中的所谓绝对利益学说。

英国的另一位经济学家大卫·李嘉图以斯密的理论分析为基础，提出了不同于绝对利益学说的另一种重要的国际贸易理论，即比较利益学说。该学说认为，一个国家应该集中生产那些同其他商品相比较消耗最少的商品，即不一定具有绝对成本优势但却具有相对成本优势的产品。李嘉图认为，按照比较利益原则进行国际分工协作生产和发展贸易，不但可以使任何国家不受其资源条件的限制，消费自己所不生产或不能生产的产品，而且可以使全世界的产出量达到最高水平。

20 世纪瑞典经济学家赫克谢尔和俄林提出了国际贸易的资源禀赋学说。这一学说是发展了的比较利益学说的复杂形式。该学说认为，不同的商品生产要求不同的要素比例，而不同的国家在生产要素的供给上赋有不同的条件，由于各国生产要素供给的禀赋不同，生产要素的相对价格就不相同，生产要素的配合不相同，而生产商品的相对价格也就不相同。由此得出的结论是：对于任何国家来说，都应输出该国资源丰富的生产要素生产的商品，输入该国资源稀缺的生产要素生产的商品，充分利用国际贸易之便，扬长避短。

包括亚当·斯密、李嘉图、俄林等主流学派的经济学家极力赞扬自由贸易对世界经济发展的好处。他们认为自由贸易可以带来以下好处：第一，自由贸易会促进国内的经济增长。由于贸易可以使一个国家超过生产可能性边界去获取资本和消费品，以较低价格得到在本国稀缺而昂贵的原料、其他新产品以及技术知识等等，从而为工业生产的持续而范围扩大的增长创造有利的条件。第二，自由贸易降低商品的价格而且使各国有更广阔的消费选择范围，可以增加消费者福利。第三，在一个开放的贸易体系中，一个国家进口它以相对高成本才能生产的商品，出口它以相对低成本生产的商品，资源从低生产率部门转移到高生产率部门，可以获得利益，并使消费和投资水平提高，而且进口竞争趋向于提高国内生产者的生产效率。第四，按照要素禀赋理论，出口将倾向于提高丰裕、便宜的生产要素的报酬，而进口则会降低昂贵、稀缺生产要素的报酬。由于在自由贸易的情况下，丰裕要素享有的贸易利益的比重比稀缺要素大，因而自由贸易会使收入分配不均的状况有所改善。因此，传统的国际贸易论者积极主张，为了促进经济发展，各国应当积极地参加国际贸易，采取外向的政策，撤销贸易壁垒并完全开放商品和劳务的国际市场。

应该说，传统的国际贸易理论对于指导发展中国家利用自然资源、劳动资源丰裕且价格低的比较优势，发展出口生产是有借鉴意义的。但是事情也绝不像比较利益理论所说那样美妙动人。很明显，发展中国家按照比较利益原则进行国际分工和贸易，很难或不可能取得同发达国家一样的贸易利益，甚至贸易条件和国际收支状况的恶化所造成的损失，远远超过资源更有效配置所获得的任何利益。

二、自由贸易对发展中国家的弊端

第一，发展中国家有大有小，而大国和小国由于各自的特点不同，在对外贸易和经济交往的联系程度上差别巨大。世界银行的研究表明，人口超过 5 000 万的大国除极少数外，出口值占 GDP 的比重都在 30%以下，而人口在 280 万以下的小国家，除了少数外，出口占 GDP 的比重都在 30%以上，个别国家如新加坡，这一比重更高。这种现象绝对不是偶然的，而是有其客观必然性，其原因在于：大国的自然资源、人力资源丰富，国内市场广大，容易建立门类齐全的国民经济结构；而小国则由于资源较少，国内市场狭小，必然采取外向型的发展战略。这就说明，作为大国的发展中国家，从长期来看，为了形成自己齐全的国民经济体系，不可能牺牲自己幼稚产业而采取完全门户开放的政策；即使是小国，为了培育将来有希望成为具有相对优势的产业，也必须对这些产业给予扶持和保护。

第二，具有比较利益的产业，并不是一成不变的。如果完全遵循比较利益原则进行生产，发展中国家就必须永远依附发达国家。因为发展中国家具有相对优势的产业，都是基础产业，如生产农矿产品等初级产品，而其机器设备等生产资料只能从发达国家输入。从统计资料看，发展中国家的出口商品结构，初级产品在 60%以上，而发达国家仅占 20%。而初级产品由于需求因素的影响，出口市场价格经常大幅度波动。因为初级产品中的农产品需求收入和价格弹性都很小，因此随着经济增长和人均收入提高，对农产品需求的增长趋于下降，这将对发展中国家的出口收入产生不利影响。如果发展中国家遵循比较利益原则，按专业化分工联合起来扩大，将只会使价格下降，且价格下降幅度之大足以导致总收入的下降。巴格沃蒂把这种情况称之为“灾难性增长”。因此，比较利益学说对经济发展的价值是令人怀疑的，特别是从动态角度分析时更是如此。正因为如此，许多经济学家同意普雷维什的观点，认为要保证发展中国家的长期发展，应采取保护贸易制度，将生产资源投向那些在世界市场上更有竞争力的制造品工业部门，实行“内向”进口替代的工业化政策。

第三，从发展中国家经济发展的实践看，遵循比较利益的分工原则造成了发展中国家生产初级产品，发达国家生产工业制成品的国际经济秩序，并由此产生了一系列不利于发展中国家的后果。首先是发展中国家的贸易赤字越来越大。由于绝大多数发展中国家是依靠国际市场价格极不稳定的初级产品赚取外汇，致使出口收入难以增长，而为满足工业发展和消费增长的需要，发展中国家还不得不进口原材料、机器设备和消费品，进口需求往往远远超过出口能力，外贸赤字长期存在并有不断恶化的趋势。长期的外债累积、还本付息的外汇支出已经成为不少发展中国家的沉重负担，国际贸易的不利地位严重影响了发展中国家的经济发展。在这种情况下，发展中国家日益认为按照比较利益原理和要素禀赋条件进行初级产品的专业化生产是令人难以接受的。其次，发展中国家的出口结构还导致其贸易条件的不断恶化。普雷维什在20世纪50年代就发现，从历史变动趋势来看，作为发展中国家出口主要部分的初级产品的价格和作为发达国家出口主要部分的工业制成品的价格相比，一直在相对地下降。因此，就平均程度而言，发达国家的贸易条件在持续改善，而发展中国家的贸易条件在不断恶化。发展中国家必须出口越来越多的初级产品才能换回原有数量的制成品。再次，国际贸易并未促进收入均等，反而加剧了发展中国家的两极分化。由于权势阶级利用其政治地位倒卖国外进口产品而发财，国际贸易的主要受益者是比较富裕的阶级。

第四，发展中国家是否真正拥有初级产品的比较优势也是令人怀疑的。即使真正在某些农矿产品方面拥有比较优势，从长期动态分析来看，也不应该一成不变地依靠初级产业部门，而应发展制造工业和其他产业。

从一般推理看，发展中国家似乎天然具有生产农矿产品的资源和成本优势。但实际上，由于发达国家财力雄厚，可以对农业和矿业生产进行大规模的财政补贴。结果，实际上发达国家的农矿产品的生产在国家的支持下，完全有可能成为优势产业。正因为如此，世界上最大的粮食出口国并不是发展中国家，而是美国、加拿大和澳大利亚等国。

即使是像生产石油这样产品的发展中国家，真正拥有优势的产品也不是发展中国家能够永远依赖的产业。因为石油等矿产品都是非再生性能源产品，一旦开采完毕并不会再生。因此，拥有丰富自然资源的国家，固然可以出口石油和其他产品，得到高额的外汇收入，但如果不充分利用这些外汇收入建立其他替代产业，并使之在将来具备国际竞争力，一旦资源耗尽，经济发展将无从谈起。因此，比较利益原则是一种静态决策原则，从动态角度看，它是不适用于发展中国家外贸发展战略的。

第五，从理论发展的角度看，竭力主张自由贸易并按比较利益进行国际分工的经济学家，几乎全是发达国家的经济学家。他们在自己国家的立场上，为发达国家开辟国际市场而摇旗呐喊，自然博得从国际贸易中享有种种利益的发达国家的喝彩。实际上发达国家虽然要求别的国家对其产品敞开市场大门，但却从来不曾彻底采取自由贸易原则。一个明显的例子是美国的经济学家们在向发展中国家宣传自由贸易的好处时，美国政府却在竭力提高关税来排挤日本产品的竞争。

三、李斯特和普雷维什的国际贸易理论

在众多的对外贸易理论中，发展中国家应该注意德国经济学家李斯特和阿根廷经济学家普雷维什的理论。李斯特提出了经济发展阶段的贸易政策论，竭力鼓吹采取保护贸易政策扶持工业发展，以赶超英美法等先行国家。李斯特认为，当一个国家由农业社会进入工业与海运业的初期发展阶段时，应采取自由贸易政策，用剩余农产品通过对外贸易换取工业品，并着力移植现代工业、技术与竞争力的成长基础，建立幼稚工业。由于处于工业初期发展阶段的落后国家与工业化的发达国家比较，生产力级差甚大，且两国还没有形成竞争态势，因而对外开放获益甚大。但在第二阶段，当幼稚工业已经移植并成长起来，落后国家与先进国家的生产力级差缩小，形成竞争态势，这时落后国家必须在保护下引进和发展生产，用商业限制政策促进工商业的发展。最后一个阶段，当财富和力量已经达到最高度以后，再逐步恢复到自由贸易的原则，在国外市场进行无所限制的竞争，并通过竞争刺激从事工商业的人们不断努力，保护既得的优势地位。

李斯特的理论对发展中国家是有重要借鉴意义的，因为发展中国家一般都处于李斯特所称的第二个阶段。用李斯特的理论也可以说明处于第三阶段的发达国家为什么热衷于宣扬自由贸易的益处。

普雷维什把世界经济分为以“发达国家工业中心”和“发展中国家外围”的两极，提出了“中心—外围模型”。他认为，发展中国家与发达国家的经济发展

水平差距及发展中国家对外贸易条件恶化的重要原因在于其技术结构和产业结构的落后性、被动性。中心国家处于技术发展的主动地位，外围国家处于技术发展的被动地位。由于中心的技术发展快于外围，致使中心国家的生产率及其平均收入增长得更迅速，结果使中心与外围国家既有的鸿沟有扩大的趋势。因此，发展中国家只有通过工业化，改变其产业结构和技术结构，才能使其出口产品价格提高，并为过剩的劳动力提供就业机会。技术结构与产业结构的不断高级化对动态比较利益的谋取是至关重要的。因此，发展中国家应采取保护主义贸易政策，实行进口替代战略，改变外部制约发展的倾向，消除贸易比价恶性化的趋势，促成制成品生产结构的变革。为此，发展中国家应努力利用任何机会增加资本品的输入。

综上所述，对发展中国家来说，通过国际贸易所获取的最大利益应是通过引进先进技术和设备，增加资本存量，提高生产工业制成品的能力，促成产业结构和技术结构的成长。因此，从短期来看，发展中国家应遵循比较利益原则，根据自己的经济资源和比较利益状况，进行生产和贸易。但是换取的外汇不应进口消费品而应用于扶植本国的幼稚工业，促成产业结构的成长。从长期动态分析的角度看，应根据生产力成长和技术进步的目标状态，注重新的比较利益产业的开发，以保障未来更大财富和比较利益的谋取。任何只注重眼前的比较利益而不计将来的发展和为了避免国际贸易的弊处而闭关锁国的政策都是目光短浅的。

第二节　对外贸易和工业化战略

是选择进口替代的工业化战略，还是选择出口导向的工业化战略，发展中国家在第二次世界大战后进行了艰难的选择。有的推行了进口替代的工业化战略，有的走了出口导向的道路，结果各不相同。

一、进口替代战略

发展中国家的进口替代工业化并不是同国际贸易同时起步发展的。在开始进口替代之前存在一个准备阶段，这一阶段中，发展中国家出口传统的农矿产品，进口工业制成品。当工业制成品在国内形成了一定规模的市场时，才开始发展国产的同类工业制成品替代进口的工业产品。进口替代，是指进口商品的规模达到可以在国内进行最小经济规模生产时，通过采取某些限制进口的政策，保护国内工业产品市场，建立和发展国内同类商品的工业部门，以替代进口商品的工业市场。进口替代是利用国际贸易开拓国内市场、实现工业化发展经济的一种方式。绝大多数发展中国家包括今天以发展外向型经济闻名的韩国在其发展的初级阶段，都曾经采取过进口替代的工业化发展战略。

由于普雷维什、刘易斯、巴格沃蒂等人揭示了“贸易条件恶化”、“灾难性增长”和“外围国家在产业结构和技术结构的不利地位导致外围对中心的依附”等一系列理论，从而为发展中国家采取进口替代工业化发展战略奠定了理论基础。而且，作为在政治上获得独立的发展中国家，有通过进口替代发展本国制成品以最终摆脱在工业制成品进口方面对发达国家高度依赖的强烈愿望。因而，进口替代战略理所当然地被作为通过自力更生实现民族自立的工业化手段而加以运用。

进口替代工业化过程包括两个阶段。第一阶段是发展初级消费品的进口替代。在开始工业化之前的初级产品出口阶段，国内工业消费品的市场就已经形成了，而且由于消费品生产本身在技术上达到规模经济的起点不高，生产技术也并不复杂，因此，消费品替代工业较易建立，也易于发展。最初的进口替代工业往往是通过从国外进口半成品和原材料进行加工组装进行的。通过发展国内消费品工业，发展中国家一般都可以逐渐依靠自己的力量生产轻工消费产品，如纺织品、自行车、家庭日用品、电器产品等，不用再依赖进口。

但是，初级进口替代在许多国家很快就会在国内市场需求方面受到限制，尤其是一些人口少的小国，进口替代部门的规模在很低水平上就足以使国内市场饱和。此时，发展中国家可以通过发展农业等初级产业进一步开拓国内市场，但显然国内市场开拓的潜力十分有限。因此，在经过了初期的进口替代之后，进口替代工业化进入第二阶段。进一步工业化的道路有两条：一是由初级进口替代更进一步，走向高级进口替代阶段，把进口替代范围扩大到消费品工业所必需的中间投入物品和资本品，建立本国的原材料工业和机器设备制造业；二是发展出口替代，用工业制成品的出口替代传统的农矿初级出口产品。

从二战后发展中国家的实践来看，大部分国家在经历了最初的消费品进口替代之后，选择高级进口替代作为进一步推进工业化的战略。这主要是因为：(1) 从技术上说，大国比小国在进口替代方面有可能走得更远，大多数发展中国家有一定规模的人口和自然资源，国内市场有一定容量。而且由于自然资源丰富，在原材料、燃料等方面有可能为高级进口替代部门提供物质保障。因此这些发展中国家在技术上选择高级进口替代战略是可行的。与此相对照，一些发展中的小国家由于技术上的原因不可能选择高级进口替代战略。(2) 在取得进口替代工业化战略的初步成功后，似乎没有停下来并改变方向的理由，更何况进口替代被认为是彻底摆脱对发达国家政治、经济依附的必要手段。从政治上考虑也应继续坚持下去。(3) 发展中国家的初级进口替代并没有摆脱其国际收支逆差、外汇短缺严重的困难处境。发展中国家最初实行进口替代的直接动因之一就是节省外汇，改善国际收支的逆差状况。(4) 进口替代被认为是工业化的捷径，尽管进口替代引起的生产结构偏离国内资源赋存状况会造成进口替代部门的高成本，但利用关税、汇率等贸易保护政策排除了外来竞争，可以使工业化显得比在竞争中努力降低成本少花气力。(5) 在一系列保护性措施庇护下的进口替代部门，逐渐形成了既得利益集团，它们自然会竭力鼓励政府把进口替代政策推行下去。

进口替代战略采取的政策措施有：(1) 进口限额。通过限制进口、抬高进口品在国内市场的价格，以排除其在价格和质量方面与国内同类产品的竞争。(2) 外汇管制。政府集中使用外汇，并分配给进口替代部门较多的外汇份额。(3) 高汇率政策。高汇率和货币升值，从而降低进口物品的国内价格，虽然这打击了出口的部门，但有利于保护进口替代部门。(4) 关税。对进口商品课以不同的税收，消费品的关税税率较高，资本品的关税税率较低，以保护进口替代部门。

大多数发展中国家的进口替代工业化的实际效果是远远不尽人意的。这是因为：(1) 进口替代的扩展在供给和需求两方面都面临越来越难以克服的困难。在供给方面，进口替代需要的机器设备、中间投入品，由于发展中国家技术水平限制，不可能自己制造，大多仍然需要进口，因此进口替代并不能消除进口，而仅是改变了进口的结构。且进口替代项目的资本密集程度越来越高，结果造成了投资品的较大进口。在需求方面，替代项目要求有越来越大的国内市场才能达到生产的最低有效规模。而国内市场的容量，可能不足以使生产达到规模经济原则的最低需求。因此，进口替代越发难以为继。(2) 伴随进口替代的保护主义政策，造成了价格高而质量低的国内生产品和生产效率低下的进口替代产业部门，促使资源配置与资源赋存状况进一步偏离，传统的初级产品输出大受打击，恶化了收入分配和国际收支状况。(3) 进口替代并没有产生预期的产业联系效应而促进工业化的发展。这主要是因为，进口替代部门的产品成本过高，当其他企业用其产品作为投入时，因价格过高就减少了需求，从而降低了前向联系。同时，受保护的企业，由于汇率偏高可以从国外得到低价的投入品供给，而不需从国内市场购买，从而使后向联系漏出到国外市场上去。因而进口替代产业的发展不可能带动一系列相关产业的发展。

二、出口替代战略

进入 20 世纪 60 年代之后，由于进口替代工业化战略的历史性失败和发展的停滞，迫使许多发展中国家放弃了进口替代工业化政策，转而采取“工业制成品出口导向型”发展战略，即出口替代战略。这种战略通过促进消费工业制成品的生产、出口，通过对自然资源的深加工发展原材料制成品的生产和出口，来替代传统的初级农矿产品的生产和出口，由此来推动工业化和经济发展。

出口替代发展战略，确实极大地促进了一些发展中国家的工业化和收入增长，促进了经济发展。和进口替代工业化战略相比较，出口导向型发展战略能够在促进生产、收入、就业等方面发挥一系列效应。

第一，资源配置优化效应。由于制成品出口导向工业化立足于国内和国外两个市场，摆脱了国内市场狭小的限制，就有可能根据比较利益原则，把资源集中配置于效率较高的、有利可图的产业部门。

第二，创汇效应，通过利用发展中国家丰富、廉价的劳动力和其他的资源，可以生产出成本较低、竞争力强的工业制成品，从而开拓国际市场，赚取外汇，改善国际收支状况。

第三，就业和收入效应。制成品出口产业的发展能够带来比进口替代高得多的就业机会，使充分就业和公平分配收入的社会目标更易于实现。

第四，激励效应。出口替代存在着沉重的国际竞争压力，国内生产者将不得不致力于生产效率的改善，而以提高国际竞争能力为目标的学习、教育、培训，势必增加国内人力资本的存量，为以后的经济发展提供更进一步的资源赋存条件。竞争压力不但形成生产者竞争—激励机制，而且也迫使政府采取一系列鼓励出口产业发展的政策、措施，并相应进行政治、行政等方面的改革，提高政府的办事效率。

出口替代发展战略本身的特点决定了必须采取一系列不同于进口替代的外贸和发展政策与措施。这些政策的主要方面是：

第一，为了鼓励出口部门的生产和贸易，国家对出口创汇企业给予补贴、流转税减免、所得税优惠、出口退税、投入物品供给价格优惠和运费折让等多方面的优惠。

第二，外汇留成。发展中国家在实行出口替代的初期，汇率一般仍显偏高。在高汇率的情况下，为确保出口产业部门的利益，政府规定出口部门按一定比例保留部分外汇，按市场汇率出售或用于进口所需投入物品，而不必按官方汇率将出口所得全部外汇出售给外汇管理部门。

第三，放松外汇管制，实现汇率合理化。这种措施一般是在出口替代的后期阶段施行的。由于官定汇率的下降，并逐渐接近市场均衡汇率，导致本国产品用外币表示的成本和价格逐渐降低，增强了在国际市场上的竞争能力。汇率下降的同时又减少了进口。因此这是鼓励出口替代的根本办法。

第四，政府着力扶植和培育有希望成为新的出口主导产业的产业，代替以前处主导地位的原进口替代生产部门。

第五，设立出口加工区和自由贸易区，积极引进外资和先进技术，积极改善发展中国家自身在资本、技术、经营管理能力等方面的不足之处，以期实现对制成品出口的更有力推动。出口加工区最初由中国台湾在高雄于1966年设立，此后韩国、马来西亚、菲律宾等国都相继设立了出口加工区。

三、发展中国家的选择：进口替代还是出口替代

鉴于大多数选择进口替代战略的发展中国家的历史性失败，而少数选择出口替代发展战略的国家（地区）都取得了举世瞩目的成就，自20世纪70年代末以来，以出口导向发展外向型经济的呼声有越来越高之势。是否所有国家都能采取出口替代发展战略，世界银行的观点倾向于鼓励发展中国家采取外向型发展战略。其理由是“无论是大国或小国，人均收入的增加常常是伴随制造品在总出口中份额的增长发生的。而且，制造品贸易在鼓励生产多样化，促进新技术和新思想，刺激本国经济效率的提高中，常常比初级产品的贸易更为有效。”但是，是否所有国家，尤其是像中国这样的大国都能采取出口替代战略，需要进行客观的分析和评价。

首先，如前所述，大国和小国的外向程度存在相当差异，并非偶然。小国采取出口替代发展战略，是由于它们缺乏丰富的自然资源，国内市场有限，它们除了选择外向发展别无选择。而大国本身的特点决定了它们不可能也不必要把发展的出路全部寄希望于出口导向。

其次，从进口替代转到出口替代，在经济、社会和政治各方面要付出高昂代价，需要进行一系列的配套改革。战略转变本身直接影响到进口替代部门的利益，从而损害既得利益集团的利益，从而可能引起政治动乱。而外向政策的好处需要有较长的一段时间才能表现出来。在此之前，要维持对进口的控制，限制供给量，出口导向使货币贬值，容易造成通货膨胀。

再次，出口替代战略的成功需要良好的国际经济环境。20世纪50年代到70年代末，发达国家曾经经历了一个经济发展的“黄金时代”，对国外产品的需求较高，采取外向型战略的国家很容易将产品打入发达国家的市场。但20世纪70年代以来，发达国家的经济增长率普遍放慢，保护主义开始抬头，制成品进口国方面设置的贸易壁垒越来越多。除了关税壁垒外，非关税壁垒的“进口限额”、“自动限制出口”、“质量要求规定”、“规格要求”和“卫生条例”等等形式，花样翻新，层出不穷，严重地抑制了发展中国家制成品的出口和制造业的增长。同

时，发展中国家现在不仅要与发达国家的同类生产者竞争，而且还得同自己的伙伴竞争。

彻底否定进口替代，将其说成一无是处也并不客观。进口替代作为一种工业化战略本身可能不是一种完全错误的选择，问题在于促进进口替代的措施和政策是否恰当和正确。不能过分采取保护主义措施，应鼓励进口替代部门多使用本国资源和产品，尽量少用或不用外国进口产品资源。如果进口替代部门已有一定规模，应该鼓励其产品向国外输出，一方面改善传统的出口结构，开辟新的外汇来源；另一方面，在国际市场上的竞争也促进其改善经营管理，降低成本，提高竞争能力。也就是说，进口替代要同出口替代互相结合，增加出口和减少进口密切配合，不是大进大出，也不是不进不出，而应是少进大出。

第三节　对外开放的政策选择

对外开放，要有一定的政策措施来实现，如何在进口替代和出口导向型的工业化上选择一个度，既使国内的民族工业健康发展，又使国外的技术和竞争压力传导到国内，促进国内工业的技术进步，并促进出口，某种意义上讲，是一种国家政策选择的结果。

一、关税

任何一种对外贸易战略的实施，都需要有与之相配套的政策措施来加以保证，关税就是其中的重要政策之一。

所谓关税，是指政府对进口商品所课征的一种税收。关税是国家对进出口贸易实施调节和干预的一种最重要的手段。合理的关税，既能有效地对国内经济予以保护，又不妨碍甚至还可以促进社会福利、对外贸易的健康发展。

比较起来，赞成关税保护的主要论据还不在福利是否增加，更重要的是，对于发展中国家来说，征收关税有保护国内幼稚工业的作用。幼稚工业在其创办阶段，一般总会遇到高成本的困难。关税保护能使它们免受先进国家的工业制品的竞争，而使其逐渐壮大发展。关税还起着限制非必需品的进口，节约宝贵的外汇，改善贸易条件，引导外资对国内替代工业的投资等作用，是保障经济发展的一种重要政策工具。

一般认为，对某一商品征收的关税税率越高，关税对那个部门中的国内企业所提供的保护越大。衡量关税的保护作用的效果，需要看课征关税后进口商品的国内价格超过课税以前进口商品的国内价格究竟是多少。衡量关税效果的指标有两个：名义保护率和有效保护率。

名义保护率表示征收关税后进口商品价格提高部分比征收关税前进口商品价格的百分数。用公式表示：

$$名义保护率=\frac{(税后商品价格-税前商品价格)}{税前商品价格}$$

对某种商品征收关税，受到保护的不仅是国内生产该商品的部门，同时也有助于保护工人和其他人员的收入。而这些人的收入量是算在该工业品“增加值”内的。除此之外，关税还保护了为该部门提供中间投入品的其他部门的收入。因此，有必要计算关税对某一产业的“实际保护率”或称为“有效保护率”。一单位产量增加价值的提高部分比征收关税前一单位产量增加价值的百分数，就是有效保护率，用公式表示为：

$$有效保护率=\frac{(税后一单位产量的增加价值-税前一单位产量的增加价值)}{税前一单位产量的增加价值}$$

举例来说，如果某物品的国际市场价格为 200 元，国内生产同类商品的价格也是 200 元，其中增加价值为 60 元（增加价值等于产品价格减掉中间投入品消耗价值），现以 10%的税率对进口产品征收关税，则国内产品的价格将提高为 220 元，于是增加价值变为 80 元，从而有效保护率＝(80－60）/60×100%＝33.3%。

有效保护率还可以用另一公式计算：

$$有效保护率=\frac{名义保护率}{增加价值在价格中所占的比率}$$

显然，即使各类商品的名义保护率相同，各种商品的有效保护率并不一定相同。如果其他条件不变，某一产品的增加价值在商品的价格中的比率越低，所受的有效保护率就越高。

关税的征收一般是实行差别税率，各国一般对消费品征收的关税税率最高，中间投入品次之，资本最低。这种差别税率能够有效地促进进口替代工业化，但也造成一些消极后果。统计分析表明，大多数发展中国家农业得到的有效保护大大低于制造业，不少国家农业有效保护率为负值。而资本品（机器设备）得到的保护大大低于消费品和中间产品。因此，这种情况虽然有利于进口替代部门的发展，但却打击了传统的出口部门（农业部门），并使国内原资本品制造部门难以发展起来。因而造成经济不能持续发展，国民经济的完整体系不能建立，对国外进口产品的依赖性始终难以消除。因此，当消费资料进口替代部门发展起来之后，应将保护的重点转向生产资料部门，并发展消费品生产和出口，以改善国际收支状况。

关税保护的另一个消极作用是造成技术进步的速度放慢。由于缺乏竞争，被保护者可能缺乏降低生产成本和进行技术创新的动力。因此，发展中国家不能使被保护产业成为国内市场独家经营者，应使国内被保护产业之间形成有效竞争；同时，对产业的关税保护也不应是永久性的，一旦条件成熟，就应逐渐降低关税，给这些产业造成竞争的压力，促使其改进经营管理，降低成本，提高产品质量，增加花色品种。保护的目的是促使幼稚工业的成熟、发展，绝不是使之变成摇篮中长不大的孩子。

二、汇率

汇率是指一国货币单位同他国货币单位的兑换比率。汇率分为官方汇率和均衡（市场）汇率两种。所谓官方汇率是指政府规定的本国货币同他国货币兑换的比率。均衡（市场）汇率是指在不存在政府干预的情况下，通过市场供求力量自发调节形成的本国货币同他国货币单位的兑换比率。由于发展中国家大都实行外汇管制，汇率一般是由政府以法令的形式规定，因而官方汇率一般都同市场均衡汇率存在一定差距，有时差距相当大。

发展中国家的汇率政策是同其对外经济发展战略紧密相关的。由于种种因素的影响，发展中国家汇率一般存在高估本国货币币值的情况。

第一，发展中国家产业结构和出口产品结构容易使汇率估值过高。在那些资源丰富的国家，当传统出口品（如矿产品或者可可、咖啡等经济作物）在本国外汇收入供给中占统治地位时，汇率就容易估值过高；从而制约新兴工业部门的发展，使经济不能多样化。

第二，发展中国家政府为了推行进口替代工业化战略，保护进口替代工业部门的利益，往往有意识地高估本国汇率，以便降低本国进口替代工业部门所需的进口资本品和中间投放品成本。政府面对强烈的进口需求，只能实行外汇管制，将外汇优先分配给进口替代部门。同时，为减少贸易逆差，必须采用进口限额制度，并对进口商品课征关税。这就导致了汇率、关税、限额三位一体的政策。

第三，汇率过高同固定汇率制度也直接相关。即使是按市场均衡汇率制定官方汇率，但当收入增长，进口需求上升时，就要求对本国货币贬值，降低汇率以刺激进口替代品和出口品的生产，维持国际收支平衡。但固定汇率制度导致汇率不变，从而高估本国币值。

另外，本国的通货膨胀使国内产品价格和成本上升，会引起出口减少，如果要想维持出口，限制进口，也必须实行货币贬值，将汇率降低。但因为贬值会带来政治影响，大多数发展中国家均维持固定汇率，不愿实行贬值，汇率依然被控制在估值过高的水平之上。

上述分析表明，发展中国家对汇率的过高估值是一个普遍现象，而且高估汇率引起的后果是极不利于经济发展的。为了避免这种不利情况，发展中国家采取了一系列措施。在一定程度上，调低了外汇汇率。这些措施主要有：对初级产品征收出口税；实行分别汇率制度；采取关税或进口限额政策，在一定程度上缩小均衡汇率与官定汇率的差距，使汇率高估程度下降。

三、影响对外开放的非关税措施

发展中国家在对外开放时，一方面要保护自己国内的幼稚产业，另一方面要努力扩大出口。在全球贸易自由化的同时，各国特别是发达国家普遍采取的非关税的贸易壁垒，包括繁多的技术标准等，导致发展中国家在国家贸易中处于不利地位。从世界经济新格局看，新兴工业化国家或地区经济的起飞，在诸多领域已经成为发达国家激烈的竞争对手，为了摆脱竞争，某些发达国家利用世界日益高涨的绿色浪潮，构筑起非关税的“绿色壁垒”，限制或禁止外国商品的进口，以达到其贸易保护主义的目的。所谓“绿色壁垒”，又称“环境壁垒”（envirommental trade barrier），它是指一种以保护生态环境、自然资源和人类健康为借口的贸易保护主义措施。

为扭转这种局面，发展中国家一方面要改变对幼稚产业的保护方式。由于保护幼稚产业的贸易政策通常导致对产业内所有企业（包括内资企业和外资企业）的“普惠”，因此在跨国公司全球投资迅速扩张的时代，跨国公司通过直接投资绕过关税壁垒常导致东道国幼稚产业保护政策失效，不但不能隔开国际竞争，反而导致保护产业赖以成长的国内市场被跨国公司瓜分。因此，在经济全球化日趋深刻的21世纪，对幼稚产业的保护必须改变以关税、配额等为主的传统方式，代之以制定技术标准、补贴科研、政府优先采购等符合WTO协议的新方式，并在保护政策设计上体现竞争性、动态性、时间限制性等原则，把由保护而衍生的生产效率损失减少到最小程度。

发展中国家加入世界贸易组织后，发达国家对发展中国家贸易中原有的配额等数量限制和其他限制性手段，将失去作用，迫于国内企业界和劳工组织等方面的压力，发达国家政府必将采取其他符合国际规则和国际惯例的手段对国内某些产业、市场、就业等进保护。由于技术性贸易壁垒具有合法性、隐蔽性、可操作性等特点，必将成为重要的保护手段。因此，发展中国家应积极探讨对策并尽快加以落实，以促进出口。

（1）建立国外技术性贸易壁垒的预警机制。建立国外技术性贸易壁垒的预警机制，充分利用世界贸易组织各成员方在《技术性贸易壁垒协议》和《实施动植物卫生检疫措施协议》下提供有关技术标准、法规的国家级咨询点，驻外经商参赞处等机构，收集、跟踪国外的技术壁垒和绿色壁垒措施，建立发展中国家国家技术壁垒信息中心和数据库，并及时地将信息反馈给企业，让企业做好防范工作，采取积极措施突破国外的技术性贸易壁垒。

充分利用《技术性贸易壁垒协议》中有关发展中国家特殊和有区别的待遇这一原则，坚决反对发达国家提出的与发展中国家的经济发展、资金和贸易等方面不相适应的标准。对于歧视性规定，坚决予以反对，采取双边磋商，或诉诸世界贸易组织争端解决机制等方式，谋求非歧视性的贸易环境。

（2）加强国际认证工作，建立与国外权威认证机构的相互认可机制。认证是证明企业所生产的产品、管理体系符合某种标准、法规的合格评定程序。由于认证是依据国际惯例对产品进行评价和管理的一项工作，特别是依据国际认证制度开展的认证工作，得到了有关国际贸易和关税组织的认可，并作为贸易各方接受进货、签订合同的重要条件之一。广泛深入宣传、大力推广 ISO、EBC 等一系列国际性标准的认证，进一步扩大生产企业认证覆盖面，使更多产品获得走向国际市场的通行证；加强与更多国际权威认证机构的交流与合作，签订认证协议，实现双边认证。对进口国需要通过有关认证的产品，检验检疫部门要按照认证协议的要求和认证标准，帮助企业建立相关的质量保证体系，以减少贸易摩擦；建立与国际和国外权威机构认证的相互认可机制，相互承认彼此的认证可以节省产品在重复认证中的巨额花费；按照国际标准的要求，加强对认证机构、实验室的考核和管理，提高认证水平和国际信誉，使发展中国家更多的认证机构和实验室取得外国特别是发达国家权威机构的认可和授权，为企业取得国际认证创造更加有利的条件。

（3）制定与国际标准一致的国家标准。技术性贸易壁垒协议引入技术规定和技术标准。技术规定是指强制适用的标准，而技术标准则指自愿标准。技术规定应基于国际标准，世界贸易组织要求各成员国积极参加国际标准化组织及其他国际性标准组织。在执行自愿标准方面，要求各成员国以国际标准作为国家标准的基础，在资源允许的限度内，参与产品的国际标准的制定，以在强制适用标准和自愿标准方面走国际接轨的道路。因此，要尽可能制定与国际标准一致的国家标准。同时，要广泛宣传推广国际质量认证标准和发达国家先进的质量管理方法，让生产企业在掌握国际标准的基础上去安排生产，以使产品符合进口国要求，这对扩大出口贸易，加快对外贸易的发展都有较大的帮助。

(4) 出口商品生产企业要完善质量标准体系。技术性贸易壁垒对发展中国家的对外贸易发展有制约受阻的负面效应，但同时也有推动作用。“质量体系认证和评审制度”作为非关税壁垒为越来越多发达国家所采用，目前世界上获证企业已达几十万家，主要分布在欧美发达国家。发展中国家企业只要跨越这个障碍，就可顺利进入国际市场。发展中国家各类出口企业，尤其是中小型企业，必须认清当今国际贸易发展的趋势，多方收集信息，关注本行业国际标准和行业内先进企业标准的动态，并根据国际市场需求和发展趋势，及时调整本企业的标准，用先进的质量管理管理工厂，完善生产企业质量认证体系，增强企业的发展后劲。同时，加速开展产品认证，实验室认可和按 ISO9000、ISO14000 标准进行质量认证体系的审核注册，使企业出口产品符合国际市场的需要，取得国际市场的“准入证”。

(5) 改进出口商品包装，提高出口商品的国际竞争力。针对发达国家对一些发展中国家未经严格高温、熏蒸或防腐剂处理的实木包装材料实施的禁令，发展中国家出口商品包装要适应国际潮流，除考虑对商品的保护外，还须考虑到对人体的影响、运输的安全、包装废弃物的回收利用和环境生态平衡的保护，积极开发符合环保要求的替代材料。随着国际市场竞争的加剧，有些国家还规定，商品商标上必须注明商品的主、辅料成分比例及所含有害物的限量。如美国就根据 1989 年制定的《营养标签和营养教育法》的规定，一切食品在未进入流通领域之前，都要实行强制加贴美国农业部食品安全检验局（FSIS）认可批准的标签。所以必须按照国际市场的要求与习惯进行包装的设计、选择和使用，以提高发展中国家出口商品的竞争力。①

第四节　外资的利用

利用外资是发展对外经济关系的重要内容之一。国际经济往来，二战前主要采取物品和劳务的贸易形式。二战后，除了商品贸易的更大规模和范围更加广泛地发展外，越来越多地采取了资本转移和技术转移的形式，使发展中国家的生产要素供给获得了进一步的补充性来源。外资利用不仅弥补国内投资不足，还会获得技术、文化、管理等方面的附加效应。这对于在经济发展中资本、技术、经营

① 蒋珠燕，庄英：《技术性贸易壁垒透析及我国的对策》，载《中外科技信息》，2001 (3)。

管理技能极其短缺的发展中国家来说，是至关重要的。

利用和引进外国资本，其直接经济作用有二：一方面是提供外资支付手段（即外汇），从而保证进口；另一方面则是提供外来的储蓄来源，从而促进国内投资。由于国际资本的净流入是用于进口中间投入品、机器设备和先进技术的，因此引进外资可以达到一举两得之效果。

利用和引进外资的长期目的，是加快经济发展速度，建立国内生产部门，提高收入水平、出口水平和国内储蓄水平，从而最终摆脱对外资的依赖。成功的外资引进，将会产生多方面的经济效应：（1）由于引进外资建设技术先进的工业部门，使国内经济结构逐渐得到成功改造，为替代传统出口产品，增加出口打下了基础。（2）随着先进技术和设备不断增加，规模经济效应会逐渐明显，从而降低生产成本，增加本国产品在国际市场的竞争力，可以间接地刺激出口。（3）外资的引进，促进经济发展，使国民收入提高，将引起国内人均储蓄能力提高，而国库财政收入的提高也将提高公共储蓄能力，从而整个国家的总储蓄水平趋于上升。上述第一、二两方面的效应增加储蓄，缩小储蓄缺口。三者共同作用最终能够使两个缺口的失衡可以不依靠外资的流入而消除。

从发展中国家引进外资的实践来看，很少国家能够像上述理论推导那样达到国内经济的平衡。显然问题的关键在于引进外资的效益如何，尤其是外资对一国长期内生产资本形成是否发挥了作用而使国内经济结构成功改造。

发展中国家利用外资的主要渠道有：（1）官方开发援助。包括由世界银行、经济合作与发展组织以及石油输出组织成员国的官方机构向发展中国家提供的双边援助（一国对另一国的优惠贷款和赠款）和多边援助（国家组织和机构的优惠贷款）。这种性质的援助利息率很低，甚至不用还本。（2）官方非优惠性商业贷款，是由官方机构向发展中国家提供的商业性借款。（3）私人商业银行的短期和长期贷款。（4）跨国公司的直接投资。（5）证券投资，即外国公司和个人在发展中国家的股票市场进行的股权投资。（6）民间非营利性组织投资，如福特基金会和洛克菲勒基金会对设立在菲律宾的国际水稻研究所和设立在墨西哥的国际玉米、小麦改进中心的捐款赞助等。

一、外债

同外资利用与引进相联系的一个重要问题是债务问题。由于外资中除了少量的捐款外，都是要在将来还本付息的，外资流入的过程，也是债务积累的过程。因此，选用外资绝不是没有任何数量限制的。

要实现理想的收入—债务循回，必须存在下列前提：（1）边际储蓄倾向必须大于投资率。(2) 边际出口倾向必须大于边际进口倾向。(3) 利用外汇的投资项目必须有较高的产出效果和经济效益，尤其是能够成为出口创汇产业。(4) 应改善债务条件，即尽量举借利率较低和偿还期限较长的债务，合理选择债务构成。显然，大多数发展中国家并没有遵循这些原则。20 世纪 70 年代到 80 年代，发展中国家的债务急剧增加，增长额高达 10 余倍。许多发展中国家债台高筑，陷入借新债还旧债的境地，甚至宣布“暂时”停止还债。这就是所谓的债务危机。债务危机的发生，其原因是多方面的。在国际方面，首先是 1973—1974 年和 1979—1980 年的石油价格猛升打击了所有石油进口国，其中发展中国家的损失更为惨重。其次，国际债务条件恶化，外债结构日趋商业化，优惠性的官方开发援助比重迅速下降，而商业性贷款的利率较高，债务偿还平均期限较短，加重了发展中国家还本付息的负担。

在发展中国家本身方面，主要是发展政策不切实际，发展的调控和管理极为混乱，表现在下列方面：第一，不少国家过分乐观地估计发展前景，不考虑偿还能力而大举借款；第二，将大部分借款投资于对经济增长或创汇作用很少的低效益（甚至是负效益）产业和非生产性项目上。第三，保护和鼓励进口替代的贸易和价格政策，恶化了国际收支状况。第四，外债管理极其混乱，举借外债多头对外，盲目重复引进同样的外资项目，政府对外资引进缺乏协调管理能力。

债务危机的出现，使人们认识到早在 20 世纪 60 年代就已发展成熟的债务周期模型理论的重要性，发展经济学家进一步强调了发展中国家应遵循一系列债务流量的宏观原则。其中最重要的有：(1) 债务率，即债务总额占 GNP 的比重不应突破 25%，如果这一比率超过 25%就认为该国可能产生债务危机；(2) 债务负担，即债务额占出口的比重不应突破 50%；(3) 债务增长率不能持续地超过收入和出口增长率，由于债务增长率高于收入增加率和出口增长率时，债务率和债务负担的增长就会达到危险性的规模；(4) 加强债务管理，选择适当的债务结构；(5) 恰当用债，债务收入要用于生产性项目，应用于技术先进、经济效益高、能创汇、周期短、回收快的项目。

债务结构包括种类结构、期限结构和利率结构。发展中国家在利用外资时，在债务结构上应注意：第一，在种类结构方面，应尽量选择形式多样的外债货币结构，以分散风险。如果盯紧一种货币，而该种货币在长期内有升值趋势就会加重外债负担。因此应该坚持还款货币与现在的借款货币保持一致，还应选择那些在长期内币值有下降趋势，至少是不会升值的货币，以避免汇率风险。第二，在期限结构方面，力争以中长期借款为主。第三，在利率结构方面，应争取举借国际金融机构和官方开发援助形式的低利率贷款。第四，在固定利率和浮动利率的选择上，当国际金融市场利率水平较低时，应争取以固定利率成交；当国际金融市场利率较高时，则争取以浮动利率成交，不借固定利率债务。

对于已经发生债务危机的国家，发达国家和国际机构有义务帮助发展中国家摆脱危机。摆脱债务危机和解决债务问题的措施主要有：国际机构和发达国家协助发展中国家进行结构调整，实现经济形势好转；通过债务国和债权国谈判协商将债务投资股份化，或者重新安排还本付息和期限。

二、直接投资

发展中国家吸收外商投资的另一种方式是直接投资，即兴办外商投资企业和进行合作开发项目。这种方式有利于引进更多的资金、先进技术和科学管理，有利于扩大出口，今后吸收外商投资还会以这几种方式为主。20 世纪 90 年代中国逐步扩大了外资金融机构的试点，一些外商投资企业也开始采用股份有限公司的形式对中国进行直接投资。

（一）合资经营

外资与发展中国家合资经营企业是一种主要的投资方式，在外商投资企业中所占的比重最大。这种方式按照发展中国家与国外投资者的出资比例来确定投资者的风险、责任和利润分配，各自的权利、义务十分明确，外商投资者多数愿意采用这种方式。发展中国家与外商合资经营企业有利于引进先进的设备、技术和科学管理，有利于培训人才，能够带进一些通过一般的技术引进方式难以获得的先进技术，甚至取得动态技术。与外资企业相比，发展中国家与外商合资经营企业有利于发展中国家大量老企业的技术改造，可以借助对方的销售网络，扩大产品出口。

外资与发展中国家合作经营企业的最大特点是合作方式较为灵活，发展中国家投资者可以无形资产等要素作为合作条件，解决其企业投资资金缺乏的问题。允许外方先行回收投资，对外国投资者有较大的吸引力。问题是：企业利润全部归外国投资者所有，发展中国家对外资企业的监督管理难度较大，一些外商通过“高进低出”等转让定价手法避税，劳资纠纷较多。

（二）补偿贸易

补偿贸易以产品偿还进口设备、技术价款，恰似“借鸡生蛋”，适用于中小企业的技术改造，有利于扩大企业的产品出口。但补偿贸易合作周期较长，容易受国际商品市场、金融市场及生产条件变化等各种因素的影响，有一定的风险。

（三）对外加工贸易

对外加工装配业务方式灵活，一般不需设备和流动资金投入，并且合作周期较短，见效快，发展中国家没有重大债务关系，风险较小，很适合发展中国家沿海地区的中小企业的需要。但这种方式还是比较初级的对外经济合作方式，难以引进较先进的技术。由于加工料件和产品的所有权、购销权都属于外方，发展中国家企业只收取工缴费，收益较少，也无法建立自己的外销渠道。这种方式两头在外，对国际市场依赖很大，容易受市场变化的影响。由于加工装配项目多为生产轻纺等产品，花色品种更新快、交货期短、时间性强，使得内陆地区由于受地理位置和交通条件的限制较难开展这项业务。

（四）国际租赁

国际租赁是当今世界融资的重要方式之一，为发展中国家的企业提供了一条有效的融资途径。它既适用于引进成套设备，也适用于引进单项设备，既适用于引进大型设备，也适用于引进中小型设备，可广泛应用于现有企业的技术改造。但国际租赁业务的承租人所需支付的租金和费用较高，而且要承担一定的汇率风险。一些发展中国家的租赁业20世纪90年代发展不快，主要原因是有些承租企业的项目可行性研究不落实，经营管理水平不高，机器设备使用效益低，使欠租现象较为严重，这也给为企业向租赁公司提供还款担保的金融机构带来了较大风险。

（五）BOT方式

BOT（build-operate-transfer，即建设—经营—转让）方式主要用于公共基础设施建设。与发展中国家吸收外商投资的重点相吻合，采用BOT方式加快基础设施建设是利用外资方式的一个新突破。但参与BOT项目的外国公司和金融机构较多，使谈判内容复杂，时间长，并且项目公司直接与政府签订合同，政府往往要承诺保证外汇兑换以及根据通货膨胀指数调整项目的服务价格等条件，这实际上要由政府来承担通货膨胀。

第五节　经济全球化与区域经济一体化

当今世界，经济全球化的趋势不可抗拒，区域间经济合作和一体化也处于发展势头。因此，发展中国家需要为建立新的有利于自己经济发展的国际经济新秩序而努力。

一、经济全球化

经济全球化是当代世界经济发展的基本特征和总趋势，它正以不可逆转之势影响着世界经济、政治乃至其他方面的发展和变化。“全球化”这个词在世界上被广泛使用是最近20年的事情。目前学术界关于全球化概念及范围的界定，还没有形成统一意见。全球化表现为贸易、直接资本流动和转让，是通过贸易、资金流动、技术涌现、信息网络和文化交流，世界范围的经济高速融合，即世界范围各国成长中的经济通过正在增长中的大量与多样的商品劳务的广泛输送，国际资金的流动，技术被更快捷地传播，而形成的相互依赖现象。

经济全球化也可以是指在新科技革命和社会生产力发展到更高水平的推动下，随着各国经济相互依赖、相互影响的加深，各经济部门和经济环节超越国界，在全球广泛扩展的过程，是世界经济发展到更高阶段的反映。

20世纪70年代以来，科学技术的进步和社会生产力的提高，特别是信息技术和国际互联网络的发展，为经济全球化开辟了广阔前景。经济全球化的迅猛发展则是20世纪90年代以后的事。

（一）国际分工发展到新阶段

如果说过去国际分工以垂直分工为主，那么，二战后特别是最近20年来，国际分工发展成以水平分工为主，即侧重产品型号的分工、产品零部件的分工和工艺流程的分工。科技革命加强了产品结构的技术优势，促进了水平分工的发展。这种世界范围的国际分工，使得各国成为世界生产的一部分，成为商品价值链中的一个环节，有利于充分发挥各国的优势，实现生产要素的合理配置。

（二）世界贸易迅猛增长和多边贸易体制的形成

世界贸易的增长速度远远领先于世界经济的增长速度。据国际货币基金组织《2000年度报告》统计，1992—1999年世界贸易量年均增长率远远高于世界生产的增长。1997年世界贸易增长了9.7%，世界生产增长了4.1%。1998年和1999年由于受亚洲金融危机的影响，世界贸易的增长有所回落，分别为4.2%和4.6%，但仍然高于2.5%和3.3%的世界生产增长率。1985—1995年世界贸易总额占世界国内生产总值的比重从29.8%上升到35%。这说明，各国生产的产品越来越大的部分需要通过世界贸易才能得以实现，表明世界贸易对世界经济的拉动作用增强。1995年1月1日，世界贸易组织取代原有的关贸总协定正式诞生，标志着世界贸易进一步规范化，世界贸易体制开始形成。截至2001年底，世界贸易组织拥有成员144个。它的基本原则和宗旨是：通过实施市场开放、非歧视和公平贸易等原则，达到推动实现世界贸易自由化的目标。可见，世界贸易组织的建立标志着以贸易自由化为核心的多边贸易体制正式确立。

（三）国际资本流动达到空前规模

联合国贸易与发展会议认为全球跨国投资的总流量连续迅猛增长，1991—

1996 年对外直接投资年均增长率为 11.8%，而同期世界出口贸易额年均增长率为 7%，后者大大低于前者。另外，一个引人注目的现象是，不论在世界贸易中所占份额，还是吸引的跨国投资总额，发展中国家所占的比重都在增加。直接投资额的快速增长表明各国在经济上相互依赖不断加深，而吸收外国直接投资主体的多元化表明，生产的水平分工在世界不同国家之间得到了进一步发展。

（四）金融国际化进程加快

金融国际化的最早模式是欧洲货币市场。20 世纪 90 年代以来，这一进程大大加快。为了提高效率，增强自身的竞争能力，西方国家的大银行纷纷进行大规模收购和合并。1998 年以来金融机构合并数量和金额屡创论录。这些巨型国际金融机构通过全球性经营战略，在全球范围内追求利润的最大化，进一步推动了金融全球化的发展。由于金融市场的波动远远大于商品市场的波动，日益庞大和发达的国际金融市场很可能使投资者面临更大的风险。对一国而言，在金融领域对外开放过程中受外部冲击的可能性也在加大。

（五）跨国公司对世界经济的影响日增

跨国公司可谓当今世界经济领域最重要、最具活力的因素，在加速经济全球化方面发挥着主导作用。联合国贸发会议 2000 年 8 月的统计数字显示，跨国公司控制着 90%的国际直接投资、60%～70%的国际技术、50%～60%的国际贸易和 40%以上的世界生产。为了参与竞争，许多跨国公司把全球化作为其中心战略，并展开了全球跨国兼并与收购。与此同时，跨国公司之间还通过组建战略联盟，在技术上相互取长补短，来提高竞争实力。跨国公司的发展是当前经济全球化的最好代表。

（六）国际经济协调的作用加强

国际经济协调是世界经济全球化、一体化的一个重要表现形式，主要用来协调各国间的经济矛盾。西方七国首脑会议是发达国家经济协调的主要机构。世界银行、世界贸易组织和国际货币基金组织等国际性经济组织则在全球范围内协调国际经济关系。在墨西哥金融危机和亚洲金融危机中，国际货币基金组织发挥了重要作用。①

（七）经济全球化的影响和作用

从总体上和综合研究的角度看，经济全球化对世界政治、经济具有十大影响：第一，各国经济相互依存进一步加强；第二，经济全球化与科学、技术的进步相互作用，人类已经进入信息社会；第三，国家主权在一定程度上受到冲击；

① 阎瑾：《当代世界经济的新图景》，载《教学与研究》，2001（5）。

第四，各国产业结构调整进一步深化，在全世界范围内形成生产体系；第五，世界贸易自由化进一步发展，全球性市场日趋形成；第六，推动国际企业合并和兼并，跨国公司的经营战略也随之发生变化；第七，国际金融市场风险加大，迫使国际金融机构加强监管职能；第八，使国际关系发生深远变化，相互协调将成为时代的主旋律；第九，给发展中国家追赶世界经济发展水平创造了机会，同时也提出严峻挑战；第十，全球性国际问题日益增多。①

二、区域经济一体化

在当代世界经济全球化加速发展的同时，不能忽视区域经济集团化也在不断取得进展，区域经济集团化与经济全球化并行发展。

（一）区域经济一体化的概念

区域经济一体化是指某区域内两个以上的国家或地区，为了实现资源跨越国界的优化配置，发挥规模经济效益，通过制定条约、协定、法律，采取共同的经济方针、政策和措施，实行经济联合的过程。区域经济一体化按照一体化程度的不同，由低到高主要有六种形式，即特惠关税区、自由贸易区、关税同盟、共同市场、经济同盟和完全的政治经济一体化。

（二）区域经济一体化的主要组织

迄今为止，世界上区域经济一体化组织有百余个，绝大多数国家都参与了区域经济一体化进程。其中最具有代表性的组织有三个：欧洲联盟、北美自由贸易区和亚太经合组织。

欧洲联盟的前身是欧洲共同体，起步于20世纪50年代初。欧盟各成员国现已实现商品、人员、资本和服务的自由流通，欧洲统一大市场已经形成。1999年欧元又正式启动，欧洲货币联盟开始运转。在2000年的尼桑首脑会议上，欧盟决定建立快速反应部队，加快欧洲独立防务进程。欧盟正在由经济一体化大步走向政治、军事一体化，并准备向东欧扩展。截至2004年5月，欧盟有成员国25个，人口4.5亿，国内生产总值总量超过美国，是当前世界上一体化程度最高、实力非常雄厚的区域一体化组织。

与欧盟相比，北美自由贸易区起步较晚，它是1994年1月由美国、加拿大和墨西哥3国签署生效的，决定在15年内取消贸易壁垒，建成北美自由贸易区。北美自由贸易协定自生效以来，三国经贸联系不断加强，经济正朝着一体化方向

---

① 王和兴：《全球化对世界政治、经济的十大影响》，载胡元梓，薛晓源主编：《全球化与中国》，22～36页，北京，中央编译出版社，1998。

不断发展。

亚太经合组织成立于1989年11月，最初它只是一个区域性经济论坛和磋商机构。1993年11月，在美国西雅图召开了成员国第一届非正式首脑会议，开始了地区经济一体化进程。亚太经合组织的特点是“开放的地区主义”，是以建立在充分自愿基础上的“协商一致的单边方式”为主要实施方式，也有人把亚太这种合作方式称为“亚太大家庭模式”。到2005年，亚太经合组织拥有成员国21个，人口24.7亿，国民生产总值超过世界的二分之一。

此外，拉美和非洲也在探索区域经济一体化道路。1991年3月，巴西、阿根廷、乌拉圭和巴拉圭建立南方共同体，四国间的贸易额迅速增加。非洲区域性经济合作组织主要有非洲经济共同体、南部非洲发展共同体、东非共同体、西非国家经济共同体、马格里布联盟等。2000年7月12日，非洲统一组织25个成员国签署了非洲联盟文件。但是，由于各国存在分歧，非洲区域经济一体化还任重道远。①

三、建立国际经济新秩序

经济全球化在某种程度上使得发达国家和一些发展中国家在经济发展方面业已存在的差距进一步扩大，究其原因是多方面的，但最根本、最重要的根源之一就在于全球化的国际经济制度体系，即至今依然存在的不合理、不公正、不平等的国际经济旧秩序。

首先是以不合理分工为特征的国际生产体系。长期以来，发达国家垄断高科技产品的工业生产，发展中国家则作为它们的原料、低级工业品供应地和产品销售市场，这一大的国际分工格局并没有随着经济全球化的发展而发生向合理化调整的重大改变。虽然发展中国家在二战后几十年来，在工业化、产业结构的升级和合理化等方面取得了较大的进展，包括接受了西方发达国家转移出来的部分产业，但应该看到，由于西方发达国家在向发展中国家转移产业时有意控制关键性技术，尤其是近十多年来西方发达国家迅猛地推进了新科技革命和经济“软性化”的结构调整，又将多数发展中国家远远甩在了后面。主要发达国家的经济已开始从工业化经济走向信息经济，新兴的金融服务业，以计算机、网络等为代表的高技术产业已成为新的主导产业。因此，虽然发展中国家整体的生产力水平有所提高，但在国际生产体系内存在的分工不合理的状况依然如故。

其次是不合理的国际贸易体系的存在。二战后至今，支撑世界贸易体系的制

---

① 阎瑾：《当代世界经济的新图景》，载《教学与研究》，2001（5）。

度框架是关贸总协定（GATT）和后来的世界贸易组织（WTO）。关贸总协定是一个多重结构的复杂体系，其宗旨是推进自由贸易，取消差别待遇，包括解决国际贸易中出现的经济纠纷等问题。GATT 从 1947 年成立以来，共组织和举办了八次多边谈判。前五次以关税谈判为主，从第六次谈判以后，议题扩大到整个贸易领域。在 GATT 推进贸易自由化的进程中，发展中国家确实也获得了一些好处。但总体上看，发达国家是最大的赢家。在“无差别”、“互惠”等原则下迅速发展的贸易全球化，更有利于发达国家在全球市场上的经济扩张。从第八次“乌拉圭回合谈判”的结果来看，所谓服务贸易、与贸易和投资有关的知识产权的自由化很明显地维护的是西方国家的利益，便利于西方国家占据绝对优势的金融服务业、高技术产业等打开和占领发展中国家的市场。就拥有巨额资产且在技术、成本、销售渠道、市场管理经验等方面占有很大优势的跨国公司和资金匮乏、规模效益差、技术层次低、市场经济经验欠缺的发展中国家的企业来说，两者之间资源禀赋有天壤之别，自由竞争的结果当然不可能是公正的，最终的利益分配有益于谁也是不言自明的。实际的情形是，世界市场的价格，不论是工业制成品的价格，还是农矿原料和初级产品的价格，基本上不是由发展中国家，更不是由经济上十分贫弱的国家所左右，而是由少数发达国家的某些利益集团所操纵和决定的。WTO 继承了 GATT 的国际贸易制度框架，并且将其制度和规则进一步扩大到农产品、服务贸易、投资和技术领域，而这些领域发达国家占据绝对优势。

再次是不合理的国际金融体系的存在。1944 年 7 月 1 日，世界反法西斯同盟国代表召开了布雷顿森林会议，签署了成立国际货币基金组织（IMF）和世界银行的协定，这两大金融组织是美国二战后经济霸权体系的重要组成部分。1971 年 8 月 15 日，美国宣布美元与黄金脱钩；1973 年，主要西方国家纷纷从固定汇率制转向浮动汇率制。这样，美国的霸权受到削弱，布雷顿森林体系解体，此后的 IMF 和世界银行变成了发达国家的代言人。20 世纪 80 年代以来，趁发展中国家资金短缺和对发展中国家提供援助之机，IMF 和世界银行逼迫借贷国和受援国接受苛刻的附加条件，直接要求发展中国家改革国内体制，甚至包括政治体制以及调整宏观经济政策。例如，1980 年，世界银行提出了“结构调整贷放”（SAL）的贷放制度，规定了严格的贷款条件；1986 年，IMF 制定了同样精神的“融资结构调整”（SAF）的融资制度；东亚金融危机后，IMF 和世界银行在提供财政援助时附加条件，要求亚洲国家采取紧缩的货币政策和更加自由的贸易政策。IMF 和世界银行的做法集中体现了发达国家的意图，实际上等于把发达国家的经济政治制度强加给发展中国家，为发达国家的经济全球化服务。

建构全球性规则和制度体系，从途径和性质来看，主要有两种理论模式：一种是某强国或强国集团凭借绝对的经济和政治实力，直接将其国内规则延伸为国际规则，主要由该国或国家集团为全球提供制度，由此而产生的制度体系可以称为霸权或霸主体制；另一种则是各国相互协调，在融合多国的国内规则的基础上产生新的国际规则，即各国共同提供全球性的制度。它产生的基础是没有绝对的霸主，各国实力相对均衡。在这种基础上产生的国际规则模式，可以称之为协调体制或对称体制。①

现有的国际经济制度体制从根本上来看是一种以美国为首的发达国家主导的霸权体制，在这种体制下的国际经济新秩序必然具有不公正、不平等、欠稳定等重大缺陷，在这种秩序下的全球化也只能是一种片面的资本主义的全球化。合理、公正的国际经济新秩序应该是建立在各国平等协商、确保共同利益的基础上，能够促进世界和平和全球经济的相对均衡、稳定和顺利的发展。从这个意义上来说，争取建立对称体制形式的国际经济新秩序是国际社会的一种较为理想的选择和长期的奋斗目标。

发展中国家应当力争成为全球化规则的参与者和制定者。当今世界的全球化进程虽然是由发达国家主导的，但发展中国家并非无所作为，前景也并非完全黯淡。全球化作为世界经济发展的一种潮流，是不可逆的。发展中国家应该参与全球化，积极应对全球化的挑战。

加强南南合作，采取合作与斗争并重的策略，逐渐推动建立公正、合理的国际经济新秩序。发展中国家和发达国家在经济领域，特别是贸易、货币、金融领域的合作和对抗交织在一起，既相互依存和合作，又彼此对立和斗争。而且，合作的趋势在不断加强，斗争的力度有所降低。

经济全球化在客观上加强了世界各国经济的相互依存，使南北经贸关系与过去相比具有了“非零和博弈”的特性，这使更多的合作成为可能。但应该指出的是，南北方国家在建立国际经济新秩序问题上的矛盾和斗争并没有也不会因此而趋于消失。②

建立国际经济新秩序的目标可以划分为五大类，主要包括：

第一，援助问题。发达国家应完成联合国规定的官方发展援助目标，即援助额应达到发达国家 GNP 的 0.7%。发达国家应为发展中国家提供技术援助，帮助解决发展中国家的人才外流问题。发达国家应重新安排发展中国家的债务，还应将裁军节省下来的资金用于发展援助。

---

① 雷达，于春海：《全球化影响的制度思考》，载《世界经济》，2000（4）。

② 贾都强：《全球化与建立国际经济新秩序》，载《当代亚太》，2001（4）。

第二，国际贸易问题。发达国家应改善发展中国家的贸易条件，消除关税和非关税贸易壁垒，对发展中国家实行普遍优惠制。应推行“综合商品方案”，建立缓冲储备，成立发展中国家的生产者联合会，稳定发展中国家的出口价格，保证公平交易。应制定国际粮食方案，帮助发展中国家发展农业生产，保证基本的粮食需求。应帮助发展中国家扩大出口，实现经济多样化。应改善和加强不同社会经济制度的国家之间的贸易关系，并加强发展中国家之间的经济和技术合作。

第三，国际金融和投资问题。应改革国际货币制度，利用特别提款权作为发展援助和国际货币制度中心储备资产。应保证发展中国家充分参加世界银行和国际货币基金组织的决策。应建立向发展中国家转让技术、资源的机制。应管制和监督跨国公司的活动，消除限制性的商业措施。应公平利用自然资源和海洋资源。

第四，社会问题。首先应帮助发展中国家获得更公平的收入分配和提高就业水平，其次为劳动者提供卫生、教育、文化服务。

第五，政治和制度问题。首先应保证国家的经济主权；其次，对于受外国占领、殖民地统治或种族隔离的国家、地区不利影响的人民应予赔偿；再次，在全球、地区和部门各级建立协商制度，以促进工业发展。

国际经济新秩序建立，当然会直接损害发达国家的利益。为此，发达国家的政府、学者采取种种形式反对发展中国家建立新秩序的斗争。因此，争取建立国际经济新秩序是一项长期、复杂而艰巨的斗争。

思考题

1. 简述比较利益观点。
2. 简述实施出口替代战略的政策措施。
3. 发展中国家发生债务危机有哪些原因？
4. 世界贸易组织的基本原则和宗旨是什么？

第十一章

制度与经济发展

传统的经济学理论，包括早期的发展经济学理论，对发展的制度因素有所忽视。实践证明，制度是影响发展中国家经济发展的一个重要因素。制度与经济发展的关系是发展经济学的重要内容之一。根据新制度经济学理论，制度的起源、制度变迁与创新、国家供给制度等等都与经济发展密切相关。有效率的制度促进经济增长和发展；反之，无效率的制度抑制甚至阻碍经济增长和发展。

第一节　发展的制度因素

一、制度及其构成

在新制度经济学产生以前，传统的西方经济学，包括发展经济学，其理论暗含的一个假定是制度没有成本，制度不影响到经济发展的效率。因此，在分析中忽视经济发展中制度因素的影响；新制度经济学不仅扩展了制度的内涵，并认为制度的供给与运行是有成本的。

（一）制度

制度是一种行为规则，这些规则涉及社会、政治及经济行为。例如，它们包括管束结婚与离婚的规则，支配政治权力的配置与使用的宪法中所内涵的规则，以及确立由市场或政府来分配资源与收入的规则。

发展经济学家舒尔茨关于制度的定义被以后研究制度的学者所接受。他认为，制度主要包括：(1) 用于降低交易费用的制度，如货币、期货市场等；(2) 用于影响生产要素的所有者之间配置风险的制度，如合约、分成制合作社、公司、保险、公共社会安全计划等；(3) 用于提供职能组织与个人收入流之间的联系的制度，如财产制度等；(4) 用于确立公共品和服务的生产与分配的框架的制度，如高速公路、飞机场、学校和农业试验站等。

在新制度经济学分析框架里，制度作为研究的对象，有着丰富的内涵，包括：

(1) 制度与人的动机、行为有着内在的联系。从深层次看，历史上的任何制度，都是当时人的利益及其选择的结果。人们的任何社会经济活动都离不开制度，什么事能做什么事不能做实际上就是个制度（即规则）问题。正统经济学家也讲人的动机及行为，但他们假设人是理性地追求效用最大化的。在新制度经济学看来，人理性地追求效用最大化是在一定的制约条件下进行的，这些制约条件就是人们“发明”或者“创造”的一系列规则规范等。如果没有制度的约束，那么人人追求效用（或收入）最大化的结果，只能是社会经济生活的混乱或者低效率。

(2) 制度是一种“公共品”。制度是一种公共规则，这是就制度的最终状态来说的。制度作为一种“公共品”又与其他“公共品”（如广播或电视信号等）有一定的区别。这主要表现在：第一，一般公共品都是有形的，表现为具体的实物，如城市公共设施的建设等；而作为“公共品”的制度则是无形的，它是人的观念的体现以及在既定利益格局下的公共选择，或者表现为法律制度或者表现为规则及其规范，或者表现为一种习俗。第二，一般公共品不具有排他性，即在一定范围内人人都可享用公共品；作为“公共品”的制度，有的可能具有排他性，如对大多数人有益的制度可能对少数人不利，因为一些制度（或规则）是根据少数服从多数的原则形成的。

(3) 制度和组织是不相同的，制度是社会游戏的规则，是人们创造的、用以约束人们相互交流行为的框架。如果说制度是社会游戏的规则，组织就是社会玩游戏的角色。组织是由一定目标所组成、用以解决一定问题的人群。经济组织是企业、商店等，政治组织是政党、议会和国家的规制机构等。

在理解“制度”内涵的过程中，必须要把“制度”与“制度安排”的关系搞清楚。新制度经济学家经常使用制度安排这一概念。制度安排的定义是：管束特定行为模型和关系的一套行为规则。在新制度经济学看来，制度安排是支配经济单位之间可能合作与竞争的方式的某种安排。或者说，制度安排是制度的具体化。制度安排可能是正规的也可能是非正规的。

制度安排至少有两大目标：一是提供一种结构使其成员的合作获得一些在结

构外不可能获得的追加收入；二是提供一种能影响法律或产权变迁的机制，以改变个人（或团体）可以合法竞争的方式。

制度安排与人和人之间的“契约关系”有着内在的联系。所以，也有人把制度定义为人与人之间关系的某种“契约形式”或“契约关系”。

（二）制度构成

对制度的构成或制度结构的剖析，是制度分析的基本理论前提。新制度经济学认为，制度提供的一系列规则由社会认可的非正式约束、国家规定的正式约束和实施机制所构成。这三个部分就是制度构成的基本要素。

1. 非正式约束

非正式约束是人们在长期交往中无意识形成的，具有持久的生命力，并构成代代相传的文化的一部分。社会公认的行为规则和内部实施的行为规则，即非正式约束的产生和运行，减少了衡量和实施成本，使交换得以发生。但是，非正式约束又存在一定的局限性。如果没有正式约束，缺乏强制性的非正式约束就会提高实施成本，从而使复杂的交换不能发生，影响经济发展的效率。非正式约束主要包括价值信念、伦理规范、道德观念、风俗习惯、宗教信仰、意识形态等因素。

（1）意识形态可以被定义为关于世界的一套信念，它们倾向于从道德上判定劳动分工、收入分配和社会现行制度结构。意识形态的制度性作用可概括为：它是个人与其环境达成“协议”的一种节约费用的工具，它以世界观的形式出现从而简化决策过程，换言之，好的意识形态能降低社会运行的费用；它所内在的与公平、公正相关的道德和伦理评价明显地有助于缩减人们在相互对立的理性之间进行非此即彼的选择时所耗费的时间和成本；当人们的经验与意识形态不一致时，他们便试图发展一套“适合”于其经验的合理解释，即新的意识形态来节约认识世界和处理相互关系的费用。

意识形态在经济发展中的功能主要表现为：第一，意识形态是一种节约信息费用的工具。第二，成功的意识形态能有效地克服“搭便车”问题，而任何组织生来就受到“搭便车”问题的困扰。第三，意识形态能减少强制执行法律和法院的费用以及实施其他制度的费用。

（2）习惯可以定义为：所有在正式规则无定义的场合起着规范人们行为的作用的惯例或作为“标准”的行为。在规则没有定义的场合，通常只能表现为前人或多数人或年长的人的榜样式行为。习惯于是可以被理解为由文化过程和个人在某时刻以前所积累的经验所决定的标准行为。诺思称这种过程为“习惯性行为”。

2. 正式约束

正式约束是指人们有意识创造的一系列政策法则。正式约束包括政治规则、经济规则和契约。由这一系列的规则构成一种等级结构，从宪法到成文法和不成文法，到特殊的细则，最后到个别契约，它们共同约束着人们的行为。

正式约束也叫正式规则。这些规则可作这样的分类：(1) 界定两人在分工中的责任的规则；(2) 界定每个人可以干什么，不可以干什么的规则；(3) 关于惩罚的规则，约定对第二项（即可以干什么，不可以干什么）规则的违反要付出什么样的代价；(4)“度量衡”规则，交换的各方需要约定如何度量每个人的物理投入与物理产出，在此基础上才可能确定交换的价值量。

社会越复杂越能提高正式约束形成的收益率。这是因为任何规则的制定及其实施都是需要成本或费用的，规则适用范围越广，那么规则实施的边际成本也随之下降。换言之，规则的实施也有一个“规模经济”的问题。

3. 制度实施机制

制度构成的第三个部分是实施机制。判断一个国家的制度是否有效，除了看这个社会的正式规则与非正式规则是否完善以外，更主要的是看这个社会制度的实施机制是否健全。离开了实施机制，那么任何制度尤其是正式规则就形同虚设。“有法不依”比“无法可依”更坏。在现代国家里实施正式约束的机制是国家，包括公民会议、政府、立法司法执法机构等等。

二、制度分析的一般工具

如前所述，制度是规范人们行为的一系列规则。但同时，制度也是人类活动的产物。作为人类活动产出的制度，它在本质上与人类经济活动的其他产物如商品和服务一样，并无差异。制度的产生，同样符合微观经济学中广泛使用的供给—需求分析方法。换言之，一项制度的出现，是制度的需求力量与制度的供给力量均衡的结果。这是制度分析的最基本的思想。

1. 制度的需求分析

制度需求分析的关键，在于对制度的成本与收益的比较。

正如“世界上没有免费的午餐”一样，作为人类活动的一种结果，制度的形成和执行也是有代价的。这种代价，我们称之为制度的成本。在新制度经济学中，制度的成本被一个更专业的术语“交易费用”所代替。所谓交易费用，是指人们在形成一项制度安排时所花费的收集信息的费用、谈判的费用、签约的费用以及制度达成后在执行过程中带来的执行费用和监督费用。进一步说，交易费用是由事前交易费用（即收集信息、谈判、签约等费用）和事后交易费用（即制度的执行和监督费用）组成。

既然制度本身是有代价的，那么人们之所以愿意采用这种或那种制度，也是有原因的。只有当人们通过采用制度给当事人所带来的某种好处能够抵消这种成本时，人们才会去设计或执行某种制度。换言之，制度除了有代价外，更应当是有收益的。这种收益或者体现为减少了当事人的风险，或者体现为直接的经济收入，或者体现为能实现当事人更高的伦理观和道德观取向而带来的更大的心理满足程度。总之，一项合理的制度，一定能给当事人带来收益。正是制度的收益能够大于制度的成本，才使制度的出现具有经济的合理性。

从制度的需求来看，一项制度之所以被需要，是由于人们预期实行制度后所带来的利益，能够超过为制定和实行制度所造成的交易费用。这一过程，与一个消费者在面临受约束的选择集时所作的消费决策，并无二致，它仍符合成本—收益分析法则。这里需要指出的是，在制度分析中，成本—收益法也是建立在边际分析的基础上。也就是说，人们将在对制度的边际成本和边际收益的衡量的基础上，来考虑对制度的需求。

2. 制度的供给分析

与普通的商品和服务的供给不同，作为制度的供给方，往往不是单一的生产者或厂商，而是一个行动团体。制度的供给往往是一个集体行动的结果。而在集体行动过程中，作为集体成员的当事人，在缺乏约束的情况下，通常会有一种坐观其成的思想。由此而滋生的“搭便车”问题，则会严重地影响集体行动的后果与效率。因此，在新制度经济学中，围绕对制度供给方法的分析，产生了一套独特的分析方法，即集体行动的分析法。集体行动的分析方法，实际上是将公共选择理论与博弈论应用到对制度供给的分析中去，其核心是要解决如何通过决策规则和决策程序的设计。来有效防止“搭便车”的问题。

交易费用分析法和集体行动分析法，共同构成了制度分析中的一般工具。

三、制度变迁

1976 年，诺思等人在多年研究的基础上，出版了《制度变迁与美国经济增长》一书。在该书中，诺思和戴维斯构建了一个比较成型的制度变迁理论框架。这一框架就是制度变迁理论的基本原型，我们称之为“诺思—戴维斯模型”（North-Davis Model）。

1. 制度变迁理论的基本概念

（1）制度安排与制度环境（结构）。所谓制度安排，是支配经济单位之间可能合作与竞争方式的一种安排，它是在特定领域内能够约束人们行为的一组规则。而制度环境则是一系列用来建立生产、交换与分配基础的基本的政治、社会和法律基础规则，是一项具体的制度演变和发展的制度背景。我们通常所讨论的制度变迁，一般是指某一制度安排发生变化，而不是整个经济体系中的制度环境的变迁，制度安排的变化是制度变迁的对象。

（2）初级行动团体与次级行动团体。初级行动团体，是制度变迁过程中的一个决策单位，这一单位可以是个人，也可以是组织。这些个人或组织能够认识到存在一些收入（这些收入是现在所难以获得的），只要他们能做出某项制度安排，这些收入就可能增长。这些个人或组织，就是前面论及过的熊彼特意义上的企业家，正是他们发现潜在的利润，并启动和安排制度创新的进程，以获取这种收入。

而次级行动团体，也是制度变迁中的一个决策单位。他们主要是帮助初级行动团体进行一些以获取收入为目的的制度安排变迁。一般而言，次级行动团体只能通过一些策略性决定，来帮助初级行动团体去获取潜在的收入，他们的行动却不会使潜在的收入有任何增长。初级行动团体和次级行动团体，都是制度变迁过程的实施主体。

（3）制度装置。制度装置是指行动团体所利用的文件或手段，当这些装置被应用于新的安排结构时，行动团体利用它们来获取外在于现有制度结构的收入。制度装置是制度变迁的实施机制。

2. 制度变迁的基本动力和诱因

正如我们在前面所指出的，制度能够给当事人带来利益。但在不同的制度之间，这种利益的大小往往会存在差异。因此，人们出于对自身利益不断增进的要求，会不断地寻求能够带来更高利益的制度安排。这一点，可以说是制度变迁的基本动力。

如果一项新制度能够比原有制度带来更多的利益，这就意味着，这些新增的利益是在原有经济安排中所无法获得的。相对于既定制度下的利益而言，这是一种“外部利益”或“外部利润”。这种外部利益来源于四个方面。

（1）规模经济。在主流经济学中，规模经济通常被视为一种技术现象。但一个客观事实却是：产业在规模扩张的同时，不仅受着技术的约束，同时也受着资本的约束。而资本的形成和供给则是一种制度安排的结果。可以设想，如果没有现代融资体系，那么建立大规模的工业是不可能的。所以，人们出于对规模经济利益的追求，会寻求更有效的资本安排制度。

（2）外部性。外部性是经济学中一个极其重要的概念。外部性的存在，使当事人的收益与成本不对称。这也意味着社会并未达到帕累托最优，而通过新制度安排来使这种外部性内在化，则可以增加社会的总净收益。

（3）克服对风险的厌恶。风险的存在是削减经济活动的一个因素。由于现实中的大多数人都是厌恶风险的，而且这种风险厌恶的程度会随偶然性的增加而增强。因此，人们更倾向于进行有更为确定结果的活动，而避开那些报酬变化很大而难以捉摸的活动。但由于利润的预期值在高风险行业要高于低风险行业，所以，如果有能够克服厌恶风险机制的创新，则可以增加总利润，并受到人们的特别关注和追求。例如期货市场和保险公司，就都是克服对风险厌恶的制度创新。

(4) 市场失败和不完全市场的发展。在传统理论中，市场通常被设定为完全的，往往也意味着信息是充分的。但实际生活中，信息并不是免费的，更不是充分的，因此完全的市场并不存在。一般而言，信息成本越低，则市场的运作会越好；而信息成本又是交易费用的主要组成部分，高昂的信息成本则意味着高昂的市场交易费用。因此，通过设计能够降低信息成本的制度，不仅可以克服市场失败并促进不完全市场的发展，而且还能降低交易费用，增加社会的净收益。

新制度的出现，目的就是为了获得这些外部利润。但必须指出的是，在具体变迁实现之前，外部利润并不是一种现实的利得，它们仍然只是一种潜在的收入。这种潜在收入能否真正得以实现，还取决于具体的制度变迁过程。

3. 制度变迁的过程分析

对制度变迁的过程分析，是整个制度变迁理论的核心。

(1) 制度均衡与外在冲击。对于一种既定的制度安排，如果它具有如下特征：制度安排的调整，已经获得了所有要素所产生的全部潜在收入的增量；或虽然存在潜在收入，但改变现存安排的成本超过这些潜在收入；或如果不对制度结构做出某些改变，就没有可能实现收入的重新分配，我们就可以认为，这种制度安排正处于一种均衡状态，在这一状态下，现存制度的任何改变，都不能给经济中的任何个人或团体带来额外的收入。

但是这种均衡并不是一成不变的。在存在外部冲击的情况下，这种均衡状态会转化为一种不均衡状态，原有制度内部的利益分配状态将发生变化，而这就使新制度的出现成为可能。一般认为，造成既有制度均衡失衡的外部冲击有三种。

第一，改变制度创新潜在收入的外部冲击。某些外在性变动可能会导致从前不存在的外部效应产生，从而会使风险得到调整，交易费用转移，并使服从报酬递增的新技术得到应用。这种外部冲击可能增加潜在收入，从而使制度变迁的预期收益增大。

第二，可能会降低现有制度向新制度更替过程中的成本的外部冲击。新的安排技术的发展，非经济部门的安排的变化，或是在新的或竞争性安排中使用要素的相对价格发生了变化，都可能使组织或操作一个新制度安排的成本发生变化。

第三，法律或政治上的某些变化，也可能影响制度的结构，使得某一集团实现一种再分配，或趁机利用现存的外部利润机会成为可能。一些基本制度（如宪法、秩序）的改变，能为制度的更替提供更为宽松的环境，这种宽松的环境或者意味着潜在收入的增加，或者意味制度变迁成本的减少，或者兼而有之。但不管其最终结果如何，更为宽松的制度能使制度变迁更加顺利这一点，则是不容怀疑的。

（2）导致制度变迁中成本与收益变化的重要因素。事实上，现实中的外在冲击往往是多种的。这就是说，一种外部冲击有可能影响到制度变迁的收益，但另一种外部冲击却有可能会影响到制度变迁的成本，更有甚者，有时一种冲击会影响到成本与收益两方面。对此，诺思从美国经济发展的历程中，总结出对制度变迁中的成本与收益有着显著影响的几种因素。

第一，市场规模。市场规模的变化，能够改变特定制度安排的利用和费用。在市场规模扩大的过程中，由此而带来的搜集信息成本，或排除非参与者的成本，有时并不伴随交易量同比变化，甚至还会具有成本递减的特性。这正是一种规模经济。

第二，技术。技术对改变安排的利益有着普遍的影响。这主要体现在：技术具有规模递增的特性，因此建立更复杂的组织是有利可图的；在技术带来规模经济的同时，也使工厂制度成为现实，而工厂制度发展过程的聚集经济效应又形成了现代的城市工业社会，由此而带来的广泛的外部效应又促使了制度的进一步发展；技术变迁还降低了制度安排的成本，特别是信息技术与通讯技术的出现和创新，既使信息成本下降，同时也带来了组织成本的下降。

第三，知识积累。知识的积累和教育体制的发展，会使信息接受主体、信息搜集与传播手段以及信息资料本身，都得到全面改善，从而可以减少与某些制度安排、革新相联系的成本。

第四，社会公众预期的变化。一个社会中各种团体对收入预期的修正，会导致它们对新制度安排的收益和成本评价的全面修正。如在大萧条对人们的巨大冲击之下，国家干预成为一种人们能接受而取代原有完全自由经济的制度安排。

第五，组织费用的承担。如果一个团体或单位，其组织费用因某种原因已有其他的主体愿意承付，则制度安排的成本可以显著减少，从而可以把一种制度安排的边际成本尽量调低，并足以有利可图。

第六，国家权力。政府权力的稳固上升，以及它对国家经济控制力的增强，可以显著地减少政府性安排所带来的革新成本。其中政策的公信力是一个主要的方面。政策公信力的强弱会直接影响到其实施效率。如果一个政府性安排为人们所接受，那么它推行革新的政治成本就会下降。

此外，诺思还分析了制度环境的变化对潜在收益与变迁成本的影响。他指出，一项制度变迁的安排，必须符合社会中现有的行为规范和价值标准，否则，这项制度安排的变迁成本将相当大。这其实就是我们在前面已谈到的“相容性”原理，在此不再赘述。同时，制度环境中政府的规模、构成或规则的变化，也往往会使安排创新的成本收益随之发生变化，从而也会使制度安排的变迁发生变化。

(3) 制度变迁中的层次和时滞。在制度均衡存在外在冲击时，制度变迁有了可能性。但这种制度变迁究竟会在什么时候，由谁来实施，仍然是不确定的。这涉及制度变迁的层次问题和时滞问题。

由于在制度安排中，存在三个层次的（个人、自愿性组织和政府）主体，由此也衍生出制度变迁的三种方式：个人推动的制度变迁，组织推动的制度变迁，以及政府推动的制度变迁。至于现实中的制度变迁，究竟会由哪一个层次来推动，这取决于两个因素：一是每种层次安排中各自收益和成本的比较状况。在其他条件不变时，预期净收益最大的那一层就是制度变迁的推动力量。二是在制度安排中受影响团体所拥有的影响力。由于制度变迁通常涉及利益的再分配，受影响的团体权力越大，就越有可能左右制度安排的选择层次。

所谓制度变迁中的时滞，是指从潜在利润的出现，到使这种利润内部化安排革新之间的间隔时间。它包括：发现潜在收入和组织行动团体的时间（即诺思所说的“认知和组织”）；发明和设计新制度安排的时间（“发明”）；面对制度安排的选择集，从中比较和挑出最佳安排的时间（“菜单选择”）；制度变迁的启动时间。一般而言，如果潜在利润愈大愈确定，则启动时间愈短。

制度变迁中时滞的存在，尽管是一种正常且客观的现象，但我们却希望一项合理的制度变迁，应尽可能缩短时滞。然而既有的法律和制度安排状态，却可能会使这种时间间隔拉得很长。这是因为现存的法律和其他安排结构的存在，不仅制约了制度创新的范围（这在短期内尤为明显），而且还影响到安排创新需要的酝酿时间。同时，现存的制度技术状态，也可以使时滞变长。在原有制度尚具有一定价值时，人们往往会继续对之加以利用，而不会遽尔推翻。因为人们利用旧制度的动机，与利用旧机器的动机一样，只要还有残余价值，就不会轻易抛弃。而发明新制度的困难性，也是导致时滞变长的第一个原因。

(4) 制度变迁的过程。在了解以上概念之后，我们再来理解诺思对制度变迁过程的分析，就变得比较容易一些。假设现有某些人，或这些人所组织的团体，发现了存在于既有制度之外的潜在利润（这里认知潜在利润和进行组织所需时间构成了时滞 1），他们于是设计和发明出一种制度安排，以获取这种潜在利润（设计和发明所需时间构成时滞 2）。但这项制度安排，究竟是由个人层次来推行，或由组织层次来推行，抑或由政府组织来推行，这时并未确定。而这种新制度方案作为可供选择的制度菜单中的一项，尚有待挑选、比较和评判（这种菜单选择时间构成时滞 3)。当个人、组织、或政府，在对于实行该制度所得收益，与推行该制度所需成本进行比较分析而求出净收益后，如果个人推行这项制度的净收益最大，则当然由个人推行（此时存在启动时滞 4），并通过一定的制度装置来捕获这种利润；如果组织的净收益最大，则理应由组织推行（同样有启动时滞 4）。这时作为推行制度安排的组织，成了这场变迁中的次级行动团体，它们同样是通过制度装置来捕获潜在利润。如果政府的净收益最大，则政府出面就势在必然，这时政府就成了制度变迁中的次级行动团体。

总之，对制度变迁过程，我们可以做如下总结：形成制度变迁的初级行动团体；提出有关制度安排的方案；各个层次根据制度变迁原则来对方案进行评估和选择；形成推动制度变迁的次级行动团体；两个团体共同努力实现制度变迁，安排选择集，从中加以比较并挑出最佳安排的时间（“菜单选择”）；制度变迁的启动时间，潜在利润愈大愈确定，启动时间愈短。

四、经济发展中的几种重要制度：产权、市场、国家

在经济发展中，制度的重要性是毋庸置疑的。特别是制度体系中几种基本的制度安排，其完善与否更决定了一国经济发展的绩效。从经济发展史的角度来看，一国经济若想取得合意的发展，它至少应在下述制度建设上加以注意。

1. 产权制度

产权制度是制度集合体中最基本、最重要的制度。所谓产权，按照德姆塞茨的定义，它是一种很重要的社会工具，有助于人们在与他人的交往中形成理性预期，这种预期一般通过社会的法律、习俗、道德规范来表现。产权的所有者拥有对自己资源的处置权，他希望社会能阻止他人对自己行为的干涉，只要这种行为又受其产权约束条件的限制；[①] 简言之，产权是一种权利，它包括一个人或其他人受益或受损的权利，是一个社会所强制实施的选择一种经济品的使用的权利。[②] 在产权经济学家看来，产权制度的变迁必然会影响人们的行为方式，并通过对行为的这一效应，产权安排会影响资源的配置、产出的构成和收入的分配等。从人类社会发展来看，对产权的界定经历了由“易”到“难”、由“简单”到“复杂”的过程，大体经历了三个阶段：第一，建立排他性的产权制度；第二，建立可转让性的产权制度，产权的交易、转让是与社会分工、市场经济制度的发展联系在一起的；第三，

---

① Harole Demsetz, Toward a Theory of Property Rights, *American Economic Review*, May 1967, p. 347.

② 科斯，阿尔钦等：《财产权利与制度变迁——产权学派与新制度学派译文集》，166 页，上海，上海三联书店，1991。

建立与各种组织形式创新联系在一起的产权制度，如股份公司制度的建立和演进等。产权制度实质上包含一组产权，其中最重要的是关于资源的控制权和资源的收益权。如果收益权与控制权相脱离，就只会有残缺产权；如果收益权与控制权被结合在一起，并落在同一主体上，那就是一个完整的产权。从人类社会经济发展进程来看，社会制度的演变都朝着建立与健全完整产权的方向发展。因此，对于发展中国家而言，建立和完善产权制度是促进其经济发展的前提和基础。

2. 市场制度

广义的市场制度，不仅包含各种具体的交易安排，还包含了诸如明确的产权制度、清晰的契约制度、灵活的金融制度，以及充分的保险制度等一系列制度。经济学理论业已证明，一种完全的市场制度是资源得到最优配置的基本前提，从而也是经济发展的基本平台。从经济史的角度来观察，人类经济发展的进程，也正是市场制度由无到有、由弱到强、由不完善到完善的过程。今天几乎所有的发达国家都拥有极其完善的市场制度，而且二战之后兴起的新兴工业化国家（NICs，New Industrial Countries）也都是积极构建市场制度的受益者。当然，市场制度的完善，还需要宪法秩序的保障和法律体系的支撑，因为它们从根本上规范和制约着一国经济体制的选择演化。

3. 国家制度

诺思曾指出，国家是一种令人感到迷惑的制度。一方面，国家可促进经济发展；但另一方面，国家也可以阻碍经济的成长。国家的这种两面性被称之为“诺思悖论”。国家之所以会有如此重要的作用，其关键在于国家是暴力潜能的拥有者。对暴力潜能的不同的分配方式，将会形成不同的国家类型：若是将这种暴力潜能在公民间平等进行分配，则会形成契约型国家；反之，则会形成掠夺型国家。前一种国家类型可以有效地保护产权，实现经济的高速增长；而后一种国家类型则会直接干预产权安排和产权交易，对产权制度造成限制和侵害，使一国经济长期停滞。

第二节　企业家精神与内源发展

发展中国家在其制度结构中最为缺乏的是企业家，并且，如何根据各个有不同文化背景的发展中国家的情况，实现调动内源动力而促进发展，也是发展中国家面临的任务。

一、企业家与企业家精神

企业家这个概念是美国经济学家熊彼特首先提出来的，后来一些发展经济学家如诺克斯、罗斯托以及制度经济学的代表人加尔布雷斯等做了进一步的补充和发挥。所谓企业家，是指有眼光，能看到潜在的市场、潜在的利益，并有能力进行创新的人。企业家的这种精神是经济成功的重要因素。但熊彼特认为，企业家和企业家精神是从中世纪后期西欧社会中产生和发展起来的，它是经济、政治、社会、文化、宗教等多方面力量起作用的产物，但在发展中国家却缺少这种企业家和企业家精神。即使个别人身上具有企业家的素质，但人数也太少，而且他们没有足够的力量做出创新的决策，摆脱不了法律和制度的阻挠。因此，在许多发展中国家，由于缺少私人企业家，这一任务不得不由国家来代替。国家可以在某些方面取代私人企业家，例如动员储蓄，提高投资率，计划安排投资，建立一些工业部门等。但私人企业家的某些素质，如首创精神、眼光、精明，却不一定为国家官员所具备。对于持续不断的经济发展来说，私人企业家和他们的这种素质，是特别重要的。从某种程度上讲，他们比物质资本更重要。较高的成就需求为什么会导致经济的迅速发展，它又是通过什么方式来促进经济发展的？麦克里兰认为，这两个因素的联接点就是企业家。

熊彼特提醒经济学家要注意企业家在西方发展工业化中所起的重要作用。他们彼此联合起来合并各自的资源，建立一个新的生产单位，进行新的生产活动。怎样解释这种现象？麦克里兰认为，迄今为止的经济学家都认为，这些企业家是被“利润动机”驱动的。但是近年来的一些经济史学家通过研究这些企业家的实际生活，发现他们中的许多人对挣钱并没有兴趣。如果说他们只是对钱感兴趣，那么，当他们挣够足够自己花的，就该马上洗手不干了。但事实并非如此。这些企业家非常关心扩大自己的事业，占领新的市场，征服野蛮的大自然，甚至做种种善事。因此，这些人的动机与其说是挣钱倒不如说是为了成就，说得明确一些，赚的钱不过是他们取得成就的一种标志。成就需求永远也不可能用金钱来满足，但金钱可以成为他实现成就需求的手段。

麦克里兰认为，要证明这个假设，需要证明两点：第一，是不是有较高成就需求的人就会发生像企业家那样的行为；第二，企业家特别是成功的企业家，是不是比其他人具有更高的成就需求。

麦克里兰认为，要将企业家行为与其他人的行为区别开，首先必须确定企业家行为的特点。他认为，企业家行为的第一个最主要特点就是冒险，或称之为革新。当然这种冒险不是盲目的，而是建立在自己的判断、知识和能力的基础上的。后来的发展证明他的决策是正确的，那么他会有一种个人的成功感。这样，他就要找到一种具有一定的失败风险的场所，在其中从事自己的事业。而通过自己的能力和努力，可以尽量避免自己的失败。相反，在做其他人按正常的方式也能做好的工作时，他并不一定很努力。同时，他也对投机性的事业不感兴趣。因为这种事业的成果不是靠个人的努力而是靠运气，他无法从中获得一种个人成就感。麦克里兰认为，在不发达国家，人们的行为往往趋向于两个极端，要么趋向于用传统的行为方式从事经济活动，要么沉溺于彩票投机。这两种行为的背后，就是较低的成就需求。而且，心理学的实验也表明，具有较高成就需求的人，往往是在有竞争的情况下才会更努力地工作。同时，他们也会对生活充满乐观主义的信念。

关于第二个问题，即企业家是不是都具有较高的成就需求，麦克里兰的研究得出了四个结论：（1）企业家的成就需求要高于非企业家参照群体的成就需求；（2）较成功的经理的成就需求要高于不太成功的经理；（3）土耳其的经理的平均成就需求水平低于美国的经理；（4）即使是在土耳其，较成功的经理的成就需求也高于不太成功的经理。

那么如何形成企业家必需的成就需求？在企业家学习中发生的变化主要表现在这样几个方面：第一，更加关心自己的事业。有人是从父辈那里继承到某种产业并交给别人经营，自己坐收其利。但在课程结束后，有人开始更多地自己进行经营。第二，某些人开始进行革新性的工作。商业中的革新活动是指在特定的时间或条件下，从事新的、不同的工作。具有较高成就需求的人所从事的革新工作，并非纯技术性的创造，它是由做好一件事的动机促成的。第三，有些人开始以不同的方式进行投资。如有个银行家原来只向那些以土地为抵押的地主贷款，但地主又很少缺钱。因此，生意冷清。但学习以后，他开始把贷款人的品格及贷款用途作为贷款的标准，这样虽然风险加大了，但他事业发展很快。第四，有些人从事新的企业。

对于发展中国家剩余劳动力转移、就业和劳动密集和便宜优势的发挥来说，日益增加的企业数量非常重要。这就需要劳动者有创业意识，全民族有企业家精神，这也是企业数量增加的基础。世界性的规律是：一国总的企业数量中，99.5%以上的企业是中小企业；一国总劳动力的65%～80%在中小企业就业；中小企业规模有大有小，平均从业人员在8～15人之间。从发展中国家与发达国家的差别来看，发展中国家每千人中的企业数量比发达国家少。比如中国每千人的企业数量2002年时不到7个，而发达国家每千人企业数量为40～55个。因此，结论是：（1）发展中国家之所以发生剩余劳动力，城镇新增劳动力不能充分就业，失业率过高，农业剩余劳动力较多，根本原因是企业数量太少，没有就业岗位；(2) 经济发展是一个每千人企业数量从几个到几十个的过程，有GDP增长但没有企业数量的增长，是一种不正常的经济增长。

二、发展中国家未来发展的战略探索：内源发展论

内源发展论，是强调以人为中心的内源发展的理论。它于20世纪70年代末和80年代初，由联合国教科文组织倡导提出。联合国教科文组织在其第一个中期计划（1977—1982年）中首次提出“以人为中心的内源发展”概念，在第二个中期计划中将之列为向发展中国家广泛推行的发展模式。该理论强调的首先是发展的内源性，即起源于内部的发展；其次，它强调以人为中心的发展，这包含两方面的意思，一方面指发展是为了满足居民的实际需要——包括经济的、政治的、社会的、文化的、道德的、精神的需要，另一方面指人民必须参与决策和发展过程；再次，它强调发展内容的整体性和协调性，既包括社会系统与生态系统的协调发展，又包括社会生活一切领域的协调发展；第四，它强调人民的文化本性和自己解决自己国家的问题；第五，它强调发展形式的多样性，主张各国人民应自觉地、自由地选择各自的发展道路；第六，它强调发展的实验性，把发展看作一个持续不断的修正过程。其中，发展中国家的文化特性又往往起着十分重要的作用，并对其他各方面的发展起重要影响。

但目前许多发展中国家在社会历史运动中，占据统治地位的简单化发展方法具有严重损害发展中国家社会和人民的历史演变的危险性。它倾向于把各项任务不妥当地归结为单一发展问题。经验证明，带有专家治国倾向的以经济主义为基础的“发展主义”思想，当它把发展的文化和质量成分、社会与人的因素排斥在行动与思考范围之外，并在实践与行动中将其压缩到最低限度时，它就面临不可克服的挫折。

发展中国家经济发展的根本重要性已得到承认和重申，现在就是要将之纳入到为真正的进步开辟道路而进行的变革的总过程之中。文化方面在各国社会发展和演变中的头等重要性已得到肯定和强调，现在就必须恢复其特性，包括其最具代表性、最真实、最深刻的所有组成部分，如社会和经济的组织方式、宗教信仰和民众实践（不仅仅是艺术、语言或民间艺术等表现形式），用以“求本溯源”，并将之作为内源的、以我为主的、均衡的和真正人类发展的催化剂。

（一）外来文化与内源文化

大多数发展中国家由于历史上的外来因素侵入而经历了漫长的异化时期，因此，在开始向未来迈进、寻求经济发展的同时，甚至在此之前，就感到迫切需要重新确立它们的文化特性，重新确立它们的历史进程的统一性。

各发展中国家的人民，由于其特性在外国统治期间土崩瓦解而已饱受创伤，因此很难接受与过去彻底割裂的社会方案，哪怕是这种方案展现了富有希望的物质未来。相反，倘若发展中国家的人民感觉到，向高级水平迈进的变革与他们过去的文化，与他们的社会和历史存在，总之与他们自己的文明之间具有连续性，那么他们就会动员起来，以热情和献身精神投身于本国具有历史意义的事业。因为“任何文明首先都是作为一种特性而存在的”，而“人”——其中包括社会的基本倾向，首先是坚持保存其本质。争取进步的斗争，应该依靠继承下来的文化和伦理价值构成的“积极内核”，同时要避免使这种积极内核过分的理想化，这样就不会忘记当前的社会矛盾，也不会忘记必须进行彻底的结构改革，制定适应特殊条件的社会经济发展方案。

在任何社会里，文化对于所有领域和社会集团来讲并不是千篇一律的。它因人而异，就像在社会内部存在着基本差别一样，就连最具有同一性的文化，也包含着种种重大的差异，这些差异的根源在于各个群体和社团的社会—文化及政治—经济的区别。各种“亚文化”往往产生于宗教归属和社会地位，如阶级、种族、地区（城市与农村）的差别和区分，造成这种情况的因素往往是社会横向和纵向的划分，例如劳动分工和阶级结构等。建立在文化基础上的内源发展，尤其在当代的复杂社会中，不应该排除“文化再划分”的现象，也不应该忘记社会结构的冲突方面。

在许多发展中国家里，发展和其他重要的社会准则一样，其基本目标往往被转移为为统治阶级的利益服务；统治阶级把广泛的居民阶层排除于决策权之外。以尖子主义——往往是在国外培养并转向外部尖子——为基础的技术官僚社会经济组织模式，重视专家的作用和行政的集中化，而忽视居民的参与和首创精神，忽视使渠道和方法、机构和程序从灵活的、实用的角度来适应各个社会实际的、演变的环境。因此，居民真正地参与发展看来不仅是一切发展行动的基本条件，尤其是成功地规划和实现内源发展必不可少的保证。没有居民的参与，一切发展的途径和政策都可能缺乏牢靠的基础，一切发展概念和模式都可能被居于统治地位的或者激进的社会集团所篡改。

不管一个民族的文化价值如何，为了适应时代的进步和需求，文化不仅应吸收本民族过去的和当代的财富，还应当吸收人类的遗产和文化价值的精华。科学技术知识和当代的政治、社会价值（民主和社会正义）已成为人类的共同财富，任何文化都不能将之排除，其中尤其是现代科技。

（二）技术、科学和内源文化

技术往往被看作是一种中性的因素，在一定条件下足以推动整个经济和社会发展。但是，实践证明，技术似乎越来越明显地受到社会的支配，社会成为它创造社会的遗传密码的某种支柱。人们在把技术引进一个社会的同时，也引进使这种技术能真正起作用所必需的社会心理因素和社会生产关系。因此，对技术的选择就是对社会的选择。

例如，在与自然界的关系方面，由于引进某些现代技术打破了生态平衡，已经发生了进化上的某种倒退现象。尤其是在农业方面，这些现代技术过分利用最肥沃的土壤，为了追求最大利润和种植最“有利可图的”农作物而完全放弃传统的农业，改变原有的耕作制度，而新的耕作制度却不能保证经过改造的耕作制度的再生产。由此，应该根据生态发展的观念全面地重新考虑技术概念。技术概念应以人与自然协调一致的原则为基础，而不再以人过分而又轻率地支配和“剥削”大自然为基础。所以，不仅应该从技术和经济的角度出发来掌握技术，而且应该从社会和文化的角度出发来掌握技术。

重新考虑科学和技术的作用并不意味着批评科学事业。而是批评那种所谓的“现代科学中心主义”，它通过武断地肯定科学的合理性来排除文化的多样性和主观性。这里要重新考虑的正是这种科学的合理性。

那种认为西方技术具有世界性的惟科学主义思想，得到认为科学和技术具有普遍性和中性的神话的支持，它的依据只不过是一种同义反复的推论：科学→普遍的知识，因此，科学界→普遍的文化。但是，既然知识是普遍的，那么文化又会变成什么呢？知识本身就是文化的组成部分。

回顾历史，科学思想的发展是不可分割地同一个社会的经济、社会和文化的发展密切相联，此外，在更大的范围内，从历史的观点出发，并根据文化对人类的贡献来考虑，文化似乎也比科学更具有普遍性。

科学为简单的问题提供解决办法，而一旦涉及真正重大的问题时，文化是不可能被代替的。技术和科学能够带来物质上的幸福，而文化通过同一性和归属性的感情，能使社会维持团结，使人类保持精神平衡。文化提供特殊的环境、特殊的结构和象征性的价值，使社会、经济交流和人的交往得以进行并且具有意义。事实上，考虑到人类的需要和希望，考虑到人类自身的特殊环境强加给它的问题、可能性和限制，文化乃是追求幸福的主要基础和艺术。技术社会的危机，在某种程度上是企图把所有的问题化成夸张地反映现实的简单问题而造成的。当无形的文化机制由于技术的入侵，或外国人或本国人以假进步和科学之名推行肆无忌惮的文化侵略政策，而开始受到破坏时，人们才会更好地觉悟到它的不可取代的作用。

诚然，不借助科学技术，不考虑到经济的规律和机制，不尊重环境的限制或不利用环境的财富，就谈不上发展。但是，只有在科学、技术、经济和环境转化为文化，或者至少尊重文化的时候才谈得上真正的发展。在这里，可以把联合国教科文组织为给发展下定义而经常使用的提法扩大成为："发展就是转化成为文化的科学（技术、经济环境等等，总之是人类的一切活动）。"实际上这就是"以人为中心的内源发展"。

（三）发展与文化

不发达的主要原因在于人为地把生活分割开来看待，在于发展中的经济、物质和技术等方面备受重视，而社会、人性、文化和精神等方面的价值虽然代表着人类在寻求真正的提高和解放时的深切期望，却从一开始就被忽视。由于经济发展高于一切，所以社会和文化的发展就被置于物质膨胀的副产品的地位。而在全面和平衡的发展中，社会、文化和人性的发展应该是经济活动根本和最终的目标。

"发展的文化方面"这个概念本身由于含义不明确，所以是靠不住的，"这个概念使人以为，发展的进程首先是经济领域的一个进程，而文化只不过是作为中心的经济进程的一个附加因素。因此，这个模仿很可能'歪曲''文化'这个概念的全部涵义和'发展'这个概念的全部涵义。"

甚至在承认"发展的文化方面"的重要性时，人们还经常倾向于采取一种知识化的方法，宣传文化的"美学"方面，把文化简化为精神的东西，简化为艺术和文学。为了给"发展以某种文化方面的内涵"，制定计划的人往往致力于处理所谓文化事业的某些方面：对纪念性遗产的保护、考古发掘、戏剧、舞蹈、民间传说、谚语、故事和艺术剧作等等，而且从国家预算中的文化经济和文化工业这个角度来看待这个问题。

尽管肯定能逐步得到充实，但是这种残存的社会文化政策只是一种缓解现行经济模式所造成的过分不平衡状态的措施，并不怀疑经济至高无上的地位和自由增长的必然结果。

如果发展过程应该被看成是社会自身的动力，是社会在求助于其自我创造能力时投入的一场真正的冒险，如果发展过程应该力求在精神、道德和物质等方面促进全人类的社会地位和个人成长，那么每个社会都应该根据自身的情况和愿望在作为任何社会的支柱即最广泛意义上的文化的基础上，从考虑"国民生产总值"过渡到考虑"国民收益"或者"国民总福利"，最好是"每个人的总福利"，从而从考虑"经济增长过渡到人类的发展"。

而如果发展是为人类全面与和谐的成长而制定的一种文明方案，如果文化"综合了一个民族的创造性活动、生产和占有物质财富的方式、组织形式、信仰和苦难、工作和闲暇、梦想和征服”，那么我们就可以说，发展即文化，文化即发展。

两者在实质上是同一个现象，都是涉及人类生活各个方面的同一文明方案的参与者。因此，任何真正的发展，都是以一个民族的文化为基础，以文明方案为目标和以人类本身为中心。应该说，内源发展论的提出，为我们提供了一个探索发展中国家经济发展的全新思路，从而要求发展中国家在制定其发展战略时，必须充分考虑文化发展因素。

第三节　政治法律体制与经济发展

发展经济学家和政策制定者们在研究发展的问题时，已越来越关注于体制问题，并力求以体制改革为突破口，全面推进发展中国家各个领域的改革，以实现经济发展。

体制结构，顾名思义，是指社会经济生活中各类体制的组成。它主要包括法律体制、政治体制和经济体制。本节主要探讨政治体制、法律体制与经济发展问题。经济体制与经济发展问题将放在下节加以探讨。

一、法律体制与经济发展

何谓法律体制？它是指在一定区域内决定立法、司法等一系列法律工作的一组机制和制度。其中法律制度是指由法律规范构成的一定体系，它包括所有权制度、选举制度、立法制度、司法制度、合同制度、婚姻及家庭制度等。各种具体的法律制度的总和，构成了一国总的法律制度。

法律作为一种上层建筑现象，在经济基础和上层建筑这个统一体中，经济基础是属于主导地位、起着决定性作用的，同时，法律作为上层建筑的有机组成部分，对经济基础的反作用亦是十分明显的。大家知道，生产关系的基础是生产资料的所有制，它在法律上表现为财产所有权。将财产所有权在法律上加以确认和保护，对发展中国家的经济发展至少可以起到这样三个方面的作用：第一，法律保护了所有者的财产权利，有利于财产安全、处理财产纠纷。第二，有利于吸引投资者以财产作价投资，一方面所有者实现了财产的增值，另一方面，发展中国家又有效地解决了资本短缺的状况，一举两得。第三，有利于建立较为完善的财产交易市场，实现资产流通，完善市场体系建设，促进市场经济的发展。

同样，在社会经济生活的其他各个领域，法律亦起到积极作用。所以，法律保护生态、资源、环境，激励投资、竞争、贸易，保护财产所有权合法收入，保证公平竞争、专利等等，对经济发展有着明显的促进作用。这就是我们强调发展中国家应重视法制建设的重要原因。

但我们也应该看到，法律毕竟属于上层建筑范畴，经济基础对法律有着决定作用。因此，法律体制还必须随着经济社会民主现代化的需要而不断地变革。正如马克思所说，"法律没有自己的历史"，其内涵不言而喻：法律必须随着经济的发展变化而变化。不能脱离社会经济生活而单纯从法律本身去探索法律及其发展变化的原因和趋向。法律如果不随经济的现代化而变革，就会阻碍经济的发展。对于发展中国家而言，目前主要应在以下几个方面推进法律体制的改革，以与经济发展的需要相吻合。

(1) 完善法律体系。许多发展中国家历史上动荡不安，法律意识淡薄，法制不健全，已不能适应现代开放型、法治型经济的需要，因此，必须完善法律体系，发挥法律监督的作用。特别是加快经济立法，使发展中国家的经济有序、合法地运行，尽量避免经济波动。这些法律包括：经济合同法、公司法，税法、劳动法、社会保障法、环境保护法、金融法、财政法、能源法、工商行政管理法等。

(2) 法律的形成过程要民主化和科学化。发展中国家的法律和法律形成过程很容易"政府化"和"政府部门化"，即法律和法规是由政府和政府有关部门单方面起草、制定的，有的通过间接民主形式通过和颁布，多包含政府的利益和政府有关部门的利益在内，甚至有的法律损害企业和居民的利益。因而，一是要使立法机关在人民和企业的代表性上更为广泛，二是法律的形成过程要有涉法的当事人、企业和有关专家等参加起草和制定，三是一些重大的法律颁布应当实行社会听证制度。

(3) 各法律和法规之间需要协调。由于政府各部门的利益所致，其制定的法律和法规之间经常出现互相冲突，使许多法律和法规在执行过程中相互抵触和矛盾。因此，发展中国家的立法机构，需要一个强有力的机构来审查法律和各政府部门出台的法规，审查其与其他法律和法规之间的相互协调性，最后使各法律之间相互协调、配套和互无冲突，以保证法律和法规的严肃性。

(4) 加强司法力量，改革司法体制，力争做到违法必究、公平执法。使司法部门在经济发展中真正起到经济警察的作用。司法独立，确立法律部门在国家政体中的应有地位，以充分发挥法律监督和保障作用。

二、政治体制与经济发展

政治体制是指一个国家或地区的政治组织、政治结构和政治制度，它与发展中国家的经济发展亦密切相关。

加布里埃尔·阿尔蒙德和小宾厄姆·鲍威尔在研究20世纪政治发展时发现了一个现象：经济社会的发展与政治力量的强弱呈相关关系。也就是说，一个国家的经济社会越是不发达，政治力量的作用就越重要；而一个国家的经济社会越是发达，政治力量越是呈现一种衰落的趋势。他们将前一种现象称为经济社会发展的落后与政治权力的超强；将后一种现象称为经济社会发展超前与政治权力的衰微。而广大发展中国家出现的就是前一种情况，即经济社会发展的落后与政治权力的超强。

发展中国家经济社会发展的落后是有目共睹的，如以农业为主，经济结构老化，工业化程度不高，人均国民收入和生活水平低，劳动人口过剩，社会经济的二元结构特性，国家的整合程度差等，所有这些导致很多发展中国家产生了一种政治超强的现象，具体表现为：

（一）政治体制的变形

一般来说，一个国家的政治体制包括意识形态，宗教信仰，民族关系，政党制度，新闻言论，政府与司法，外交关系，政权设置，军队安全等等。有的国家是民主体制国家，实行三权分立，军政分离，文官政府；有的国家则实行较为集中的政治体制，各不一样。总的趋势是，政治文明的过程是一个政治民主化发展的过程。

许多发展中国家在独立之后，都采用了资本主义的政体，即议会制和内阁制。但是随着时间的推移，这种议会制和民主制除了在印度等极少数国家得以勉强维持之外，大部分都失败了。其中，有的走向独裁或军人执政，如尼日利亚、伊拉克、加纳等，有的则通过修改宪法，改为总统制，并加强总统的权力。

（二）一党专制或一党优势

由于大多数发展中国家在开始的时候采用西方民主制，宪法中大多有成立政党自由的规定。但在实际的社会生活中，虽常常有若干政党的存在，但往往是一个大党唯我独尊，其他小党形同虚设，根本无法与之抗衡，有人将这些小党称之为尾巴党。有的学者认为，在发展中国家之所以会存在一党制或一党优势，主要有两个原因：第一，一党制或一党优势有利于国家的统一和整合。相反，多党制往往会造成国家的分裂。第二，对于经济和社会发展来说，一党制或一党优势有利于有效地动员全国的人力、物力和财力。此外，宗教也是一个重要因素。

（三）权威的人格化

当实际生活中的主要政治权力落在某些个人手中的时候，出现了权威的人格化。个人有很大影响，而大家也愿意接受这种影响，在一党制或一党优势的条件下，这个党的主要领导人，就会逐渐成为国家、民族、政府的象征。除了一党或一党优势的原因外，还有一些因素也有利于权威的人格化。如社会转变时期产生的失落感、文化解体、价值观念危机，使人民盼望救星的出现。再如，在社会转变的过程中，必然会伴随激进派和保守派的冲突，这就容易产生动荡、危机甚或分裂。人格化的权威有利于形成社会认同，符合一般群众追求安定和秩序的希望。

从以上发展中国家这种经济社会发展落后与政治权力超强的现象中，我们至少可以得到以下两点启示：

第一，发展中国家政治体制的建立和完善是受种种经济因素制约的，因此，在建立自己的政治体制的过程中，必须看到与西方发达国家不同的制约条件。

第二，由于发展中国家政治的极端重要性，在其经济社会的发展中如何实现政治体制的变革，又是一至关重要的问题。

也就是说，政治体制也需要随着社会经济的发展进行变革，这种变革将对经济发展起促进作用；反之，将会阻碍经济发展的进程。实践证明，发展中国家政治体制中旧的部分往往对经济的正常运行发生干扰，抵消市场的调节作用。庞大的政权体系不仅消耗巨额的财政收入，而且如果政治体制僵化，办事效率就很低。有时政府官员中还会产生一些腐败现象，利用权力谋求自己的利益。更为严重的是，僵化的政治体制往往对经济体制的改革形成阻力。因此，发展中国家在寻求经济发展的同时，必须努力推进政治体制改革的进程。

概括地讲，发展中国家政治体制改革的基本目标是谋求政治的民主透明化，宏观决策的民主科学化，经济调节的间接市场化，从而使政治体制运行效率提高，政府官员为政清廉，政治体制内部形成监督制衡关系，并且行政和法制方面也形成制衡关系，从而使政治体制能在发展中国家的经济社会系统中发挥其应有作用。

因此，我们可以看到，发展中国家政治体制改革的核心是政府作用问题。从发展中国家经济社会发展的要求来看，政府作用应体现在以下几个方面。

(1) 政府可以直接出面制定和实施经济与社会发展规划。事实证明，在经济社会发展较快的发展中国家，特别是那些新兴的工业化国家，政府都在其中发挥着重要作用。像巴西、新加坡等国的快速经济发展都是与政府所制定的经济政策分不开的。

(2) 政府应在经济发展中发挥宏观调控作用。从发展中国家政府支出和税收的增长，国民收入中用于转移支付和收入扶持的份额的日益增长，以及经济生活调节的急剧增加，可以看出政府在经济发展体系中日益扩大的调控作用。

（3）政府可以创造出一个有利于经济和整个社会现代化的环境。这一点突出表现在政治制度和政府的稳定性上。在政治比较稳定的情况下，企业家会对自己社会中的经济活动充满信心，敢于投资。特别是在资本国际化的今天，一个国家的政治是否稳定，也会影响到国际资本的投资。同时，政府还可以在排除干扰经济发展的各种因素中发挥很大的作用。这一点还可以用来解释中国为什么在1949年以前不能进入现代经济发展阶段，而在1978年以后才开始实现较快的经济增长。越南在20世纪五六十年代一直处在动乱之中，它的经济当然也得不到什么发展。中国和越南是两个明显的例子，还有更多的类似情况，如20世纪60年代到80年代玻利维亚、巴基斯坦、加纳以及其他许多国内局势长期不稳定，因而使得经济无法增长的国家都是如此。

（4）政府可以干预财富分配，采取各种直接或间接的手段来对分配施加影响，以缓和贫富两极分化，从而为经济发展创造一个稳定的外部环境。主要是通过转移支付、所得税收和遗产税收、建立社会保障体系、扩大义务教育和医疗等公共服务、鼓励社会捐助等形式，既激励劳动者和资本的效率，又保证全体人民分享发展带来的利益。

（5）政府可以在解决社会问题方面发挥重要作用。比如解决人口爆炸、失业、社会不安定等方面的问题，就需要依赖于政府机构的控制、促进就业、社会保障等力量。特别是发展中国家的人口快速增长，需要由国家出面来进行强制性的控制措施。

总而言之，在发展中国家的体制结构中，已经非常迫切地需要对其政治体制和法律体制加以变革，以适应经济发展的需要。

第四节　经济体制与经济发展

在现代社会中，发展中国家要取得长足的经济发展，除了受到环境因素（涉及各种因素）和政策因素的影响之外，已越来越取决于国家的经济体制的作用。

一、经济体制的定义及其基本特征

所有发展中国家都有被称为经济体制的组织安排，这种安排的目的在于配置经济资源以实现经济发展目标。那么什么是经济体制呢？按照弗雷德里克·普赖尔的说法，“经济体制”的概念几乎不可能得到精确的定义；但是，为了进行度量、比较和政策选择，定义又是必不可少的；这里我们采用几乎得到当代理论界普遍赞同的、美国著名经济学家保罗·格雷戈里和罗伯特·斯图尔特给“经济体制”所下的定义：经济体制是在特定地理区域内进行决策并执行有关生产、收入和消费决策的一组机制和制度。

从广义角度来讲，经济体制是由对稀缺资源的配置进行决策并执行决策的各种机制、组织安排和规则所构成。这正如普赖尔所说：经济体制“包括所有的那些结构、组织、法律与规则、传统、信念、态度、价值、戒律以及相应的行为规范，它们将直接或间接地影响经济行为和经济成果”。显而易见，经济体制在它的各个方面都可能存在差别，特别是它的结构、运行以及随时间的推移而变革的适应性方面。因此，经济体制是多元的，并由它的属性或特征所规定。要区别不同的经济体制，就必须明确它的全部特性。

一般而言，经济体制具有以下四个基本特征（通常会有重叠）。

（一）决策的组织

一般认为，有组织的行为优于无组织的行为。在一个组织内部，存在着目标，能产生信息并依此形成一定的假设和态度，所有这些都会影响有关的决策。而经济体制无疑是最复杂的组织之一。但在探讨中，现成的一般性的组织理论是不存在的，我们将找出某些会影响这些组织追求其目标的方式的基本特征，其中之一就是决策的层次。简而言之，也就是集权和分权的程度。或者说，如果决策主要是在组织的低层次做出，这种经济体制就是分权制的经济体制；如果决策主要由高层次做出，那就是集权制的经济体制。但是这个特征是相当复杂的。构成经济体制的个别成员通常又隶属于某单位或较小的组织。这些单位组成整个组织的塔式分级结构。

尽管组织的结构，即它的隶属单位的规模、数目以及结合方式，是决定决策层次的重要方面，但从影响因素的分析来看，决定决策层次的两个最相关的因素是权力的分配和信息的利用。在完全集权化的经济里，决策权集中于单一的中央指挥机构，它将向这一组织内的低层单位发布指示。与这种极端情况相反，可以有程度不同的分权制。在完全分权制的情况下，全部的决策权分散在独立于高层权力机构的最低层次的隶属单位（家庭或个别企业）。所以，从理论上说，可以根据决策权限的分布情况将经济体制分为集权制和分权制。但是在现实生活中，这种决策通常是分散于塔式分级结构的不同层次，而且它们的重心也会随时间的推移而改变。决策的层次还有赖于信息的处理。列奥尼得·赫维兹认为，信息的完全集中是指单一的决策者拥有关于参与者的全部信息，诸如他们的行为及所处的环境。分权制则意味着这样的决策者不拥有全部信息。简言之，“信息分散系统”就是由组织内部的最低层次产生、处理和利用信息，并且不需要与组织内的高级层次交换信息。例如，在分权制中，价格信息只是在最低层单位之间进行交换。与此相反，“信息集中系统”则是指高层机构产生、处理和利用信息，随后，也只有少量的信息传递给低层隶属单位。

（二）提供信息及调节的机制：市场和计划

在经济体制中，有各种不同的机制提供信息并调节决策。而现代的机制主要是“市场”和“计划”。

在计划经济体制下，经济活动都要接受由高层决策机构制定而后下达至低层机构的各种命令或指令的明确或含蓄的引导，并且根据低层机构执行这些指令的成就给予奖惩。因此，在计划经济体制中，资源根据计划者的命令来配置，从而排除了市场作为资源配置者的作用。从各发展中国家的情况来看，20 世纪 40 年代到 70 年代这一时期，开始时，许多国家实行计划经济，后来越来越多的发展中国家转向市场经济。从目前来看，计划经济体制总体上讲，基本在全球各国破产。

在市场经济体制下，市场提供了引导经济体制中隶属机构就资源利用进行决策的信号。所以，市场调节着不同的决策单位的经济活动。例如，居民通过向这种经济体制提供土地、劳动和资本而获得收入。基于这种收入，他们在市场中创造了需求，企业则因追求利润而对之做出反应。在这里，隶属机构（公司和居民）必须通过市场来协调，并对市场做出反应，而不一定需要其他提供信息和调节的机制。决策权，至少是大部分决策，则被赋予经济体制中的最低层组织。

在市场经济下，消费者在市场上具有决定权，从而行使“消费者主权”。如果存在消费者主权，那么，关于生产什么的基本决策将由市场中的消费者所支配。

（三）财产所有权：控制和收入

发展中国家在产权上所要做的一项重要工作就是明晰所有者的产权和保护所有者的财产权利。许多发展中国家，特别是社会主义发展中国家过去存在的问题就是财产所有者对自己财产权利的不明，并且这种财产权利容易受国家和他人的随意侵犯。这样，投资者投资企业，发展经济受到财产归属风险的制约。因此，在宪法中要明确保护公共和私有产权的条文，并且将保护财产权利的法律程序化和可操作化。

财产所有权可以划分为对实物的处置权、使用权和收益权。财产所有权的差别将导致决策规则、激励体系、目标等等的差别，从而带来不同的经济成果。假定在资本为私人拥有的经济体制里，由于所有者追求最大的终极收入，资本的配置是为了获取在相应风险条件下的最高报酬率。如果资本为国家所有，资本配置的规则就可能不同。

一些发展中国家追求共同富裕，但不能从投资、财产方面劫富济贫，而是要通过再分配形式，通过国家以义务教育和公共医疗服务等方式提高穷人的能力，以这些方式实现社会的公平。而对投资和财产的劫富济贫将严重影响一个国家发展的资本投入。

（四）激励机制

经济体制的特征也可表现在它的目标以及推动参与者实现这些目标的激励机制上。激励机制必须诱导低层组织参与者完成高层组织参与者的指令。激励机制通常必须具备三个条件才能有效：第一，奖酬的获得必须能够影响经济成果，颁奖的目的正是为了获得这一成果；第二，上级参与者要能够检查下级参与者是否执行了适当的任务；第三，可能的奖酬对下级参与者必须是至关重要的。

激励机制从手段上可以分为物质激励和精神激励两个方面。物质激励在现代经济体制中通常占支配地位，而某些经济体制企图强调精神激励。两者的区别就在于对一项卓越的工作是授予货币奖金还是荣誉奖章之间的差别。

发展中国家的激励机制，主要是通过市场来实现，比如，企业生产产品的价格由市场来确定，高利润的企业，就是市场对企业管理、产品质量等方面的奖励；企业家的收入由市场供求来确定，体现企业家这种特殊人力资本的价值；职工的工资水平由同类人力的市场供求状况确定。在一些企业中实行计件工资制度，使职工的收入决定于他前期投入的人力资本投资和市场对他的认可，并且按照他的贡献来获得收入。而由国家来统一制定各种人才的工资和收入水平，就会造成经济生活的低效率。

二、发展中国家经济体制的类型

按照经济体制的四个特征的不同表现，发展中国家的经济体制可以分为三个主要类型，资本主义市场经济、社会主义市场经济和社会主义计划经济。如表11—1所示，每一种体制都是具有四个基本特征的多元体。

表11—1　　发展中国家经济体制的分类

	资本主义市场经济	社会主义市场经济	社会主义计划经济
决策组织	分权制为主	分权制为主	集权制为主
信息和调节机制	市场为主	市场为主	计划为主
财产所有权	私人私有制为主	国家所有制（或）集体所有制为主	国家所有制为主
激励机制	物质激励为主	物质激励和精神激励兼用	精神激励为主

按照世界银行的统计结果，尽管20世纪的技术革命创造了众多机会，但仍有占世界人口1/5的10多亿人每天的生活费尚不到1美元——这是西欧和美国200年以前就达到的生活标准。由此可见，发展的任务是极为艰巨的。不少发展中国家在1990年以前的40年中取得了进步，其速度给人留下了深刻的印象，给发展带来了希望。但是不可否认，许多发展中国家的发展形势并不好。在1990年以前的30年中，有些国家的生活水平事实上下降了（相对于发达国家和新兴工业化国家）。这就是说贫困依然是一个根本性问题的原因，也是巨大的经济进步尚未荫及亿万人民的原因。世界银行《1991年世界发展报告——发展面临的挑战》指出，虽然推动经济发展的原理还远未被人们完全掌握，但人们可以从经验中学到很多东西。首先，历史表明，经济政策和机构对发展是至关重要的。这是一个鼓舞人心的结论，因为它意味着未能使经济蓬勃发展的国家可以取得进步。它也是挑战，因为它迫使各国政府（不仅是发展中国家的）和多边机构去理解推动经济发展的各种因素，并使其发挥作用。而经济政策和机构的核心便是经济体制问题。

另一方面，发展中国家的发展并不是孤立的。商品、劳务、资本和劳动力流动的国际一体化创造了巨大的经济效益，它促进了竞争，提高了效益，使穷国获取医药、科学和工程等方面的基础知识。但面对外部影响而日益开放无疑会使发展中国家处于风险之中。工业国的财政赤字、潜在的高国际利率、美国金融机构的衰弱、日本金融形势在某些方面的恶化等等，所有这些都会造成不利的影响。在内外交困的情况下，发展中国家的经济正在经历一场彻底的变革。近年来，越来越多的国家已开始进行重大的经济体制改革，如东欧国家、加纳、印度尼西亚、墨西哥、秘鲁、坦桑尼亚、越南、中国等发展中国家都在探索和推进经济体制的全面改革，以促进经济的长足发展。

概而言之，发展中国家经济体制的改革主要包括以下几个方面的内容。

（一）进行财产制度方面的改革

历史上，许多发展中国家的经济体制都是集权式的，表现在财产制度上就是公共（或国家）所有制占有主导地位。但实践证明，这种财产制度在决策规则、激励体系、收益分配等方面并不一定有利于实现发展目标。尤其是在政府与企业之间的关系难以理顺的情况下，十分容易窒息企业的经济活力，阻滞经济增长。所以，发展中国家首先应进行财产制度改革，主要内容是降低国有经济的比重，大力发展私营、合伙经济，允许居民购买股票，给予私人投资、企业投资、外国投资以政策优惠等。

（二）进行分配和福利制度改革

主张将分配和劳动、储蓄、投资等紧密挂钩，将福利缩小在政府能够承担的限度之内，以不发生财政赤字和通货膨胀为宜。国家不再干预工资分配，劳动、技术、资本、土地等要素按照各自的贡献，参与收入的分配。这些要素投入的价格，由市场确定。因此，实际上分配是由市场机制所决定。

（三）进行政府职能改革

许多发展中国家的政府干预保护了某些特殊利益，并导致了国家寻求额外好处和“掠夺”行为的发生。政府干预市场的目的有时是为了解决政治不稳定和其他政治难题，但结果通常是，全面扭曲和“掠夺成性”的国家给发展带来了灾难。因此，政府职能的改革必须重新估价市场和政府各自的作用，这是目前最可靠的和最能给人以希望的发展方针。政府在那些市场可以较好地发挥作用，或可以使其较好地发挥作用的领域要少干预，以强化市场、价格对经济的调节作用，激励效率和创新。在许多发展中国家，这有助于将许多国有企业民营化。各国政府要使国内和国际的竞争发展起来。同时，在不能仅依靠市场作用的领域，政府应发挥作用，这就意味着政府应对教育、医疗卫生、营养、计划生育和消除贫困工作进行投资；政府应建立质量更好的、社会的、物质的、行政的、规章制度的和法制的等方面的基础设施；政府应为公共开支的融资动员资源，以及提供稳定的宏观经济基础。做不到这些，一切便无从谈起。

（四）进行农村土地制度的改革

农村的发展很大程度上依赖于土地制度的合理与否。为此，需要对农村土地的登记、使用、转让、出卖、纳税等一系列制度方面进行改革，以适应农业现代化和规模经营的需要，并使农民对土地有一定的权属。一是将农村土地私有化，土地为农民的财产。二是全部土地国有，但是给农民以更长的土地使用期，使用年期可长达 999 年，也即农民获得较为永久的地权。三是允许农村土地交易。有的学者认为，考虑到发展中国家农村社会保障的不足，农村土地交易的一部分应当用来建立农民的失业和养老保障。这样一可以使土地财产的产权更加明晰，二可以使土地流转，并规模化经营，三可以使土地与保障挂钩，形成农村和农民的安全网。

还有建立社会保障体系，发展民间非政府组织，转变政府职能，改革财政金融体制等等，总而言之，发展中国家进行经济体制改革的目的是为了使经济体制结构具有积累、效率、稳定经济、公平、资源合理配置和有效利用、消费结构合理化等功能，以实现经济腾飞的发展目标。

思 考 题

1. 舒尔茨所述的制度的内涵是什么?
2. 简述制度变迁过程。
3. 产权的内容?
4. 法律对经济发展的积极作用?
5. 发展中国家的经济体制有几种类型?

第十二章

发展中国家的政府与市场

经济发展需要调控，一是政府，二是市场和社会自组织。因此，在发展中国家的经济调控中，一是要发展市场经济，二是要发育民间的非政府组织，三是处理好政府与市场和社会的关系。政府既要弥补市场的不足，又不能对市场干预过多，对社会大包大揽。因此，发展中国家处理好政府与市场的关系，是经济能不能健康发展的一个关键因素。

第一节　市场失效与政府职能

从理论上讲，政府的功能是对市场功能的补充与纠正，但不同层次的政府在功能体现上又有不同的形式与表现，比如中央政府与地方政府的职能就并不是完全一致的，两者之间有交叉，但更多的是各有侧重和不同。

一、市场缺陷的理论

所谓“市场失灵”，按照西方经济理论的观点，是指完全竞争市场所假定的条件得不到满足，导致市场配置资源的能力不足，缺乏效率，市场机制在资源配置过程中造成经济波动，以及按市场原则进行收入分配而出现不公平现象。它主要涉及自然垄断、外部性、公共物品、信息不充分、分配不公及经济波动诸方面。发展经济学家们认为，发展中国家的市场，其缺陷性更加显著。主要问题是市场体系分割，市场信号不准确，市场主体对市场信号不敏感等等。

一般的市场缺陷理论认为：

一是单纯的市场调节无法为社会提供公共产品和服务，造成“市场失灵”。因为公共产品具有不可分性、非竞争性和非排他性的特征，同时由于公共产品多为投资大、利润少、风险大的长期发展项目，如把它变为由市场组织或承担，必然会产生不足，进而影响社会资源的总体开发、利用程度和福利水平，因此，对于公共产品，市场是失灵的。

二是外在负效应。外在效应有正有负。不利的外在效应，是伴随着一项经济活动产生了对他人或其他厂商的损害，造成外在效应的人并没有进行补偿，如土地肥力的耗竭、环境污染等问题。由于市场机制的作用下，经济利益主体只计算对自身利益产生直接影响的成本和收益，追求自身利益的最大化，而对不直接影响自身成本和收益的外在效应不考虑，因而不会自觉地从事废物处理和环境保护活动，这样就使市场机制不能有效地配置资源。

三是垄断。市场经济中，资产规模和销售规模庞大的少数企业，往往对市场形成程度不同的垄断；而一些自然和其他特殊的原因，也使得象电力、电信、自来水、邮政等行业形成自然或者行政特许垄断。这些厂商能够控制产品的价格、数量、原材料供应等，可随意限产抬价，谋求高额垄断利润，从而导致资源在各部门配置的非均衡和使用效率下降，致使市场机制调节的有效性难以发挥，造成“市场失灵”。在自然垄断方面，由于对技术、专利、资源的控制与独占，形成企业一定程度的垄断。按照帕累托最优标准，垄断的市场缺乏效率，损害消费者福利，导致管理松懈，技术进步缓慢，损害市场交易的公平。这些问题仅仅靠市场的作用是不能解决的，这就导致了“市场失灵”。

四是社会分配的不公平。竞争和优胜劣汰是市场经济的基本法则，是市场经济具有生命力的重要原因。但在市场经济中，效率和公平往往不能实现统一。每个人的收入是由他进入市场前的财产状况、所受教育和训练程度、能力大小等决定的。这样，由于每个人的起点不同，利用市场机会的能力也不同，从而导致分配结果的巨大差异。收入分配的贫富不均、两极分化，是市场经济发展中不可避免的。它会制约社会发展，加剧社会矛盾。因此，单靠市场机制是不能解决社会公平问题的。

五是仅靠市场调节，解决不了国民经济发展的战略性、全局性、长远性问题。如对于社会总供求的平衡、积累和消费的平衡、经济结构的优化、物价总水平等等，单纯的市场调节所能解决的仅仅是微观平衡问题，而对于宏观的总量失衡及由此引起的经济波动、通货膨胀等的调节却是无能为力的。因此，在市场经济中，微观经济主体在“看不见的手”的作用下，受价格和利润的驱使，只要是产品价格和利润保持在较高水平上，就纷纷投资。由于单个经济主体无法预知总量的产需状况，因而盲目扩大生产规模，长此下去，社会总供求关系就会失去平衡，不可避免地导致生产过剩的经济危机和通货膨胀。

此外还有因市场的自发性而导致的市场不能自我调节，需要国家运用权力才能克服的利益集团之间的碰撞或冲突等等其他市场缺陷。如商业交往中的败德行为、不正当竞争行为、信息不充分、经济波动等问题。“市场制度不管多么具有创造力，却不能自我调节”；“市场常常惩罚无辜的局外人，但却奖赏不从事生产的投机者。市场往往排斥社会价值”。因此，要达到“帕累托最优”状态，就必须依靠政府的力量。

二、政府责任和职能

因此，不论是发达国家，还是发展中国家，政府是为弥补市场不足，克服市场缺陷而承担其责任和履行其职能。

（一）中央政府的职能与责任

一个国家的中央政府作为一国的管理者，有它区别于地方政府的职能的义务。从各国体制的比较和总结看，有这样一些职能：一是维护国家主权和领土完整。国家主权是国家独立的主要标志，领土完整是国家生存和发展的物质条件，维护国家主权和领土完整是中央政府的一项十分重要的职能。因此，中央政府要行使外交、国防、反恐等维护国家主权、安全、统一等职能。二是保持本币的稳定。在中国，主要通过中国人民银行进行宏观管理。其职能是，集中力量研究和做好全国金融的宏观决策，加强信贷资金管理，保持货币稳定。三是保持宏观经济健康发展和稳定运行。主要通过编制中长期发展计划，实施产业政策，通过货币政策和财政政策调节经济周期性波动，并协调投资与消费等方面的比例。四是限制垄断、保护竞争。中央政府制定和实施《反垄断法》，在准入等方面对竞争给以保护，主要是依靠国家权力（法律）消除限制自由竞争的因素。限制自由竞争的因素主要有两种，一种是在自由竞争基础上自然发展起来的经济垄断；另一种是靠行政权力形成的行政垄断。国家通过法律限制前一种垄断，而改革后一种垄断。五是促进全国统一大市场的形成。中央政府着手进一步清理和废止中央和各地方妨碍公平竞争、设置行政壁垒、排斥外地产品和服务的各种分割市场的规定，建立和形成全国统一的商品流通政策和贸易体制；健全监督机制，公正公平执法，加大查处力度，对地区封锁行为坚决纠正；加强媒体与公众监督，对地区封锁行为予以曝光，为建立统一市场创造社会舆论监督氛围；根据产业的整体技术水平和国际发展趋势，推行全国统一的、合理的商品技术标准、检验体系。六是缩小地区发展差距。中央政府通过实施地区振兴和开发战略，配合以财政转移支付、国债专门支持、特殊的税收等体制，促进不发达地区的发展，控制地区间发展差距的扩大，实现地区间经济和社会发展的平衡。七是保护国家经济安全。主要是通过中央政府金融、资源、生态等政策和措施，化解金融风险，防止人口增长过快，抑制生态环境恶化，实现资源的永续利用，特别是保证水、能源等战略性资源的供求平衡和战略储备。

（二）中央政府和地方政府交叉的职能和责任

政府是分层的。在公共服务和社会管理职能上，有时中央政府和地方政府有交叉的情况。主要在这样几个方面：一是制定和实施法律和法规。中央政府制定宪法和其他全国性的法律，地方政府制定地方性法规。二是界定和保护产权。比如制定民法典，对私人财产应享有的权利及其实现范围，对限制、征用和剥夺私人财产的实行条件、法定程序及其相应的补偿做出具体、详细规定，突出法律的具体性和明确性；制定和完善有关投资经营的专门法律。依法保障正当兼并行为的投资权益，用法律约束政府与民间投资经营者的权利与义务，禁止任何行政力量非法中止或废除投资经营合同。特别是制定保护知识等新的产权形式的法律和法规，打击盗版等侵犯知识产权的行为。中央政权机关，主要任务放在制定保护产权的法律和法规方面，地方政权的主要职责则是保护产权法律和法规的实施方面。三是提供教育、交通、卫生等公共物品。社会产品分私人产品和公共产品，像道路交通、教育、卫生等公共性和非营利性的产品，企业是不愿意生产的。这就必须有一个不以营利为目的的主体来“经营”这类产品。这个主体只能是政府。这些必须或主要由政府来“经营”（或生产）的“产品”主要有：教育（生产现代劳动力）、公路和城市公共交通、城市地下管网等基础设施、大型农田水利工程、环境保护、公共卫生、公共文化设施等等。中央政府提供全国性的基础研究教育、全国性的交通建设等等，地方政府则提供地方管理的教育、卫生等设施和服务。四是调节收入与财富的分配。政府主要是通过财政调节，达到社会公认的公平。财政主要运用包括市场在内的各种调节手段，既鼓励先进，讲求效率，合理拉开距离，又防止两极分化，逐步实现社会的共同富裕。中央和地方财政及税收通过企业及个人所得税、遗产税、负税（减免税）、财政转移支付等方式，调节发达地区和富裕人群的收入，增加不发达地区和低收入人群的收入。五是弥补市场的不完全性和信息不对称性。“市场的不完全性”是指有些市场在本质上就根本不可能完全，如未来市场和风险市场。未来市场和风险市场对长期投资关系重大，但这两种市场却严重缺失。因此，指望靠市场来指导长期投资是靠不住的。“信息的不对称性”是指交易双方对与交易有关的信息的占有量严重失衡。更一般地讲，在产品与服务提供者与消费者的关系中，信息分布往往十分不均匀，假药、假酒、假烟便是明显的例子。市场的不完全性和信息不对称性是市场本身克服不了的问题，只能通过政府收集和发布信息，弥补市场的这一缺陷。中央政府制定法律和建设全国统一的大市场，地方政府则承担公布信息、引导市场等职责。六是维护市场秩序。发展市场经济，首先要制定各种作为市场条件的法规，使市场主体在选择自己行为方式和内容时有所依循。其次就是加强对这些法规执行的检查和监督。任何法规很难被自动遵守，特别是让市场主体付出代价的法规（税法、环境法、产品责任法等等），更是其试图规避的。这就需要政府加强检查监督职能。各级政府需要做的是，打击虚假合同和欺诈，检查假冒伪劣商品，维护社会诚信等等。

（三）地方政府的职能和责任

有些事务，由于其特点和分级管理的原则，中央政府不可能统起来集中解决。因此，地方政府在提供公共服务和社会管理方面有它的特殊性。主要体现在这样几个方面：一是保证就业，降低失业率。虽然降低失业水平是宏观调控的重要目标之一，但中央政府能做的工作，只是利用宏观经济政策在总量上保持投资正常和高速增长，保持经济增长速度，保持总供给与总需求平衡，给扩大就业机会创造宏观条件。然而，具体如何增加就业，则是每一个地区的事情。地方政府在降低失业率方面的职能有：一是实行网开一面的管理和税收政策，扩大自由职业、微型企业和中小企业方面的就业机会；监督和制止一些政府机构随意检查处罚自由职业、微型企业和中小企业，保护这些劳动者和企业不受到收费和干预的侵害；维持正常的自由职业者、微型企业和中小企业工作和经营的治安等环境，打击黑社会等恶势力对劳动和经营的侵害。二是形成社会保障网。地方政府的职能之一就是实现经济的公平，并给失业者、妇孺和老龄人以生活安全，保持社会的稳定。因此要建立和完善救济、低保、养老、医疗、伤残等社会保障体制，理顺资金渠道，筹集资金来源，提高保障的社会化水平，管理和发放好社会保障资金。三是城市建设和管理。城市建设和管理，是地方政府向社会提供的公共产品和社会性的管理。城市基础设施的建设，城市中公益性设施的建设，城市规划、交通、卫生、供排水等等的管理，有其复杂性和特殊性。地方政府的重要职责是，科学合理地规划城市的功能分区，使城市交通顺畅便捷，城市街道和建筑美观和整洁，供排水、供电、供气等满足市民和生产经营的需要。四是生态环境保护。在环境保护方面，市场在有效配置资源上是失灵的。政府必须建立符合市场经济体制特点的环境机制和环境管理体制，采用正确的干预政策，用市场化的环境经济手段来正确处理经济发展与资源、环境的开发、利用和保护之间的关系，为社会公众提供环境产品和服务。地方政府要按照国家环境保护法律与政策，建立环境保护职能部门，专司环境检测、环境公报、环境规划、环境执法、环境整治等环保工作；建立城市环保基础设施，如污水处理厂和垃圾处理厂等资本密集型企业，处理地方环境公害，政府通过经济、法律、行政等强制手段使工厂废水、废气、废渣排放达标；组织社会力量开展植树造林活动，进行大江大河治理，进行生态环境建设和保护。五是社会治安职能。社会治安是指有效地预防和打击违法犯罪，维护社会治安秩序和市场经济秩序，扫除黄赌毒等社会丑恶现象，打击黑社会势力，保护公民的生命财产安全。各地政府通过强制和教育说服两种方式维护社会治安，通过预防和打击犯罪、通过规范社会成员的行为稳定社会的秩序，以保证社会的健康、文明、有序。

（四）中央政府和地方政府事权和财权的划分和界定

从建设公共服务和社会管理型政府的工作来看，除了政府体制总体上需要从生产建设和管制型政府向公共服务和社会管理型政府转变外，还存在以下问题：一是由于哪些事归中央政府管理，哪些事归地方政府管理不清，于是一些有收益、能审批的事务中央和各级地方政府都愿意管理，而需要花钱和难以管理的事务都不愿意承担。二是收钱的不管事，管事的没有钱。因此，首先要划分清楚中央政府和地方各级政府各自的职能和职责，解决目前职能和责任划分界定不清而不作为的问题，使各级政府各守其职、各行其责。而对一些中央政府和各级地方政府交叉管理的事务，也需要划分和界定清楚，避免无人管事的情况发生。其次，要遵循有多少钱，办多少事的原则。中央和地方财政关系体制上，要事权和财权相对应：上下有多少事务需要管理，需要多少钱；全社会能集中多少财力，能办多少事；哪些事务由地方哪一级政府承担，哪些事务由中央政府承担，据此来决定中央政府和地方各级政府的财力分配比例和事务承担范围。

第二节　政府缺陷与职能转变

可能是对市场缺陷理论的片面认识，发展中国家建立的都是行政性控制很强的政府。然而，政府也是有缺陷的，特别是发展中国家的政府，存在着许多问题。因而，政府的体制改革和职能转变，是 20 世纪后期和 21 世纪前期，发展中国家一项重要的体制转型任务。

一、政府缺陷

政府虽然对经济发展具有指导和调节作用，对市场功能具有补充作用，但是这种指导、调节和补充作用不是万能的，甚至有时过分地干预市场会产生一些副作用。政府的缺陷主要体现在以下几个方面。

一是政府功能泛化问题。政府对经济和市场的干预有双重作用：如果干预适当，会促进经济的发展和市场的公平与繁荣，克服市场的缺陷；如果干预不适当，会伤害市场功能的充分发挥。因为，政府行为是由人来制定和实施的，这样就难免在制定和实施的过程中，偏离有利于市场发展需要的方向，而插手一些不该由政府干预的经济活动和领域，这就导致了政府功能泛化问题。

二是政府管理目标和行为偏离公共利益问题，政府体制和管理产生“寻租”设置和行为。在市场经济中，个人的行为是理性的，其首要考虑的是个人效用最大化或利润最大化。政府是由人组成的，每一个人都是一个经济人，都要追求自身的利益，都代表着一定群体的经济利益，其动机并不必然代表全社会的利益，因此，由他们组成的政府并不比其他机构更为圣洁，往往会产生通过工资外的收入增加个人利益的现象。这样，政府在决策和实施政府行为的时候，会难免从自身的利益、从自己所代表群体的利益出发，这样就会自觉不自觉地偏离公共利益。政府的干预与调节容易形成权力集中，这样会引起许多人为了自身的利益行贿、拉关系、走后门、疏通关系等，进行“寻租”活动，以使政府对自己具有正效应，避免负效应。这样也会致使一些政府官员腐败、堕落，最终导致政府干预失灵。

三是政府决策和调控的局限性。政府恰当地干预和调节经济运行过程的前提条件之一，就是要掌握全面、准确的信息。但是由于市场本身的复杂性，加上政府效率和官员自身利益的影响，政府决策往往是在经济和市场信息不完备、不准确的情况下进行的，这就导致了政府决策的局限性问题。首先，制定正确的计划和进行正确的干预必须要有充分可靠的信息，但由于信息分布在无数个微观经济主体中，而且每时每刻都在生成新信息，因而政府掌握的信息往往是不完全的，甚至有时是失真的。因此，政府不可能得出精确的结果，这就使政府决策缺乏科学性。其次，政府调控和决策往往需要巨大的财政能力，但政府的财政能力是有限的。而且要实现公平、人道主义等善意的目标，又没有足够的能力承担目标所引起的成本，因此，这影响政府干预经济、弥补“市场失灵”的能力。再次，政府调节的作用是有限的，而且各种手段与工具的影响是相互牵制、相互抵消的，无法取得明显效果。最后，政府本身是一个非市场部门。政府的各部门都提供某种特殊的劳务，这类劳务供给被政府官员们所垄断，使政府行为缺乏竞争，缺乏降低成本的动力、缺乏监督，政府官员提供的劳务无须进行成本收益核算，无须追求高效率，从而导致政府机构效率低下。

二、发展中国家政府管理存在的问题

传统的发展中国家的政府与市场的关系模式中，计划经济占主导地位，国有经济所占的比重也很大。许多实行计划经济体制的国家在20世纪后期进行了体制转轨，但仍然存在着发展中国家固有的一些问题。

一是行政管理特色较浓。行政审批事项设定权限不清，审批范围失控。许多发展中国家的审批涉及各个领域和各个行业，几乎到了每办一件事都要审批、许可的地步。种种不规范的审批，就像道道关卡，严重影响了这些国家的经济发展。一个事项要由多个部门进行审批，其中有一个部门不同意，项目就难以实施。而且在行政审批制度中，随意设定审批事项，没有科学、严谨、完备的行政审批程序。由于利益的驱动，行政主管部门和地方政府在处理这些原属自己主管的企业和其他企业的关系时往往偏袒前者。行政审批被用来实施部门分割和行业垄断，或者实行地方保护主义。行政机关往往对审批对象的条件、标准是否符合要求，是否与法律、法规相一致审查得较为仔细，然而对审批部门本身及对已经审批的对象的经营活动的监督不力或缺乏。

二是形成了税外收费和罚款型的政府。从经费来源看，政府是由纳税人用所交纳的税收来供养的为纳税人和社会服务的组织。现代国家向纳税人征税之后，其收入列入预算，再将行政运转、科教文卫、国防等所需要的开支列入预算，在收入不够用或者其他特殊的情况下，国家可以向公民和企业借债，弥补收入不足。一般来说，除了税务机构，政府的其他各机构，不能再向公民和企业收取费项。但是，在许多发展中国家，如中国政府各部门几乎都想方设法收费，收取的费项占政府收入的1/3，甚至更多。政府可以说成了收费性的政府。

三是政府职能缺失。政府的职能就是公共服务和社会管理。但是，许多发展中国家政府的另一特别问题就是政府谋求政府及政府机构本身的利益，而忽视公众期望的公共产品的提供，社会管理缺位。实际生活中，政府及其机构，有着自己的利益，并且如果不加以限制，有很强的为自身谋取利益的倾向，并且凭借其权力，与民争利、分配资源的位势十分优越。许多发展中国家的财政偏于生产建设，或者供养行政人员，而用于教育、医疗卫生、治安、城市公共设施、社会保障的资金不足。发展中国家政府社会管理“缺位”表现在应当由政府履行的社会管理的职能，政府没有去做，或者做的不到位。比如，在完善法律法规，加强对垄断行业的监管，建立和维护市场秩序，特别是建立和完善社会信用秩序，给失业者、各类经济单位的退休人员、丧失劳动能力的人、贫困者提供最低收入保障，维护社会治安，城市排水治污等方面，政府的工作不到位。

三、发展中国家政府职能的转变

根据上述政府与市场的理论，以及发展中国家政府管理存在的问题，如果向现代政府迈进，发展中国家政府职能应该重新定位，全面实现从“全能政府”向“有限政府”转变，从“管制政府”向“服务政府”转变，从“细职能、大政府”向“宽职能、小政府”转变，从“权力政府”向“责任政府”转变。

（一）从生产建设型向公共服务和社会管理型转变

发展中国家的政府，由政府亲自来投资，上项目，办工厂，办企业。由于财政日益成为吃饭和借债型财政，政府需要通过银行来借城乡居民的钱进行投资，而办企业的投资和经营的低效率又形成了银行巨大的金融风险，形成了一系列复杂的经济和社会问题。许多发展中国家的政府，特别看重 GDP 指标，干预银行向企业贷款，借钱上基础设施项目，不惜以低地价、欠农民工工资、低社保等方式来发展经济。

建设公共服务和社会管理的政府，政府职能应该从以前重 GDP，重生产建设，干预经济运行，转向提供公共产品，重视教育、卫生、生态环境、城市基础设施建设和功能方面；转向社会管理，即完善市场运行规则，强化监督管理，通过规范各类经济主体的行为，限制各种不正当的经济行为，创造公平竞争的市场秩序，维护社会治安等方面。

（二）从提供经济物品向提供制度环境转变

政府向社会提供的最主要的公共产品就是制度和服务，提供一个稳定、统一、公开、可预期的制度环境，保证各种创新机制有效运转，保证市场的公平竞争秩序。作为服务型政府，其主要职能是为各类投资者、消费者提供有效率的市场制度。最为重要的是三个方面：一是维护市场竞争的公平性；二是提供有效的规则和制度维持市场秩序和提供城市信用度；三是提供和经营市场无法供给的公共产品。而这几方面最重要的就是制度，如果没有政府提供完善的制度环境，那么，正当的竞争就无法得到保护，就会形成扭曲。因此，政府应该改变过去直接配置人力、物力、财力资源，主要为社会提供经济物品的做法，转向由市场发挥自组织功能和资源配置的基础性作用，政府的职能主要转向集中精力营造良好的市场环境和制度环境，制定规则、执行规则和充当裁判。

（三）从行政管制型向公共服务型转变

前面已述，国家管理体制的一个特征，就是行政管制型的政府。行政管制的具体形式就是事事需要审批和政府许可。从行政审批向公共服务转变，一是政府提供公共产品，服务于社会。包括提供教育、文化、娱乐、公共卫生、交通、通讯、能源、道路、照明、水电等方面的公共产品和准公共产品。二是将服务寓于监督管理之中。居民和企业到政府办事，总是存在着“门难进、脸难看、事难办”的情况。许多政府部门和公务员，将政府的管理看成是管制，理念上就有“我是管你们”的定式。因此，在某些方面，变成了一个并不是为人民服务的政府。改变这种局面，必须树立纳税人供养和服务型管理的意识，变制造麻烦为方便居民和企业。

（四）从集中管理型向依靠市场调控型转变

许多发展中国家正在转向市场经济体制。这意味着在组织社会生产的方式上，要实现根本转变。政府将经济生活“总指挥”的角色让位给市场机制，通过市场机制的作用实现资源的最优配置，通过自由竞争机制激发市场主体发展经济的动力。政府对经济主体的管理是一种间接管理，不能直接干预企业的生产和资源的分配，只能以法律和政策来表明国家对经济的期望和态度。企业生产什么、怎样生产，企业用什么原料、技术、人才和怎样使用，均由企业自己决定。国家对企业的生产经营通过引导的办法来调节：一种产品受到国家的鼓励、限制和否定，自然会引起企业内部管理的变化，进而调整资源的分配和利用。对政府的经济职能，我们已经或理应达成的共识是：集中精力搞好宏观调控和创造公平、竞争、有序的市场环境，而不是作为竞争性行业的投资主体，直接当“运动员”，也不是直接去干预企业的各项经营活动，而是要为企业的发展当好“服务员”、“协调员”。

第三节　市场化改革与非政府组织

市场失效理论，认为要加强政府干预；而政府干预又往往发生政府失效。政府失效同样可以划分为“政府负效应”、“政府无能”和“政府缺陷或者失灵”三种类型。因此，许多国家开始了重新认识市场机制和功能的改革过程，即市场化过程。从政府与市场和社会的关系看，关键在于政府管些什么，市场管些什么，非政府组织管些什么？20 世纪 70 年代以来，许多发展中国家进行了经济体制和政府体制的改革，目的是更多地发挥市场和非政府组织在经济调节中的作用，形成一个小政府、大市场和大社会的社会调控结构。

一、市场化改革

20世纪70年代末以来，许多发展中国家先后对自身的发展道路进行了调整，转向更多依靠市场—价格机制，给经济运行更多自由的市场经济方向。在理论上，新保守主义经济学在西方许多国家得势，而且其基本理论在发展中国家也获得了市场，于是各发展中国家的经济发展先后步入了新古典主义的发展逻辑阶段。

在许多发展中国家从结构主义式的发展转向以新古典主义为基本运行方式的市场经济时出现的问题，使人们对于实现市场经济的认识更为全面和深刻。同是从计划经济向市场经济转轨，转轨方式上却存在很大差异。前苏联与东欧的“休克”是一种方式，中国的“渐进改革”是另一种方式。另一方面，同样是较为成功的市场经济，亚洲的日本、“四小龙”与欧美相比在运行方式上有着很大的不同。文化传统、意识形态、制度、机遇等非经济因素在经济中的作用是任何成功经济所不能不考虑的。①

针对“政府无能”问题，市场化改革的基本任务就是：把一些本该用市场配置的大量社会经济资源由政府转归市场来进行，使市场在社会经济资源配置中起基础性或基本性的作用。同时，对于一些具有公共品性质的资源施以适当的非市场手段来进行配置，很好地发挥政府对市场运行的宏观调控作用。其主要举措就是：大量发展非国有经济，大大缩小国有经济规模，实现国有民营化，改革公有产权制度，形成多种经济成分并存的产权格局；大力培育和发展各种形式和层次的市场组织，使一切私人性质的资源原则上都由市场来配置；转换政府管理职能，使政府成为一种真正组织和供给公共品、主要转司宏观调控及适当的微观规制职能的制度安排。

针对“政府缺陷”的市场化改革，其基本内容是建立完善的民主政治制度。其一是要明确界定政府经济管理权限，保证政府权力不致分割国民的自由选择权；其二要对政府管理权力进行必要的程序控制，关键是要确保利害关系人的听证权利、知情权利和参与权利；其三要对政府行为进行必要的司法控制，将普遍行政行为特别是行政机关的经济规制行为纳入司法审查范围，对于因政府滥用职权造成公民或企业受损害或损失者给予相应赔偿或补偿。②

二、发育和发展民间非政府组织

发展中国家需要大力发展民间的商会、协会、中介组织和其他民间组织，发

① 沈方：《中国经济改革新方式简论》，载《当代经济研究》，1998 (5)。

② 秦宪文：《寻求政府与市场的均衡点》，载《财经问题研究》，1996 (1)。

挥它们在结构转型和市场经济中的政治和经济功能。民间商会、协会和中介组织，实际是一国和一个成熟社会政治架构中的一个重要的组成部分。它们的功能在于：(1) 建立政权与人民之间的对话、协商和沟通机制，形成党和国家与人民之间的桥梁。(2) 成为社会自律和自治、相互制衡（比如会计、律师、资产评估、工程监理、资信评估等事务所，就是一种社会性的监督机构）的社会团体，将传统体制下政府的许多事务转移给这些商会、协会和中介组织去从事。(3) 节省政治成本。这些民间性的组织是自收自支性、或者营利性的组织（如会计、律师事务所等)。它们会尽可能地节约成本，提高效率，从而减轻了政府管理社会的财政负担。

发展中国家，比如中国目前在发育和发展这些非官方社会组织方面还存在着这样一些问题：(1) 一些协会是政府的一些部门派生出来的，协会的领导不是行业推选出来的，而是部门领导退居二线或者退休后再干若干年，带有明显的行政色彩。他们由财政供养，工作方式仍然是政府行为，工作重点不是为行业服务。(2) 有的协会既得不到部门的财力支持，又没有融合于行业之中，得不到行业会员的支持，成为维持会。一年开一次会，旅游一下。或者因为经费问题，不进行任何活动。(3) 有的协会依着部门的权力，经常开会、办班、卖书、订报刊等等，进行协会创收。或者将部门的一部分收费权力下放，向企业收费，但没有给企业和会员提供应有的服务，成为企业的负担。(4) 由民间内生的协会发育不畅，并受到社团登记等方面的限制。(5) 一些营利性的会计、律师事务所等中介组织造假成风，中介组织的监管有待于加强。因此，需要本着积极发展民间组织的理念，对其进行改革和建设的框架性设想和安排。

从非政府组织的框架来看，一是要发展各类工商技术协会。比如服装同业协会、打火机同业协会等等。其作用为：制定行业内部的技术标准和行为规范，与政府管理部门就有关建议进行沟通和协商，就国外的商业歧视、反倾销等进行集体诉讼，为行业会员提供政策、市场、价格、技术等信息等等。政府过去的一部分行业标准的制定，行业资格准入等等，都可以转移给行业协会进行。二是要发展非工商技术类协会。比如孔子学术研究会、钱币研究会、书法书画协会、体操协会等等，丰富民间文化体育等生活。三是发展社区性的自治组织。比如城镇居民社区、农村村民社区。它们不是政权的一级组织，而是民间受政府指导的自理性组织。主要用来协调社区居民社会关系，制定社区内行为规则，规范社区居民行为，达到社会的自我管理。四是会计、律师、资产评估、房地产估价、工程监理、资信评级、企业投资经营咨询、广告服务等中介性组织。政府过去的一部分功能，如审计、工程监督等等，都可以由它们来从事。五是民间慈善组织。由它们进行社会募捐，举行公益活动获得收益，用于帮助城乡贫困家庭救助、贫困家庭子女上学、灾民救助和灾区重建、贫困地区教育卫生等事业建设等等方面，形成除了政府税收和转移支付以外的社会性的再分配，实现社会的公平。

从发展中国家的改革和政治体制建设的过程来看，一是改革目前行政性的协会，转变它们的职能，从管理型变成服务型，财政逐步减少和取消其支出，并制定《协会组织法》，协会领导不再由政府部门领导退居，而是由会员选举产生。二是放宽社团和中介组织登记的限制，特别是协会准入的登记限制，使各类经济、技术、学术等方面的民间团体能充分得到发育。三是转变基层社区的组织形式和职能，使它们从似乎是政权的一级延伸，真正转变成社区居民的自治组织，为民服务，并成为居民与政府沟通的桥梁。四是对中介组织宽进严管。一方面要放宽一些中介领域的准入，一些如资信评级等方面的中介组织空白要填补。加强中介组织之间的竞争，使有规模、服务好、有诚信的中介组织能在竞争中成长壮大。另一方面，制定中介活动游戏规则，规范中介行为，对造假的中介组织和经营者，要严厉打击，视其危害程度取消其中介资格，并规定其永远不得开办中介组织进行经营。对民间慈善组织的财务也要进行审计，并进行严格监督和管理，使社会捐助的财物真正用于社会公益事业。

第四节　产业政策

经济发展战略，从产业结构演化来说，是一系列动态的产业发展规划构成的。即产业的空间分布规划和时间成长计划，成为一国工业化的主要组成部分。而调节产业结构按照产业规划发展，则主要取决于政府的产业政策调节。

一、产业政策的理论依据

为什么要实行政府的产业政策调节？为什么发展中国家产业政策的调节尤为重要？首先需要理论方面的分析。

（一）后发优势理论

实行出口导向工业化的发展中国家，其经济振兴的基本立足点是“贸易立国”。它的各项产业政策几乎都与促进出口和参与国际分工密切相关。而努力发展出口产业和积极参与国际分工的思想，仍然源于古典经济学中李嘉图的“国际分工和比较生产费用理论”。即各国不同产业的生产费用存在着差别，各国都应优先发展本国在生产费用上拥有优势的产业；在多项产业部门都拥有优势时先发展优势最大的产业，在多项产业部门都处于劣势时优先发展劣势最小的产业，即优先发展相对优势产业。这样，各国都能通过国际交换获得比较利益。这就是“比较优势说”。但许多发展中国家是资源贫乏的后起国家，仅仅按照比较优势来参与国际分工，势必使它们所获取的比较利益远低于发达国家，并使自己长期处于落后地位，这种国际分工格局显然不符合正处于赶超阶段的发展中国家的利益要求。于是，一些学者又找到对李嘉图理论有所发展又有所批判的德国经济学家李斯特的“动态比较费用学说”。李斯特认为，工业化起步较晚的国家，有可能经过国家产业政策的保护与培育，发展起新的优势产业；后起国家只有以这种优势产业参与国际分工，才能打破旧有的国际分工格局，以先进的生产结构占据于已有利的国际分工地位。这就是“培育优势说”。一些经济学者在“比较优势”和“培育优势”的基础上进一步提出，后起国家由于可以直接吸收和引进先进国家的技术，技术成本要比最初开发的国家低得多；在同样的资金、资源、技术成本的条件下，还具有劳动力成本便宜的优势；只要在国家的保护与扶持下达到规模经济阶段，就可能发展起新的优势产业，与先进国家在其传统的资本或技术密集的分工领域一争高低。这就是“后发优势说”。它是一些发展中国家，特别是日本处于发展阶段中产业扶持理论的基本依据。

（二）结构转换理论

在经济发展理论中，结构转换理论也称“产业结构的高度化理论”。它的基本思想是：一个国家的产业结构必须从低级向高级不断适时转换，才能真正实现赶超和保持领先地位。一些发展经济学家们认为，产业结构未能实现及时转换，是历史上一些老牌的发达国家趋向于衰落的基本原因之一。一些发展较快的国家的产业结构明显地经过了从劳动密集型到资本密集型再到技术密集型的不断转换过程。英国的克拉克、德国的霍夫曼和美国的库兹涅茨等人都曾对经济增长与收入提高过程中的产业结构变化规律进行过深入研究，并提出了“配第—克拉克定理”、“霍夫曼比率”、“库兹涅茨增长理论”等学说。在他们研究的基础上，日本经济学者的贡献主要有三方面：一是提出结构转换是一个重要的利益再分配过程，需要有政府的产业政策干预，才能适时、顺利地完成。例如对衰退产业的调整就需要政府的援助政策。二是结构转换不应是一个被动的结果，而是需要在产业政策的指导下主动实施。例如按照下一阶段国际收入弹性最大和技术增长率最高的原则选择战略重点部门。三是转换过程中利用产业政策协调与非经济性目标的关系，例如出于国家安全与协调社会利益关系的考虑对农业的保护政策。

（三）规模经济理论

规模经济理论在西方经济学中的基本内容是：由于生产费用中固定费用和可

变费用的构成及市场开辟的过程性等因素的影响，产业发展客观上存在着生产费用最低的最优经济规模；在未达到最优规模以前，单位生产费用处于递减过程，继续扩大规模是有利的。在西方其他国家，产业政策研究的注意力主要集中于反垄断，对规模经济理论并未给予很大重视。日本经济学者则充分利用并进一步发展了这一理论。他们的贡献，一是提出产业内部客观上存在着工厂规模和企业规模的区别，前者决定生产费用，后者决定竞争秩序；在赶超阶段，当两者发生矛盾时，国家应当利用产业政策首先保证工厂规模达到最优，宁愿暂时容忍发生寡头垄断和牺牲竞争活力也在所不惜，这样才能保证产业迅速成长和获得国际竞争力，使社会获得最大发展好处。二是当某一产业的国际或国内市场已经被外国企业垄断，即存在着“先行者利益”时，本国企业需要一段发展过程，达到一定的规模，才可能打破“加入壁垒”，与外国企业抗衡。为了本国的长远利益，政府应当通过产业扶持政策负担这些产业的振兴费用。三是在通讯、运输交通等最优规模很高的产业，由于达到最优规模前的社会获益率远高于企业获益率，政府在一段时期内直接投资或直接出面组织国有企业是必要的。

（四）技术开发理论

它的基本内容是：技术是一种难以按一般市场原则进行交易的知识财富，这种知识财富具有三个特点：一是技术本身常常具有公共财富的特征；二是技术开发伴随着技术与市场的双重风险；三是技术的开发与应用具有学习过程和规模经济的特征。所以技术的开发过程或开发结果经常存在着社会收益率大于企业获益率的可能性，而这种可能性会削弱企业技术投资的积极性。因此，在技术开发过程中，政府的政策干预是保证技术不断进步的必要条件。

二、产业政策的目标体系

实行产业政策的目的，通常主要有三个方面，一是实现经济振兴与经济赶超；二是实现结构调整与结构转换；三是保持经济领先地位与维持经济增长的势头。从日本产业政策的历史发展过程看，这三方面总目标在时间上具有继起性，并已形成了互有区别的各自一套目标体系。

其一，以经济振兴和经济赶超为总目标时，产业政策的目标体系主要包括：(1) 选择与形成最有利的结构形态。如倾斜结构与出口导向型结构的建立。(2) 通过重点发展来带动经济全面繁荣。如战略重点部门的选择与培育。(3) 促进产业技术的改造与发展。如制定产业技术政策、规定产业折旧制度。(4) 提高投资效益，促进生产集中。如在防止垄断的同时干涉产业内部的规模起点，防止大量小企业的过度竞争。(5) 协调社会经济关系，强化社会再分配系统，防止利益矛盾激化。如资本密集型产业与劳动密集型产业的协调发展等。可以看出，这一层次的目标体系明显地与工业化过程中基础工业、重工业的发展相对应。

其二，以结构调整和结构转换为总目标时，其目标体系主要包括：(1) 完善社会生产保障系统，改善投资环境，加强社会基础设施的建设。(2) 组织衰退产业内的生产力转移，防止产业内部的过度竞争。如制定生产力过剩产业的固定资产封存与淘汰政策。(3) 克服资源限制，实现资源节约。如不断推进结构的高加工度化。(4) 协调经济发展与社会发展的关系。如推进防止公害与环境保护政策。(5) 在国际分工中获取更大比较利益。如逐步把出口重点转向发达国家等。这一组目标体系与向现代化过渡的发展阶段相对应，通常要求有较强大的“政府经济”支持。例如，国有道路建设、交通及通讯部门的发展、公害治理系统的建立、对衰退产业的固定资产处理、对打入特定国家的出口产业实行补贴等，往往都需要政府财政支出、政府直接投资及组织国有企业等。

其三，以保持经济领先地位和经济增长势头为总目标时，其目标体系包括：(1) 加速技术开发，促进技术要素的投入，保证技术领先。如制定新的产业技术发展战略，推进自动化技术的应用。(2) 进一步实行结构转换，完成向技术密集型的过渡。如对高技术产业实行新的一轮扶持政策。(3) 协调结构转换过程中的社会利益矛盾。如对某些劳动或资本密集型产业实行贸易保护。(4) 协调国际贸易矛盾。如对出口产业实行自我限制。(5) 不断刺激国内消费，防止增长过程中的衰退。如实行内需扩大政策。在这一阶段，政府政策面临一个矛盾，这就是一方面政府对市场的干预程度在不断减低，一些曾不得不由政府直接投资或组织国有企业的交通、通讯等社会辅助部门已经逐步发展成熟而转向民营化；另一方面由于技术的基础研究开发需要和社会福利事业的发展需要，政府支出反而急剧增加，政府的再分配职能进一步增强。

三、产业政策的基本内容与分类

产业政策是随着经济发展的实际需要逐步制定的，一般没有特定的体系。产业政策主要包括以下几方面内容。

(一) 产业扶持政策

广义地说，所有对特定产业的发展起鼓励、刺激、保护作用的政策都可以算作产业扶持政策。产业扶持政策有三个特点：(1) 与战略重点选择相联系，扶持的目的不是一般地促进“瓶颈”产业发展和调整比例，而是为对国民经济整体繁荣将有重大带动作用的所谓“幼小产业”，排除在短期利益的拖曳下对这些产业发展不利的市场竞争。(2) 与经济赶超及结构转换相联系，扶持的目的不是一般地实现发展，而是要排除市场选择的曲折过程，实现从落后到先进的优化发展路线及保持领先地位。(3) 与分享国际比较利益相联系，扶持的目的不是一般地带动出口，而是要占据有利的国际分工，带来更大比较利益。产业扶持政策包括为特定产业创造有利的投资与发展环境和直接参与特定产业的投资两方面。

(二) 产业调整政策

产业调整政策主要指对结构转换中衰退产业的调整政策。其目的，一是防止或缓和在产业间的转出壁垒或转入壁垒作用下，衰退产业内部已经过剩的生产能力之间的过度竞争；二是缓和结构转换过程中的社会利益矛盾；三是出于保护环境和获取更大比较利益的考虑，把一些产业转移到海外。这一政策与产业扶持政策的共同点是有利于加速结构转换。其内容主要包括对衰退产业的固定资产封存及政府收购政策、劳动力重新训练与跨部门就业的保险政策、特定产业向海外转移的鼓励政策等。

(三) 产业技术政策

最初的产业技术政策主要指各产业的技术结构选择和技术发展政策。产业技术政策主要包括：制定各产业必须采用的最低技术标准和技术发展计划，不断提高技术层次，制定特定产业的固定资产加速折旧办法，强制性地加速技术更新。在鼓励技术要素对劳动要素和资本要素替代的同时，发展第三产业和开拓海外投资渠道，防止劳动与资本过剩对技术发展的阻滞。在鼓励生产集中的同时，制定严格的反垄断措施，防止技术发展停滞等。近年来，一些国家产业技术政策又有三方面新的发展：一是防止公害和治理污染技术的发展逐步成为产业技术政策的重要组成部分，二是促进节约资源投入的“高加工度化”政策在技术政策中占据了重要位置，三是促进产业结构向技术密集型或高技术型转换的政策也被归入了产业技术政策。

(四) 产业保护政策

产业保护政策是最古老的产业政策之一，它一般指利用关税或其他壁垒为被保护产业排除竞争威胁的政策。二次大战后，尽管自由贸易、自由经济被西方资本主义国家奉为经典，但产业保护政策不仅没有消失，反而有了新的发展。就一些国家的产业保护政策看，不仅包括在经济赶超阶段保护民族经济的政策，而且包括在跃入发达国家地位后保护本国国际分工地位的政策；不仅为获取更大比较利益，保护重点发展产业，而且为缓和社会利益矛盾保护本国衰退产业或比较劣势产业；不仅为抵御外来的竞争实行保护，而且为抵御本国的其他部门弱小的重点产业在资源分配上的竞争提供保护。

（五）产业组织政策

在西方各国，产业组织政策的核心是反垄断。但发展中国家的企业是大中小并存，在不同历史时期，产业组织政策先后应当包括：鼓励生产集中的企业合并政策；对大企业规模和市场份额进行限制的反垄断政策，防止过度竞争的市场指导政策；弥补中、小企业人力、财力、物力、信息不足等困难的投资指导政策；促进中小企业发展的资金扶助政策等。

第五节　财政和货币政策

财政和金融对经济发展的调控作用历来为经济学家所重视。宏观经济学中所讨论的财政和货币政策的运用固然可以为发展中国家所借鉴，但发展中国家的基本经济状况和发达国家不同。以宏观经济理论为基础，以发达国家经济为指导的财政和货币政策的运用准则，忽视发展中国家社会经济结构的特点，并不一定适用于发展中国家。因此，问题的关键是发展中国家应根据自己的特点重新确定财政和金融调控的准则，并加以运用和协调，以促进经济发展。

一、发展中国家财政调节的目标

发展中国家财政调节的目标不应像发达国家那样强调经济稳定，而应以经济发展为根本目标。具体而言，有这样一些重要调节目标：第一，发展中国家的私人储蓄水平过低，政府必须充分发挥财政调节的作用，从而增加作为资本形式的资源数量。第二，利用税收征免、结构和水平的调整刺激储蓄、公私营企业的投资和生产发展。例如，在征收企业所得税之后，公司的盈利如果用于股东分红，则应再征红利税；如果企业的盈利用于投资，再减征部分所得税，以鼓励储蓄和投资。第三，通过财政支出和税收的调整，可以消除企业间级差收益的条件不均，实现公平竞争，这对矫正市场价格扭曲造成的不公平竞争环境是十分必要的。第四，通过财政收入和支出的各种鼓励和惩罚措施，可以影响资源利用的途径和资源在产业部门之间的配置结构，将投资诱导到较佳的产业途径上。例如，对那些偏离本国资源结构，存在结构性生产能力过剩的产业征收高税，而对那些能够出口创汇、经济效益较高的部门和企业减免征收，或者给予财政补贴支持。再如，对不同的产业规定不同的“赋税假期”，对那些短线产业，发展潜力较大，能创汇和提供较多就业机会的企业，适当给予较长的免税期。第五，通过税收结构和水平的调整，实现收入公平化的社会目标。第六，政府通过财政支出计划直接对社会基础设施进行投资，消除产业结构瓶颈，创造良好的投资环境，从而诱导私人投资和外国资本投资。政府对人力资源进行直接投资，发展教育、科技、医疗卫生等公益事业，对于劳动力的素质和生产潜力影响甚大。政府直接举办公共企业，对人型项目投资，建立带动经济发展的主导产业，对国民经济有显著影响。第七，在海外经济方面，税收结构和水平可以影响外国资本投资的规模以及外资盈利的再投资比率。关税税目的种类及其税率的确定与国内有关商品的保税，可以影响国际贸易的平衡，并保护国内有发展潜力的新兴工业。第八，在宏观经济的调控方面，政府可以利用一系列宏观财政收入与支出的政策，抑平经济周期的波动，尽量减少国民收入波动的消极后果，以实现经济长期稳定的发展。

总而言之，发展中国家财政政策的运用对于经济发展是至关重要的。而发展中国家自身的特点和发展目标决定了财政政策应在整个经济领域发挥全面作用，而不像发达国家那样，财政政策的作用主要局限在宏观经济领域。因此，发展中国家的财政政策必须既调节宏观经济又调节微观经济。财政政策必须微观化、具体化。

二、发展中国家财政政策的运用准则

财政政策分为税收政策和支出政策，因此我们从收入和支出两方面来探讨财政政策的运用准则。在税收政策方面，发展中国家必须首先解决的问题是完善税务征稽系统，提高税收效率。

一是应建立和完善税务工作机构，消除税务工作机构的臃肿、人浮于事的现象，消除税务工作人员官僚主义和贪污腐化的恶习。为此必须建立一套行之有效的规章制度，并通过法律工具，保障税务规章制度得到切实有效的执行。

二是调整税收结构和税率结构，以保障社会公平和发展生产目标。

发展中国家税收结构很不合理，突出地表现在间接税比重高达65%左右，直接税比重只有30%多一点。亚洲国家的直接税甚至只有28%。因此，应逐渐调整税种，改变税收结构，使企业和个人所得税等直接税成为税收的主要来源。这首先是由于所得税是一种较稳定的财政收入来源；其次，是按累进税率征收所得税符合社会公平的原则；再次，累进税率的所得税是稳定经济的重要“自动稳定器”。

当然发展中国家经济的特点使所得税的征收较为困难。这些困难包括：

(1) 小型工商企业占企业总数的比重很高，这些企业的会计账目不详且混乱，以至税务机构难以确定所得税的税基税率；(2) 工薪收入阶层的个人所得税较易征收，其他阶层的个人所得税较难征收；(3) 少数权贵和官僚互相勾结，根本不依法交纳所得税，形成有钱人不交税，而没钱人交不起税的奇怪局面；(4) 农业部门很大比例的产出根本不经市场交换，因而农民的收入无据可查。

因此，在现阶段，发展中国家在征收所得税时，对于收入的定义、评估和衡量，累进税率以及减免方法的制定，都会遇到一系列难以克服的困难。但这些困难不能构成否定税收结构改革的理由。作为税收结构改革的总方向，征收直接税工作应逐步进行，制定相关的法律并付诸实施，持之以恒，必然会收到预期的效果。

在发展水平较低的阶段仍应重视间接税（主要是商品税和关税）的征收。因为在相当长一段时期内间接税仍将是财政收入的主要来源。

发展中国家对商品税的课征应注意下列事项：(1) 不宜对各种商品采用一刀切的相同税率。对于生活必需品应免税或征收低税，而对于需求价格弹性低和需求收入弹性高的烟、酒等商品则应课以高税。(2) 采用多阶段的增值税制度，并应该征收到零售商阶段，以避免税收损失。(3) 应尽量采用单据凭证法征税，以减少偷税漏税，保证税收课征有客观依据，为此应健全单据凭证的管理制度。

在财政支出政策方面，发展中国家应遵循这样一些原则：

(1) 避免财政开支过大，超过国力负担，尤其应杜绝财政向银行透支，用印刷钞票的办法增加财政支出。总的来说，发展中国家应坚持量入为出的财政收支平衡原则。这是因为：第一，发展中国家不存在像发达国家那样的有效需求不足问题，增加供给不能单纯靠扩张需求，而必须扩大生产能力。如果财政支出超过收入，势必引起总需求超过总供给，产出不会增加，通货膨胀率却会上升。第二，发展中国家缺乏证券投资市场，赤字只能由银行予以弥补，而不能像发达国家那样通过发行和买卖政府公债弥补赤字。在发展中国家建立起完善的买卖公债的公开市场之前，不应使财政支出规模过大地超过财政收入水平。

(2) 发展中国家应实行逆经济风向行事的补偿性财政政策。财政收支平衡原则并不是指绝对平衡，而是指从整个经济周期的角度看，保证财政收支大致平衡。因此，应实行逆经济风向行事的财政政策：即在经济繁荣时，政府实行紧的财政政策，此时出现财政盈余；在经济停滞时，应实行松的财政政策，这时可能出现赤字。此时可以动用在繁荣时期的盈余弥补赤字，以丰补歉，在一经济时期内实现财政收支平衡。这就是所谓补偿性财政政策。

逆经济风向行事是运用财政政策的重要原则，发展中国家的财政政策往往是顺经济风向行事，在经济繁荣时，财政收入增加，政府的支出也就扩张。在经济停滞时，财政收入下降，政府被迫紧缩开支。这人为地加剧了经济波动的幅度，必须从根本上予以改变。

三、发展中国家的金融压制与金融深化

发展中国家的货币金融制度非常落后，金融体系极不完善，金融市场很不发达。发展中国家在货币金融方面存在下列特征。

(1) 经济货币化的程度很低。货币化是指在国民总产品中以货币为交换媒介的商品所占的比例。发展中国家的自然经济占有较大的比重，物物交换比重很高，因而经济货币化程度远较发达国家为低。

(2) 货币金融的二元结构特征突出，现代金融部门和传统金融部门同时并存。一方面是以现代管理方式经营的现代银行、金融机构和金融市场，这些现代金融部门大都集中在城市，主要为现代工业部门服务。另一方面，传统的、土著的非现代小规模钱庄、义会、当铺、高利率放债机构比比皆是，普遍存在于小市镇和乡村地区，为传统部门提供大多数非生产性的金融服务。

(3) 金融市场极不发达。在现代金融部门中，存在着显著的不平衡发展现象。商业银行占绝对支配地位，而非银行金融机构如保险公司、信托投资公司、证券（股票、债券、公债）的发行与交易市场即资本市场大为落后。许多发展中国家根本没有资本市场。即使已经存在证券市场，其业务发展也仍然处于萌芽阶段，金融证券种类不全，数量不多，无法大规模动员储蓄以供经济发展之需。

(4) 发展中国家存在着广泛和严重的金融压制。集体表现为：第一，金融机构大多由政府开办，私人银行多为官僚和权贵操纵，真正的民营部分很小甚至没有。金融市场属于完全垄断或寡头垄断市场。由于缺乏竞争，金融机构办事不可避免地缺乏效率。由于政府经常通过银行透支弥补赤字，金融机构成为财政的附属物，无法发挥金融机构的真正功能。第二，金融管理当局硬性规定了存款和贷款利率，利率不能正确反映资本的稀缺状况，也不能调节供给和需求。由于利率过低（考虑到通货膨胀因素，实际利率往往为负值），一方面低利率根本不能吸引储蓄者将剩余资金存到金融机构中去，实际上是鼓励消费、抑制储蓄；另一方面，低利率使企业盲目贷款投资，甚至搞投机活动，扩大了投资和储蓄间的缺口。第三，由于利率过低，刺激对资金的需求，抑制了资金供给，现代部门金融市场出现供不应求的现象。金融体系就只能以“配给”的方式分配信贷，用行政性方式规定贷款限额。获得信贷必须“拉关系”、“走后门”，只有同金融机构有关系的特权阶层的企业才较容易获得贷款。其他企业往往被迫转向传统金融部门，向高利贷者借贷。现代金融部门除了为特权阶层服务外，最多只能向城市的一些大厂商提供资金方便，对广大中小工商业企业难以提供金融服务。第四，金融当局对外汇市场实行行政性管制，使汇率无法反映外汇的真正供求状况。官方汇率总是高估本国币值，不可避免地造成外汇的过度需求，刺激进口，打击出

口。能以官价购买外汇的只能是享有特权的机构和阶层，它们可以利用特权捞取超额利润。而出口生产部门则因汇率偏高使产品成本过高而遭受沉重打击。

金融压制说是由发展经济学家肖（E. S. Shaw）和麦金农（R. I. Morinnon）在20世纪70年代初提出的。他们认为，金融制度和经济发展之间存在一种相互刺激和相互影响的作用。一方面，健全的金融制度能够将储蓄资金有效地动员起来，并引导到生产投资上去，从而促进经济发展；另一方面，经济发展使国民收入提高，将提高储蓄和投资水平，从而刺激金融业的发展。但是，由于政府当局进行金融压制，过分地干预金融市场，将利率、汇率人为地压低，结果造成金融体系与经济发展皆呆滞不前，形成恶性循环：一方面，由于金融制度落后缺乏效率，不能有效地推动经济发展；另一方面，经济停滞也使金融业萎缩难以扩展。

肖和麦金农认为，要打破金融压制所造成的恶性循环，必须进行“金融深化”。麦金农批评了新古典学派和凯恩斯学派的货币理论，认为主流经济学的货币理论与发展理论缺乏内在联系。为此，麦金农修正了哈罗德—多玛模型以演绎“金融压制论”。

麦金农认为，主流经济学通常将储蓄倾向假定为常数或固定参数，完全无视金融政策对储蓄的影响，以及储蓄倾向、金融深化与经济增长之间的相互联系与作用。麦金农模式中包含了经济增长率、储蓄倾向和金融深化的交互作用。模型的含义为：金融体制改革将使金融深化有显著成效，从而大大提高储蓄率，投资率和收入增长率也相应提高，而收入增长后会对储蓄产生进一步推动，这就是金融深化的良性效果。

金融深化的主要政策措施是：

（1）彻底改革金融体制，打破金融市场的垄断局面，放宽对金融体系和市场的管制和束缚，允许并鼓励民营金融事业的发展，对农村地区的金融组织应大力扶助，以发展现代金融部门，完善金融市场，使银行制度和资本市场能够真正吸收和动员社会储蓄资金，并引到生产性投资的用途上去。

（2）金融当局放弃对存、贷款利率的人为干预。利率应正确反映资金供求状况和资本的稀缺性。市场均衡利率将使实际利率为正值，从而吸收大量社会储蓄资金，促进资本形成。高利率并不会使投资萎缩，因为发展中国家资本匮乏，投资机会极多，收益率也高。高利率只会使生产者对资金的运用更加谨慎和注意投资效益，使资金从浪费性的资本集约投资转向劳动集约投资，从而扩大就业机会。

（3）政府应放弃外汇管制，在适当范围内允许汇率浮动，以便使汇率正确反映外汇的市场供求状况，鼓励出口和吸引外资，同时也压缩不必要的进口。

（4）政府当局应放弃以通货膨胀刺激实际资本形成和刺激经济增长的做法，应尽力抑平通货膨胀，使经济发展有优良的物价环境。

综上所述，金融深化具有多方面的良性效果，主要有：（1）所得效应；（2）货币化效应；（3）储蓄效应；（4）投资效应；（5）就业效应；（6）消除利用官价（官方汇率和利率）谋利进行黑市活动的效应。

肖和麦金农的金融压制和金融深化理论，对于我们理解发展中国家的金融和发展的关系，设计金融调控政策有重要借鉴意义。但需强调指出的是：虽然金融深化论纠正了经济发展研究中忽视金融因素的偏差，但却犯了和主流经济学同样的毛病。他们的理论给人的印象似乎是，只要金融体系实行大刀阔斧的改革，一切问题便可以迎刃而解。应该说，他们对发展中国家经济结构严重失调而引起的种种困难似乎估计不足。

四、宏观货币政策的目标和运用

发展中国家一般对货币政策赋予“稳定经济、发展经济”的双重目标。但这两大目标之间却是互相矛盾，难以兼顾的。“发展经济”的目标要求较宽松的金融环境，甚至要求通过金融体系创造货币资本的形式进行“强迫储蓄”，而这又很容易引发恶性通货膨胀，结果是经济既不能发展，更难以稳定。因此，宏观货币政策的目标主要是为经济创造良好稳定的经济环境。至于发展经济的目标，可以通过微观金融政策配合财政政策加以实现。

从原则上说，宏观货币政策的运用也应遵循逆经济风向行事的原则。在经济繁荣、总需求膨胀时，应紧缩银根，减少货币供给量，提高利息率。在经济衰退时，应放松银根，增加货币供给量，降低利息率。但是由于发展中国家的金融市场发育不良，货币政策工具单一，宏观货币政策的运用存在许多困难。

首先，推行宏观货币政策的几种最重要的政策工具（法定准备、再贴现政策、公开市场业务），发展中国家并不具备或不完全具备。再贴现和公开市场业务的开展，都必须以存在较发达的金融市场为前提。因而对于金融市场发育不良的发展中国家来说，很难开展再贴现和公开市场业务。这样惟一可资利用的非行政性宏观货币政策工具就只有法定准备率。而这一政策工具的特点是：作用强烈、时滞短、副作用大。例如中央银行提高法定准备率，通过信贷收缩的乘数作用，可以立即缩减金融市场的信贷数量。这是其优点，也是其缺点。因为作用强烈、时滞短就容易引起强烈的副作用，使经济波动幅度过大。而再贴现政策和公开市场业务作用虽然见效慢，但作用温和。如果三者能根据经济形势配合使用、相机抉择，选用不同的政策工具，才是最佳选择。但由于发展中国家的金融政策工具单一，也就难以避免货币政策的副作用。因此，对于发展中国家来说，大力发展金融市场，健全货币政策工具的完整体系，是使其宏观货币政策充分发挥作用的基本前提。

其次，宏观货币政策的运用，以企业和经济主体对市场信号的反应存在充分弹性为前提。而发展中国家由于制度上和结构上的缺陷，往往造成管理落后，行政效率低下，产业结构瓶颈状态难以消除等现象，从而使供给缺乏弹性。当货币数量增加、利率降低时，生产者可能并不是敏捷反应增加投资和生产。因此，要充分发挥宏观货币政策的作用，就必须进行体制改革和结构调整，培育发挥宏观货币政策作用的微观基础。

思考题

1. 阐述政府职能的内容。
2. 为什么需要非政府组织？
3. 发展中国家有哪些后发优势？
4. 发展中国家财政政策的调节目标是什么？

参考文献

1. 迈耶等. 发展经济学的先驱. 北京：经济科学出版社，1988

2. 加塔克. 农业与经济发展. 北京：中国展望出版社，1987

3. 韦茨. 从小农到农场发展的革命战略. 纽约：哥伦比亚大学出版社，1971

4. 托达罗. 第三世界的经济发展. 北京：中国人民大学出版社，1988

5. 万晓光. 发展经济学. 北京：中国展望出版社，1987

6. 加塔克. 发展经济学. 北京：商务印书馆，1989

7. 钱纳里等. 1950—1970 年的发展模式. 北京：经济科学出版社，1988

8. 世界银行. 1991 年世界发展报告——发展面临的挑战. 北京：中国财政经济出版社，1991

9. 佩鲁. 优势效应与现代经济理论. 见：罗思柴尔德编. 经济学中的权力. 伦敦：伦敦企鹅出版社，1950

10. 达温特. 区域规划中的增长极与增长中心. 环境与规划，1969（1）

11. 张培刚主编. 发展经济学. 北京：经济科学出版社，2001

12. 李斯特. 政治经济学的国民体系. 北京：商务印书馆，1961

13. 何建民. 起飞前的沉思. 重庆：重庆出版社，1988

14. 世界银行. 中国：长期发展的问题和方案. 北京：中国财经出版社，1985

15. 杨敬年. 西方发展经济学概论. 天津：天津人民出版社，1988

16. 霍塞利茨，莫尔. 工业化与社会. 联合国教科文组织，1968

17. 哈根. 论社会变迁理论. 道尔出版社，1962

18. 帕斯卡隆. 发展的文化方面. 联合国教科文组织，1982

19. 加布里埃尔·阿尔蒙德等. 比较政治学：体系、过程和政策. 上海：上海译文出版社，1987

20. 格雷戈里. 比较经济体制学. 上海：上海三联书店，1988

21. 杨叔进. 经济发展的理论与策略. 南京：江苏人民出版社，1983

22. 周天勇. 托达罗模型的缺陷及其相反的政策含义. 经济研究，2001（3）

23. 谭崇台主编. 发展经济学. 上海：上海人民出版社，1996

24. 巴托恰等. 发展高技术产业政策之比较. 北京：中国友谊出版公司，1989

25. 陈淮. 日本产业政策研究. 北京：中国人民大学出版社，1991

26. 麦金农. 经济发展中的货币与资本. 上海：上海三联书店，1988

27. 爱德华·肖. 经济发展中的金融深化. 上海：上海三联书店，1988

28. 刘易斯. 二元经济论. 北京：北京经济学院出版社，1989

29. 舒尔茨. 论人力资本投资. 北京：北京经济学院出版社，1990

30. 周天勇. 劳动与经济增长. 上海：上海人民出版社、上海三联书店，1994

31. 戴星翼. 环境与发展经济学. 上海：立信会计出版社，1996

32. 卢现祥. 西方新制度经济学. 北京：中国发展出版社，2003

33. 傅殷才. 制度经济学派. 武汉：武汉出版杜，1996

34. 沃纳·赫希. 城市经济学. 北京：中国社会科学出版社，1990

35. 李岚清主编. 中国利用外资基础知识. 北京：中共中央党校出版社、中国对外贸易出版社，1995

36. 于建纬主编. 经济发展辞典. 四川：四川辞书出版社，1989

37. 阿兰·兰德尔. 资源经济学. 北京：商务印书馆，1989

后 记

2001年版《新发展经济学》是2000年成稿的，撰写人员的知识准备则会更早一些，加上修改和出版等时间，所述的内容已经过去了5年的时间。在这期间，发展中国家的经济发展又有新的变化和问题，发展经济学也有新的进展。

由于发展中国家的剩余劳动力转移和城镇劳动力就业压力较大，在第三章中增加了“转移剩余劳动力：从城市化到反城市化，再到城市化”，论证了托达罗模型的错误，提出缩小城乡收入差距和扩大就业的途径是推进城市化。

对“农业与经济发展”一章进行较大的修改和补充，增加了“从小规模的农业向规模经营转变”、“农业土地制度的选择”、“农业生产的组织形式”、“消除农村贫困”等四节。

城市化是一个世界性的趋势，也是经济发展的一个重要方面。为什么会形成人口、市场、企业、基础设施等在地理上的集中这种现象，需要从理论上加以说明。第九章中增加了“城市的起源和发展”和“向城市网络型结构转变”两节，就城市化的动因和不同规模城市体系性分布进行了经济学上的阐述。

在第十章中增加了“经济全球化与区域经济一体化”一节。

制度变迁和创新与经济发展有着非常密切的关系。在第十一章中，增加了“发展的制度因素”一节，阐述了制度及其构成、制度供给与需求、制度变迁、产权及其安排和效率等内容，使读者对制度在经济发展中的内生作用有所了解。

最后一章中，增加“市场失效与政府职能”、“政府缺陷与职能转变”和“市场化改革与非政府组织”三节，删去了“经济发展的战略规划”和“发展的协调”两节。

在本书的修订过程中，对托达罗模型的错误的论述、发展中国家扩张就业的途径、可持续发展的经济学分析、农业的规模经营形式、农业生产的组织形式、农业的土地制度选择、城市的起源和发展、城市体系的起源、城市大中小网络型分布等内容，是我这几年研究的成果，写入书中，对发展经济学不断进行补充和丰富。发展经济学家们对投资与发展的论述、可持续发展的有关概念和含义、外商直接投资、制度等内容，主要参考了戴星翼著的《环境与发展经济学》、卢现祥著的《西方新制度经济学》、傅殷才著的《制度经济学派》、李岚清主编的《中国利用外资基础知识》、于建纬主编的《经济发展辞典》等书籍，在此特别说明，并对他们的研究成果能写入本书表示感谢。

本书的修订工作全部由周天勇进行。修订后的写作为，周天勇编写第一、二、三章；周天勇编写第四章第一节和第四节部分，朱乐尧编写第四章第二、三节和第四节部分；周天勇编写第五章第一、二节和第五节部分，郭庆旺编写第五章第三、四节和第五节部分；陆建桥编写第六章第一、三和第四节部分，周天勇编写第二和第四节部分；杨林枫编写第七章第一、二节和第七节部分，周天勇编写第三、四、五、六节和第七节部分；杨林枫编写第八章第一、二节，于立编写第八章第三、四和五节；朱乐尧编写第十章第一、二、三节和第四节的部分，周天勇编写第四节部分和第五节；周天勇编写第十一章第一节，朱乐尧编写第十一章第二、三和四节；杨林枫编写第十二章第四节，周天勇编写第十二章第一、二、三和五节；刘玲玲、李珠峰、李崇峰、任文武、赵杰对全书进行了技术方面的处理。

周天勇

2005 年 9 月于北京海淀大有北里

图书在版编目（CIP）数据

新发展经济学/周天勇主编．2版．
北京：中国人民大学出版社，2006
（21世纪经济学系列教材）
ISBN 978-7-300-07084-1

Ⅰ．新…
Ⅱ．周…
Ⅲ．发展经济学-高等学校-教材
Ⅳ．F061.3

中国版本图书馆 CIP 数据核字（2006）第 011905 号

21世纪经济学系列教材
新发展经济学（第二版）
周天勇　主编

出版发行	中国人民大学出版社		
社　址	北京中关村大街31号	邮政编码	100080
电　话	010－62511242（总编室）		010－62511770（出版部）
	010－82501766（邮购部）		010－62514148（门市部）
	010－62515195（发行公司）		010－62515275（盗版举报）
网　址	http://www.crup.com.cn		
	http://www.ttrnet.com(人大教研网)		
经　销	新华书店		
印　刷	中煤（北京）印务有限公司		
规　格	170 mm×228 mm　16开本	版　次	2006年2月第1版
印　张	18.5	印　次	2019年5月第13次印刷
字　数	335 000	定　价	42.00元